M. u. P. Brendel
Auf der Scheibe 53
D-88138 Sigmarszell

Reiseführer Natur
Südwesten der USA

W0341599

Wolfgang Bittmann
Brigitte Fugger

Reiseführer Natur
Südwesten der USA

Die Deutsche Bibliothek – CIP-Einheitsaufnahme

Reiseführer Natur Südwesten der USA /
Wolfgang Bittmann ; Brigitte Fugger. – München ;
Wien ; Zürich : BLV, 1997
(Reiseführer Natur)
ISBN 3-405-14818-9
NE: Bittmann, Wolfgang; Fugger, Brigitte;
Südwesten der USA

Die Zusammenstellung der praktischen Reiseinformationen und die Beschreibung der Touren in diesem Führer erfolgten mit größtmöglicher Sorgfalt und mit Rücksicht auf die Natur. Bitte verhalten auch Sie sich entsprechend und beachten Sie im Interesse Ihrer eigenen Sicherheit die Hinweise der Autoren, z. B. zu gefährlichen Wegstrecken. Ob eine Route gefährlich ist, hängt neben den Wetterverhältnissen auch von der persönlichen Konstitution des Wanderers ab. Befragen Sie im Zweifelsfall vor einer Reise ihren Hausarzt. Bitte haben Sie Verständnis dafür, daß sich nach Erscheinen des Buches Wegführungen, Anschriften oder Telefonnummern ändern können. Korrekturhinweise werden Autoren und Verlag gerne aufgreifen:

BLV Verlagsgesellschaft mbH, Postfach 40 03 20, 80703 München

BLV Verlagsgesellschaft mbH
München Wien Zürich
80797 München

Das Werk einschließlich aller seiner Teile ist urheberrechtlich geschützt. Jede Verwertung außerhalb der engen Grenzen des Urheberrechtsgesetzes ist ohne Zustimmung des Verlages unzulässig und strafbar. Das gilt insbesondere für Vervielfältigungen, Übersetzungen, Mikroverfilmungen und die Einspeicherung und Verarbeitung in elektronischen Systemen.

© 1997 BLV Verlagsgesellschaft mbH, München

Umschlaggestaltung: Julius Negele, München
Karten: Viertaler + Braun, Grafik + DTP, München
Redaktionelle Mitarbeit: Dr. Einhard Bezzel, Prof. Dr. Josef H. Reichholf
Lektorat: Dr. Friedrich Kögel
Layout: Volker Fehrenbach, München

Herstellung: Hermann Maxant
Satz: Grafisches Büro V. Fehrenbach, München
Reproduktionen: Repro GmbH, Landshut
Druck: Appl, Wemding
Bindung: Bückers GmbH, Anzing

Printed in Germany · ISBN 3-405-14818-9

Inhalt

Einführung

Essays

Hauptreiseziele

Nebenreiseziele

Reiseplanung

Anhang

Zum Geleit

Reiseführer Natur — eine Chance für den sanften Tourismus?

Dem Massentourismus ist sehr viel Natur zum Opfer gefallen. Der Versuch, der Unwirtlichkeit der Städte und der Industriegesellschaft für die kostbarsten Wochen des Jahres in eine »intakte Natur« zu entfliehen, mißlang gründlich. Denn der Ruhe, Entspannung und Naturgenuß suchende Mensch wurde im Touristikboom schnell wieder in die Massen einbezogen und beinahe zu einer »Ware« degradiert. Der zähe Brei des Massentourismus wälzte sich, da er fortlaufend seine eigenen Existenzgrundlagen zerstört, immer weiter hinaus bis in die letzten Winkel der Erde. Mit größter Sorge betrachteten Naturschützer in aller Welt diese Entwicklung und versuchten – vergeblich – sich dagegenzustemmen. Sie waren und sind machtlos gegen die Flut, die über sie und die wenigen geschützten Gebiete hereinbrach. Die Naturschützer hatten so gut wie keine Chancen, die Natur vor dem Massenansturm zu bewahren.
So wurde denn der Tourismus in Bausch und Bogen als nicht natur- und umweltverträglich verdammt und gebrandmarkt. Nicht ganz zu Recht, wie man bei objektiver Betrachtung der Sachlage zugeben muß. Denn nicht wenige der wichtigen, ja unersetzlichen Naturreservate der Welt konnten gerade wegen des Tourismus gesichert werden, der Staaten wie Tansania mit der weltberühmten Serengeti und Ecuador mit seinen Galápagos-Inseln mehr harte Währung einbrachte, als eine Umwidmung der geschützten Flächen zu anderen Formen der Nutzung. Durch geschickte und gezielte Lenkung des Besucherstromes ist es möglich, die Schäden gering zu halten, aber großen Nutzen einzubringen. Viele Beispiele gibt es hierfür. In Amerika, in Afrika und in Südostasien gelingt es offenbar weitaus besser, Naturreservate zu erhalten als hierzulande in Mitteleuropa, wo Naturschutzgebiete fast automatisch zu Sperrgebieten für Naturfreunde gemacht werden (während andere Nutzungsformen, insbesondere Jagd und Fischerei, in der Regel uneingeschränkt weiterlaufen dürfen).
Es fehlt an Information und an Personal, das die Schutzgebiete überwacht, Besucher betreut und für die Erhaltung der Natur wie für die Einhaltung der Schutzbestimmungen sorgt. Vielfach können gerade da, wo die Schutzgebiete mit strengem »Betreten verboten« ausgewiesen sind, die Schutzziele nicht eingehalten werden. Es fehlen die »Verbündeten«; sie sind als Naturfreunde ausgeschlossen und damit keine starken Partner. Eine grundsätzliche Änderung, eine Wende zum Besseren ist derzeit nicht in Sicht. So bleibt der Naturfreund auf sich allein gestellt, Natur zu erleben, ohne sie zu zerstören.
Die neue Serie »Reiseführer Natur« folgt diesem Leitgedanken. Sie will den engagierten Naturfreunden die Möglichkeit aufzeigen, sich schöne Landschaften mit einem reichhaltigen oder einzigartigen Tier- und Pflanzenleben auf eine »umweltverträgliche« Art und Weise zu erschließen. Ein Tourismus dieser Art, der auf Information aufbaut und dessen Ziel die Sicherung der Naturschönheiten ist, wird vielleicht die überfällige Wende bringen. Unberührte Natur, naturnahe Landschaften und freilebende Tiere und Pflanzen haben ihren besonderen Wert. Aber er wird nicht zum Nulltarif auf Dauer zu erhalten sein.

Dr. Einhard Bezzel
Prof. Dr. Josef H. Reichholf

Vorwort

Wohl kaum eine andere Ecke der Welt ist als Reisegebiet so bekannt und so gründlich durch spezifische Literatur erschlossen wie der Südwesten der USA. Die Reihe der Bildbände und Reiseführer über diese Region ist lang. Angeregt durch die Werbung wächst auch der Besucherstrom, und Warnungen hinsichtlich einer zu befürchtenden Übernutzung der einmaligen Schutzgebiete dieser Region wurden bereits mehrfach laut. Und auch die Zukunftsprognosen sind düster für die Parks, denn der Trend der Besucherzahlen ist weiterhin steigend, und die Finanzierung des notwendigen Personals, das diese heranrollenden Massen kontrollieren soll, wird zusehends schwieriger.
Tatsächlich hat der Tourismus in vielen Schutzgebieten seine Kapazitätsgrenzen schon heute erreicht. Erste Beschränkungen wurden notwendig und weitere werden sicher folgen. Mehrere hundert Autounfälle pro Jahr allein im Yosemite-Nationalpark, Staus und Unfälle auch auf den Straßen vieler anderer Schutzgebiete, oft auf Jahre im Voraus ausgebuchte Unterkünfte, überfüllte Parkplätze – dies alles sind mittlerweile unbestreitbare Tatsachen. Auch die Klagen der Ranger mehren sich: Zertrampelte Vegetation entlang der Wege, Müll und leichtsinniger Umgang mit Feuer sind nur einige der sich mehr und mehr häufenden Probleme. Und trotzdem haben wir noch ein weiteres Buch hinzugefügt, bemüht, die Attraktionen des amerikanischen Südwestens noch mehr Reisenden näher zu bringen. Warum ? Weil dieses Buch anders ist, weil es dazu einlädt, die Tier- und Pflanzenwelt gründlicher kennenzulernen, weil es Zusammenhänge herstellt und zum genaueren Hinschauen auffordert. Denn der Trend unserer modernen Zeit, einfach alles »auf die Schnelle« zu konsumieren, macht sich auch im Südwesten bemerkbar. Auch hier verbringen immer mehr Besucher immer weniger Zeit in den Parks und entfernen sich dabei kaum mehr von ihrem Fahrzeug. Diese Beobachtung der amerikanischen Nationalparkbehörden ist zutiefst erschreckend und bedeutet die vielleicht größte Gefahr für die Schutzgebiete. Deshalb also dieses Buch, gedacht als Wegweiser für den Interessierten – und als Hilfe zu einem wieder intensiveren Erleben.
Dazu noch einige ergänzende Tips:

- ➩ Bereisen Sie den Südwesten in den weniger betriebsamen Jahreszeiten, im Frühling oder Herbst, oder vielleicht sogar einmal im Winter.

- ➩ Respektieren sie eventuelle Einschränkungen ihrer Bewegungsfreiheit und hinterlassen sie ein Schutzgebiet so, wie sie es selber vorfinden möchten.

- ➩ Nehmen Sie sich Zeit zum Beobachten und zum Wandern – denn die tiefe Magie dieser einmaligen Natur erschließt sich nur dem, der ihr mehr als nur das Autofenster öffnet.

Brigitte Fugger
Wolfgang Bittmann

Einführung

Zur Benutzung des Buches

Der vorliegende Reiseführer Natur soll es dem Leser ermöglichen, die vielfältigen Landschaften, Pflanzen und Tiere des Südwestens der USA kennenzulernen. Dazu erscheint folgende Gliederung sinnvoll:
In der Kleinen Landeskunde werden Landschaften, Klima, Pflanzen- und Tierwelt des Südwestens beschrieben. Einen zentralen Punkt bildet dabei die Betrachtung der Trockengebiete des Colorado-Plateaus, der Great Basin, Mojave, Sonora und Chihuahua Desert, und zwar sowohl im Hinblick auf Gemeinsamkeiten als auch hinsichtlich ihrer charakteristischen Besonderheiten. Ein weiterer Abschnitt wurde der Geschichte der Indianer dieser Region gewidmet.
Der Hauptteil enthält die Natursehenswürdigkeiten des Landes, aufgeteilt in 20 Haupt- und 22 Nebenreiseziele. Sie alle sind in der **Übersichtskarte** des hinteren Bucheinbandes aufgelistet und numeriert.
Vertiefende Informationen zu bestimmten Themen geben die **Essays** (im Text blau unterlegt).
Hauptreiseziele stellen sehenswerte und für das Verständnis der Naturgeschichte wichtige Schutzgebiete oder Regionen dar, die eine typische Flora und Fauna und/oder interessante geologische Formationen besitzen. Sie werden beispielhaft beschrieben, wobei möglichst viele Pflanzen- und Tierarten im Bild vorgestellt werden. Verweise auf erwähnte Arten, die an anderer Stelle abgebildet sind, erfolgen durch »S...«, Textstellenverweise durch »s.S...«.
Wo immer möglich, wurden deutsche **Artnamen** verwendet. Als Vorlage dienten für die Säuger: Grzimeks Enzyklopädie, 1989; für die Vögel: Wolters, Die Vogelarten der Erde, 1975-1982. Gab es (vor allem bei Pflanzen) keinen eindeutigen deutschen Artnamen, trat der englische an seinen Platz. Nur in seltenen Fällen wurde der lateinische Art-, Gattungs- oder Familienname zur Verdeutlichung aufgeführt. Die Artbestimmung richtete sich nach den Field Guides der Audobon Society, den Peterson Field Guides und, vor allem bei Pflanzen, nach verschiedenen gebietsspezifischen Publikationen.
Neben den allgemeinen Informationen enthält jedes Hauptreiseziel **Karten** und **Wegbeschreibungen**. Letztere stellen eine subjektive Auswahl aus dem Angebot der möglichen Aktivitäten dar, wobei das Gewicht nicht auf der Quantität lag, sondern darauf, das Typische zu erfassen. Die Entfernungsangaben beziehen sich, falls nicht anders vermerkt, stets auf die gesamte Wegstrecke.
In der Rubrik **Praktische Tips** finden sich Informationen zu den Themen Anreise, gebietsspezifische Reisezeit und Unterkunft. Falls eine Reservierung an einigen Brennpunkten angeraten erscheint, wird dies erwähnt. Es bleibt jedoch immer zu bedenken, daß sich Infrastruktur, Unterkunftsmöglichkeiten und insbesondere Telefonnummern sehr rasch ändern können.
Der **Blick in die Umgebung** macht auf Gebiete und Attraktionen aufmerksam, die in der Nähe eines Hauptreiseziels liegen bzw. auf dem Weg dorthin passiert werden und einen kleinen Abstecher lohnen.
Auf die Beschreibung der Nebenreiseziele wird in diesem Band besonderer Wert gelegt, da sie weitere Einblicke in die Natur des Südwestens bieten und als oft übersehene kleine Juwelen abseits des Weges sowohl Genuß als auch, in der Regel zumindest, mehr Ruhe versprechen. Teilweise gleichen sie in ihrer Struktur und Größe den Hauptreisezielen und besitzen eine ähnlich vielfältige Tier- und Pflanzenwelt,

teilweise sind sie jedoch deutlich kleiner, zeichnen sich aber dafür durch höchst spezifische Sehenswürdigkeiten aus. Sie erfordern in jedem Fall eine eigene Anfahrt und Zeitplanung.
Der leichteren Reisevorbereitung dient das Kapitel Reiseplanung. Hier werden u.a. Tips zu den Themen Gesundheit, Reisezeit, Kleidung, Telefon, Autofahren, Fotografieren und Wandern gegeben. Besonders wichtig sind hier auch die Abschnitte »Unterwegs in den Schutzgebieten« und »Nationalpark-Regeln«.
Im anschließenden Wörterbuch sind alle im Buch erwähnten Tier- und Pflanzennamen alphabetisch aufgelistet. Ist ein deutscher Artname bekannt, kann in der Rubrik »deutsch/englisch/wissenschaftlich« der entsprechende englische und der wissenschaftliche Name gefunden werden. Liegt ein englischer Artname vor, so findet sich der entsprechende deutsche bzw. der wissenschaftliche Name in der Rubrik »englisch/deutsch«.

Das Register schließlich ist in zwei Teile gegliedert: Im ersten können die im Text erwähnten Pflanzen- und Tiernamen nachgeschlagen werden, der zweite Teil umfaßt die Namen der Orte, Landschaften und Schutzgebiete sowie einige weitere Stichworte zu interessanten Themen.

Zeichenerklärung für die Karten im Text
Um die Übersichtlichkeit der Karten zu gewährleisten, wurden vor allem die für den Reisenden relevanten Informationen aufgenommen. Die am häufigsten verwendeten Symbole und Abkürzungen werden in der folgenden Übersicht erklärt. Andere, seltener benutzte Sonderzeichen sind in den jeweils betroffenen Karten erläutert.

Verwendete Kartensymbole

- *Asphaltstraße*
- *Piste*
- *Allradpiste*
- *Wanderweg*
- *Staatsgrenze*
- *Fluß*
- *Trockenfluß*
- *Nationalpark, National Monument und andere Schutzgebiete*
- *See, Meer*
- *Land*
- *Stadt, Ortschaft*
- *Berg*
- *Rangerstation*
- *Informationszentrum*
- *Hotel, Motel*
- *Campingplatz*
- *einfacher Zeltplatz*
- *Aussichtspunkt*
- 3 *Besuchspunkte (mit Querverweisen im Text)*
- *Indianerreservat*

Kleine Landeskunde

Lage und Größe

Der amerikanische Südwesten umfaßt rund ein Sechstel der Gesamtfläche der »Lower Fortyeights«, derjenigen 48 US-Bundesstaaten also, die zusammen mit dem District of Columbia eine geschlossene Einheit bilden. Über mehr als 1,2 Mio. km^2 – und damit die 3,5fache Fläche Deutschlands – dehnt sich dieser trockenste Teil der USA vom Pazifik im Westen bis zu dem mächtigen Gebirgszug der Rocky Mountains im Osten. Im Süden bildet Mexiko seine Grenze und im Norden reicht er bis zu einer gedachten Linie, die sich vom kalifornischen San Francisco nach Salt Lake City (Utah) und weiter in Richtung Denver (Colorado) zieht. In Längen- und Breitengraden ausgedrückt liegt das Gebiet damit etwa zwischen 28° und 40° nördlicher Breite und zwischen 102 und 122° westlicher Länge. Die betreffenden US-Bundesstaaten sind Mittel- und Süd-Kalifornien, Süd-Nevada, Utah, Arizona, West-Colorado, der Westen und Süden von New Mexico sowie der westlichste Zipfel von Texas.

Entstehung und Landschaften

Zum Verständnis der erdgeschichtlichen Dynamik des Südwestens ist zunächst ein kurzer Blick auf die Theorie der **Plattentektonik** angebracht. 1912 erstmals von Alfred Wegener beschrieben, nimmt sie eine Aufteilung der Erdkruste in verschiedene Platten an, von denen einige Kontinente, andere Meeresboden und manche beides tragen. Angetrieben von Konvektionsströ-

Die schneebedeckte Sierra Nevada überragt die Alabama Hills bei Lone Pine; beide Formationen bestehen aus Granit.

men im Erdmantel bewegen sich diese Platten beständig über unseren Erdball; ihre Geschwindigkeiten liegen bei mehreren Zentimetern pro Jahr. Sie weichen auseinander, stoßen zusammen und schlittern aneinander vorbei. Dabei werden Gebirge aufgestaucht, Vulkane erzeugt oder aktiviert, und Erdbeben erschüttern die Region. So auch im amerikanischen Westen, der eine recht bewegte Erdgeschichte hinter sich hat. Denn bereits im Jura (vor 210–145 Mio. Jahren) begann hier die Kollision der westwärts wandernden **Nordamerikanischen Platte** – und damit des Nordamerikanischen Kontinents – mit der ostpazifischen **Farallon-Platte**. In dieser Zeit lag die kontinentale Küste viel weiter im Landesinneren und ein Großteil des heutigen Westens war noch gar nicht vorhanden. Während nun aber die Farallon-Platte unter die Nordamerikanische Platte gedrückt und dort aufgeschmolzen wurde, streifte sie kleinere Erdkrustenteile am Kontinent ab. So entstanden weite Bereiche Alaskas und Westkanadas, Nevadas und Idahos sowie ganz Washington, Oregon und Kalifornien. Gleichzeitig wurde der Kontinent gewaltig gestaucht und es kam zu weiträumigen **Gebirgsbildungen**: Die Auffaltung der Rocky Mountains begann gegen Ende der Kreide (vor rund 65 Mio. Jahren), bald darauf schob sich der gewaltige Granitblock der Sierra Nevada nach oben, und als letztes folgte der Aufstieg der Vulkankette der Kaskaden und der Coast Ranges.

Im mittleren Tertiär (vor 45–30 Mio. Jahren) leitete sich dann ein ganz neues Geschehen ein. Der südliche Teil der Farallon-Platte war jetzt vollständig »abgetaucht« und die **Nordamerikanische Platte** hatte den Rand der ebenfalls westwärts wandernden **Pazifischen Platte** erreicht. Damit ließ der Druck auf Nordamerika nach, die Gesteine entspannten sich und Hunderte von nord-südlich verlaufenden Grabenbrüchen durchzogen den Südwesten. Es war die Geburtsstunde der **Basin and Range Province** der Intermontanen Zone. Charakterisiert durch zahlreiche kurze Bergketten im Wechsel mit großteils abflußlosen Hochbecken zieht sich diese riesige Geologische Provinz vom Great Basin Nevadas und West-Utahs bis zum Hochland von Arizona und New Mexico. Dabei umrahmt sie halbkreisförmig die zweite markante geologische Einheit des Südwestens, das **Colorado-Plateau**, dessen Hebung im späteren Tertiär begann.

Auch an der Küste kam es zu dramatischen Entwicklungen, denn hier wanderten die beiden aneinandergrenzenden Erdkrustenplatten zwar nun richtungsgleich gen Westen, aber die Pazifische Platte außerdem noch nach Norden. Mit einer Geschwindigkeit von etwa 5 cm/Jahr schiebt sie sich an Nordamerika vorbei, zerrt dabei am Kontinent, reißt ganze Stücke mit sich fort, verkeilt sich mit ihm und kommt ruckartig wieder frei, – jedesmal begleitet von heftigen Erdbeben. Diese Unruhezone, besser bekannt als **San-Andreas-Graben**, zieht sich heute durch den gesamten Westen Mittel- und Süd-Kaliforniens bis zum Golf von Kalifornien im Süden.

Allmählich formte sich so das derzeitige **Landschaftsbild** des Südwestens:

- An die kalifornische Pazifikküste mit ihren zahlreichen Steilklippen, ihren attraktiven Stränden und malerischen Buchten schließen sich die rund 1500 m hohen **Coast Ranges** an, deren vielfältige Gesteine einst allesamt von der ostpazifischen Farallon-Platte »abgekratzt« wurden.
- Jenseits des angrenzenden großen **Kalifornischen Längstals** erhebt sich das rund 100 km breite Granitgebirge der **Sierra Nevada**. Auf 600 km Länge durchzieht es den Osten Kaliforniens. In ihm liegt der mit ewigem Schnee bedeckte Mt. Whitney, der mit 4418 m höchste Berg der »Lower Fortyeights«.
- Östlich dieses Pazifischen Gebirgssystems folgen die von Bergketten durchzogenen Hochbeckenlandschaften der Basin and Range Province. In dieser Intermontanen Zone finden sich die 4 großen Halbwüsten der USA: Die **Great Basin** im Norden, die **Mojave**, die **Sonora** und die **Chihuahua** im äußersten Südosten.
- Ein besonders markanter Naturraum ist das Tafelland des **Colorado-Plateaus**, ein kilometerdickes Paket farbenprächtiger Sedimentgesteine, die überwiegend aus dem Zeitalter des Mesozoikums (vor 245–65 Mio. Jahren) stammen. Es besitzt eine Fläche von 330000 km^2 und erreicht Höhen bis 3300 m. Auf ihm liegen viele der berühmtesten Schutzgebiete des Südwestens.

Ihren letzten Schliff bekamen all diese Gebiete durch die stetig arbeitenden Kräfte der Verwitterung und Erosion, die Berge abtrugen, Täler mit Gesteinsschutt füllten, tiefe Schluchten in den Fels gruben, Tafelberge, Felsnadeln und Steinbögen modellierten, – kurz, die ganze Fülle der Landschaften des Südwestens schufen, die schon so manchem Spielfilm als dramatische Kulisse dienten.

Klima

Das Klima des **warmgemäßigt bis subtropischen** Südwestens wird von mehreren Faktoren bestimmt. Neben der südlichen Lage sind dies in erster Linie die verschiedenen Bergketten, die die regenbringenden West-

winde so wirksam abschirmen, daß sich an ihren Leeseiten große Trockengebiete ausbilden. Dieser Regenschatteneffekt wird noch durch ein ausgeprägtes Hitzetief verstärkt, das im **Sommer** das Wetter bestimmt. Dann steigen vor allem in den tieferen Lagen die Temperaturen oft über 40 °C, und heftige, von Süden her aufziehende Gewitter bringen die einzigen Niederschläge dieser Saison.
Entsprechend dem kontinentalen Charakter des Klimas sind die **Winter** im Landesinneren ausnehmend kalt. Jetzt überwinden die pazifischen Stürme die Barriere der Sierra Nevada und bringen Schnee, vor allem für die höheren Regionen, in denen das Thermometer manchmal weit unter den Gefrierpunkt sinken kann. In tieferen Lagen dagegen zaubern die winterlichen Regenschauer mancherorts wahre Blütenteppiche auf den kargen Wüstenboden.
Das Klima der **Küste** Mittel- und Süd-Kaliforniens dagegen wird von dem aus nördlichen Breiten einfließenden, kalten Kalifornienstrom geprägt. Mit mittleren Tagestemperaturen von 20–25 °C ist diese Region deshalb auch im Sommer nicht allzu heiß und im wesentlichen trocken. Nur wenige Kilometer weiter im Inland allerdings, jenseits der ersten Ketten der Coast Ranges, steigen die Temperaturen schnell wieder auf 35 °C und mehr. Die ersten Niederschläge fallen, hier wie dort, mit Beginn des Winters.

Pflanzen und Tiere

So vielgestaltig wie seine Landschaften, so vielfältig sind auch die **Pflanzengemeinschaften** des Südwestens. Dabei lassen sich drei große Einheiten unterscheiden: Küste und Coast Ranges, das Hochgebirge der Sierra Nevada und die Trockengebiete.
Auch bei der **Tierwelt** des Südwestens ist diese Dreiteilung sinnvoll, denn obwohl viele Tierarten über den gesamten Bereich verbreitet sind, zeigen einige doch eine ausgesprochene Bindung an bestimmte Lebensräume und Vegetationszonen, oder sie kommen nur in einem sehr begrenzten Gebiet vor.

Die hübsche rotschnäbelige Heermann-Möwe kommt nur an der Pazifikküste zwischen Vancouver und Südmexiko vor.

Küste und Coast Ranges

Pflanzen
Diese erste Einheit umfaßt die Bergketten der Coast Ranges und die Vorgebirge der Sierra Nevada, die das große Kalifornische Längstal westlich bzw. östlich umrahmen.

Kalifornische Roßkastanien im Chaparral; hier an der Straße nach Cedar Grove im Kings-Canyon-Nationalpark.

Die wichtigste Vegetationsformation dieser sommertrockenen Region ist der **Chaparral**, eine von immergrünen Bäumen und Sträuchern geformte Hartlaubgemeinschaft der Hanglagen zwischen 300 und 1500 m Höhe. Ursprünglich bedeckte sie etwa 9 % der Fläche Kaliforniens, heute jedoch ist sie nurmehr in wenigen Restbeständen zu finden, so z.B. im Sequoia-/ Kings-Canyon-Nationalpark (s.S.156) oder im Pinnacles National Monument (s.S.178). Jenseits dieser Refugien beherrschen Mischwälder, Gräser, Trockenbusch und Kulturland das Bild.
Hauptelemente des Chaparral sind mittelhohe Baumarten, darunter vor allem Eichen, deren Früchte eine wichtige Winternahrung für Tiere darstellen. Zu ihnen zählen Blaueichen, die immergrünen »Interior Live Oaks« und ab 1000 m aufwärts die kräftigen Kalifornischen Schwarzeichen. Weitere auffallende Bäume sind die »Digger Pines« mit ihren großen Zapfen und die Kalifornischen Roßkastanien, deren Blüten und Samen Giftstoffe enthalten. Unter den Sträuchern finden sich Bärentrauben (S.142), der zu den Kreuzdorngewächsen zählende »Buckbrush« sowie weitere buschförmig wachsende Eichen, die »Scrub Oaks«.
Im Frühling ragen im Chaparral die hohen weißen Blütenstände der Yucca-Art »Our Lord's Candle« auf. Jetzt zeigt sich auch das zarte Blau der »Baby Blue Eyes« aus der Gattung der Hainblumen, das

Blaueichen zählen zu den häufigen Bäumen des Chaparral.

sahnige Weiß der »Mariposa Lilies«, das Gelb der »Common Madias« und das Orange des Kalifornischen Goldmohns. Der weit verbreitete »Owl's Clover«, ein Halbparasit aus der Familie der Braunwurzgewächse, erblüht dagegen in tiefem Violett.

Die Farbintensität des Kalifornischen Goldmohns ist kaum zu übertreffen; er ist deshalb auch eine beliebte Zierblume.

Tiere

Der Planktonreichtum des kühlen, sauerstoffreichen Kalifornienstroms bildet die Grundlage für das vielfältige Tierleben des kalifornischen Pazifik. Von ihm leben Buckel-, Finn- und Blauwale, und im November/Dezember sowie März/April zie-

Typische kalifornische Küste mit Mittagsblumen südlich von Monterey.

Fuchsschwanzkiefern gedeihen bis in über 3000 m Höhe; hier am Eagle Lake, Mineral King, Sequoia-Nationalpark.

hen Grauwale durch die küstennahen Gewässer. Im Winter kommen Nördliche See-Elefanten (S.182) zur Fortpflanzung an die Küsten, im Sommer Seehunde und Kalifornische Seelöwen, und Seeotter profitieren von dem Nahrungsangebot der Kelpwälder (Tange). Unter den See- und Küstenvögeln finden sich stoßtauchende Braunpelikane, Pinsel-, Ohren- und Meerscharben, Taubenteisten und andere Vertreter der Alken-Familie, dazu Westmöwen, Kaliforniermöwen und die rotschnäbeligen Heermann-Möwen (S.13).
An Land begegnen dem Reisenden eine ganze Reihe von Allerweltsarten. So ist auf Campingplätzen mit nachtaktiven Nordamerikanischen Waschbären (S.53) zu rechnen. Auch Streifenskunks (S.43) oder die braungrau gefleckten Kalifornischen Ziesel tauchen hier regelmäßig auf.
Im Chaparral trifft man auf Strauchkaninchen, Silberdachse, Graufüchse, Kojoten (S.25) und Maultierhirsche (S.102). Überall zu finden ist der Diademhäher (S.86) mit seinem leuchtend blauen Gefieder. Hinzu kommen Purpurstärlinge und Ammern, am Himmel kreisen Truthahngeier (S.136), und Schopfwachteln bevölkern zusammen mit Buschhähern (S.82), Eichelspechten und Annakolibris (S.118) den Trockenbusch. Dies ist auch der Lebensraum der Prärieklapperschlangen (s.S.71) und Zaunleguane. Kalifornische Molche und Pazifik-Laubfrösche bevorzugen dagegen feuchteres Gelände.

Das Hochgebirge der Sierra Nevada

Pflanzen

Abrupt aus der Ebene aufsteigend bildet das Hochgebirge der Sierra Nevada eine markante Wetterscheide. Im Westen kommt es zu Steigungsregen, während sich östlich des Gebirges der Regenschatteneffekt bemerkbar macht. Auf beiden Seiten der Bergkette prägen ab etwa 1500 m aufwärts **Nadelwälder** das Landschaftsbild.

Zu den häufigen Baumarten der untersten Stufe zählen neben Grautannen, Gelbkiefern (S.145) und Jeffrey-Kiefern vor allem die majestätischen Zuckerkiefern. Sie können bis zu 70 m Höhe und 2 m Stammdurchmesser erreichen, und ihre 30–40 cm langen Zapfen (S.163) sind die größten aller Kiefern: Im grünen Zustand wiegen sie bis zu 2 kg ! Eine Besonderheit sind auch die gigantischen Mammutbäume (s.S.159), die jedoch nur an den mittleren niederschlagsreichen Westhängen der südlichen Sierra Nevada wachsen. In den höheren Regionen erscheinen dann Prachttannen, Drehkiefern und die kälteliebenden Gebirgs-Hemlocktannen, die hier ihre südliche Verbreitungsgrenze erreichen. Fuchsschwanzkiefern, Weißstämmige Zirbelkiefern und Nevada-Zirbelkiefern markieren schließlich die Baumgrenze in Höhen von 3000–3300 m. Alle drei Bäume sind ein Wunder der Anpassung an diese Welt der eisigen Blizzards und gefrorenen Böden.

Zwischen den Nadelwäldern breiten sich **Bergwiesen** aus. In diesen hohen Lagen beginnt die Blüte erst im Frühsommer mit den roten Trieben der »Snow Plant« (S.161). Sie lebt als Parasit von den Wurzeln anderer Pflanzen und kann auch späte Schneefälle überstehen. Im Juni/Juli erscheinen dann Gelbe Gauklerblumen, Götterblumen (S.152) und das kleine Läusekraut, das wegen seiner Blütenform im Englischen den großen Namen »Elephant Heads« trägt. Pantherlilien, Bartfaden und andere Blumen verwandeln die Wiesen in ein Blütenmeer. Manche Arten dringen an geeigneten Standorten sogar bis auf 4000 m Höhe vor, so etwa die Sierra-Akelei, Bigelow's Sneezeweed oder der Berglorbeer »Alpine Laurel«.

Tiere

Die Bergwälder der Sierra Nevada beherbergen eigene Lebensgemeinschaften. Zu Maultierhirschen (S.102), Graufüchsen, Baumstachlern (S.89) und Waschbären

Die winzigen Blüten des »Yellow Linanthus« ragen nur wenige Zentimeter über den Waldboden empor.

Der zähe »Alpine Laurel« überlebt auch in den höchsten Lagen der Sierra Nevada; er gehört zur Familie der Heidekrautgewächse.

»Bigelow's Sneezeweed«, ein Korbblütler der Gattung *Helenium* (Sonnenbraut) wächst auf feuchten Bergwiesen.

Unverkennbar grau und schwarz sind die Kiefernhäher; sie besiedeln die hochgelegenen Nadelwälder des Westens.

(S.53) gesellen sich typische Waldbewohner. An erster Stelle stehen hier die Hörnchen, darunter das Goldmantelziesel, das Westliche Grauhörnchen mit seinem buschigen Schwanz, das eichhörnchenähnliche Chikaree-Hörnchen und die verschiedenen Arten der Chipmunks (S.44) oder Streifenhörnchen. Schwarzbären (S.152) durchstreifen die Wälder, und in den höheren Regionen leben Gelbbäuchige Murmeltiere (S.38), Dickhornschafe (S.61) und die kleinen rundohrigen Pfeifhasen (S.158). Auch in der Vogelwelt finden sich weiter verbreitete Arten neben Nadelwaldspezialisten. So wird der Diademhäher (S.86) in den oberen Lagen von dem grauschwarzen Kiefernhäher abgelöst und zu der rotbäuchigen Wanderdrossel (S.77) gesellen sich Halsband- und Einsiedlerdrossel. Ebenfalls zu beobachten sind die kleinen Satrapen und Kanadakleiber, die weißköpfigen Nonnenspechte, Gambelmeisen (S.155), Cassingimpel (S.161) und die farbenprächtigen Kieferntangaren. An Amphibien kommen einige Salamander-Arten sowie der seltene endemische »Mountain Yellow-legged Frog« vor. Reptilien treten im dicht bewaldeten Gelände der Sierra Nevada weniger in Erscheinung.

Die Trockengebiete

Südlich und östlich der Sierra Nevada schließen sich die Hochbeckenlandschaften der riesigen Basin and Range Province an. Ihre 4 großen Halbwüsten **Great Basin, Mojave, Sonora** und **Chihuahua** ordnen sich halbkreisförmig um das Tafelland des **Colorado-Plateaus.** Ein Blick auf die verschiedenen Vegetationszonen zeigt folgende Aufteilung:

- Die meiste Zeit bewegt man sich in der **Trockenzone** (S.21), die alle Regionen unterhalb 1200 m umfaßt,
- und in der **Nußkiefer-/ Wacholder-Zone** (S.24), die sich als breiter Gürtel lockeren Waldlandes bis auf etwa 2000 m Höhe hinaufzieht.
- Letztere vermittelt damit zwischen den Halbwüsten der tieferen Lagen und den Gelbkiefer-/Gambel-Eichen-Wäldern der nächsthöheren Stufe, der **Übergangszone** (2000–2400 m), in der der Wechsel zum feuchteren Klima erfolgt.
- In den nach oben anschließenden, zunehmend niederschlagsreicheren Höhen wechselt das Vegetationsbild dann bald zu den von Grautannen, Douglasien und Amerikanischen Zitterpappeln dominierten Mischwäldern der **Montanen Zone** (2400–2800 m; S.80).
- Die **Subalpine Zone** schließlich, die von 2800 m bis in 3300 m Höhe reicht, ist das Reich der Engelmannsfichten und Felsengebirgstannen, zwischen denen sich blumenreiche Bergwiesen ausbreiten.
- Auf sie folgt als letztes noch die **Arktisch-alpine Zone**, die in den besuchten Gebieten so gut wie nie erreicht wird.

Jede dieser Vegetationszonen bzw. Höhenstufen stellt einen eigenen Lebensraum dar, der von spezifischen Pflanzen- und Tierarten besiedelt wird. Die beiden wichtigsten und flächenmäßig größten Lebensräume der Trockengebiete sind die **Trockenzone** und die **Nußkiefer-/Wachol-**

der-Zone, die deshalb nochmals genauer betrachtet werden sollen. Dabei zeigt sich, daß alle 5 Trockengebiete – Great Basin, Mojave, Sonora, Chihuahua und auch das Colorado-Plateau – zunächst einmal eine ganze Reihe von Gemeinsamkeiten aufzuweisen haben.

Allgemein häufige Arten der Trockenzone und der Nußkiefer-/Wacholder-Zone

Pflanzen

Einer der wichtigsten **Bäume** der Nußkiefer-/Wacholder-Zone ist die namensgebende Nußkiefer (S.105). Da ihre Nadeln immer im Doppelpack angelegt sind, wird sie manchmal auch als »Two-needle Pinyon« bezeichnet. Sie ist der Staatsbaum von New Mexico. Eine nah verwandte Art, die südlichere Mexikanische Nußkiefer, besitzt dagegen 3 Nadeln pro Bündel, die vor allem im Great Basin verbreitete »Singleleaf Pinyon« nur eine. Mit den Nußkiefern vergesellschaftet leben verschiedene Wacholderarten, darunter der häufige Utah-Wacholder (S.104), der »One-seed Juniper« sowie der mehr südlich vorkommende »Alligator Juniper«.

Wacholder wie Nußkiefern sind sehr genügsam und können einige Hundert Jahre alt werden. Sie kommen lange ohne Wasser aus; Wacholder koppelt in Notzeiten sogar ganze Äste von der Wasserversorgung ab, um zu überleben. Beide Bäume wurden von den frühen Indianervölkern für Feuerholz und als Material für Zäune genutzt. Die weiche Rinde des Wacholders fand bei der Herstellung von Kleidungsstücken, Schlafmatten und Babywindeln Verwendung, und aus den Kernen seiner Früchte machte man Halsketten. Die großen Samen der Nußkiefern galten dagegen schon damals als Delikatesse. Heute sind sie unter der Bezeichnung »Indianernüsse« im Handel.

In der Trockenzone findet man Bäume nurmehr als **Flußbegleitvegetation**, in kleinen Quelloasen oder schattigen Canyons. An ganzjährig fließenden Gewässern siedeln Eschenahorn, Samtesche und »Singleleaf Ash« sowie Fremont-Pappeln, Weiden und andere Baumarten mit relativ hohem Wasserbedarf. Entlang der nur saisonal Wasser führenden Trockenflußbetten gedeihen genügsamere Gehölze, darunter die zu den Bignoniaceen zählende Wüstenweide (S.118), deren große weißrosa Blüten nach Regenfällen erscheinen. Die Leguminosen sind mit verschiedenen Mesquite-Arten (S.126) und mit der »Catclaw Acacia« vertreten, die an ihren kleinen, klauenhaft gebogenen Dornen zu erkennen ist. Vielerorts wuchern außerdem die aus dem Mittleren Osten stammenden Tamarisken (S.98). Um 1850 als Ziersträucher in die USA eingeführt, verwilderten sie und konkurrieren nun mit den heimischen Arten um das wenige Wasser.

In allen übrigen Bereichen der niederschlagsarmen Trockenzone können nur die zähesten Dürrespezialisten überleben, so vor allem kleinwüchsige **Sträucher**. Viele von ihnen dringen aber auch bis in die Nußkiefer-/Wacholder Zone vor. Dies gilt besonders für die aromatisch duftenden Wermutsträucher mit der häufigsten Art, dem »Big« oder »Tall Sagebrush« (S.100). Er produziert zwei Arten von Blättern: dreigeteilte immergrüne und ungeteilte einjährige, die in der Trockenzeit abgeworfen werden können. Beide sind dicht behaart und geben dem Strauch sein typisch silbriges Aussehen. Ähnlich weit verbreitet sind die Schachtelhalmsträucher (S.95) mit ihren grünen, deutlich gegliederten Stengeln, an denen die Blätter nurmehr als kleine Schuppen in Erscheinung treten. Entlang der Straßen fallen außerdem die erst im Herbst blühenden »Rabbitbrushes« (S.105) auf, während das auf Weideflächen allgegenwärtige »Snakeweed« seine kleinen gelben Blüten den ganzen Sommer über trägt.

Im felsigeren Gelände trifft man häufig auf 3 Vertreter der Rosengewächse: Die »Cliffrose« (S.81) und die »Apache Plume«

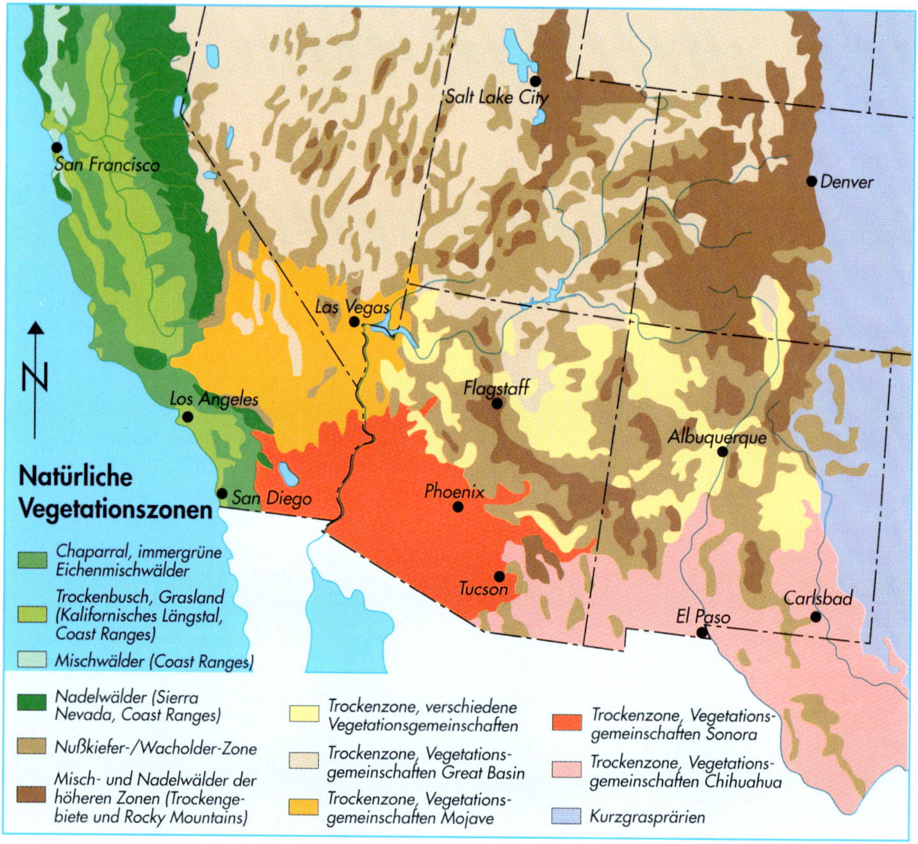

(S.84), bei denen sich mit langen fedrigen Anhängseln versehene Fruchtstände ausbilden, und den kleinen »Blackbrush« (S.58) mit seinen schwärzlichen, abgestorben wirkenden Zweigen. Salzbüsche bevorzugen dagegen alkalische Böden. Sie sind zweihäusig, d.h. die unscheinbaren männlichen und weiblichen Blüten erscheinen auf verschiedenen Pflanzen. Am auffälligsten sind ihre 2- bis 4-flügeligen, hellgelb bis rot gefärbten Samen. Ein wahrer Überlebenskünstler ist schließlich der mehr südlich verbreitete, unscheinbar graugrüne Kreosotbusch (S.139). Er sichert seine Existenz gleich auf dreifache Weise: Zum einen zapft er mit seiner tiefreichenden Pfahlwurzel das Grundwasser an, zum anderen scheidet er Wurzelgifte aus und hält so die Nachbarn auf Abstand; außerdem überzieht er seine Blättchen mit Harz und vermeidet damit Wasserverluste durch Verdunstung.

Nun zu den **Blumen**, zu denen ausdauernde Arten ebenso zählen wie die sogenannten Ephemeren, die die niederschlagsfreien Perioden als Samen oder in Form von Zwiebeln und Knollen im Boden überstehen. Typische weißblühende Arten an Straßen und Wegrändern der beiden Vegetationszonen sind der giftige Stechapfel (S.100) mit seinen großen Blütentrompeten, der Stachelmohn (S.75) sowie Nachtkerzen (S.39). In Rot oder Orange erscheinen Kugelmalven (S.44), »Skyrockets«

(S.87) und »Indian Paintbrushes« (S.87), deren insgesamt 200 im westlichen Nordamerika vorkommende Arten meist nur schwer voneinander zu unterscheiden sind. Gelb ist die Farbe der »Prince's Plumes« (S.24), der »Blazing Stars« (S.73), sowie zahlreicher oft schwer bestimmbarer Korbblütler, darunter verschiedene Sonnenblumen, Greis- und Berufskräuter. Sukkulente Blütenpflanzen wie die Kakteen sichern ihr Überleben durch das Speichern von Wasser, in diesem Fall zumeist in der Sproßachse Die am weitesten verbreiteten Kakteen des Südwestens sind die Opuntien oder Feigenkakteen. Mit der »Plains Pricklypear« (S.65) dringen sie bis nach Kanada vor. Eng an den Boden geschmiegt übersteht dieser zähe Feigenkaktus sogar Frostnächte, indem er seine Zellsäfte im Winter durch Austrocknung konzentriert. Manche südliche Arten wie die »Engelmann's Pricklypear« (S.24) können dagegen 2–3 m hoch werden. Alle Opuntien besitzen neben den normalen Sproßdornen noch sogenannte Glochiden, d.h.winzige, mit Widerhaken versehene Borstenhaare, die sich leicht von der Pflanze – aber nur schwer wieder aus der Haut lösen. Auch andere Kakteen wie der rotblühende »Claret Cup« (S.73) kommen in vielen Zonen vor, sind jedoch, wie alle Sukkulenten, nur im Süden häufig.

Schließlich müssen noch zwei spezifische Lebensräume erwähnt werden, die vor allem auf dem Colorado-Plateau zu finden sind. Als erstes wären dies die kleinen Oasen der **Hängenden Gärten**, die sich um angeschnittene Wasseradern in Sandsteinwänden bilden. Selbst in der trockensten Umgebung ermöglichen diese Sickerstellen das Überleben feuchtigkeitsliebender Pflanzen wie Frauenhaarfarn, Gauklerblume (S.36) und »Cardinal Flower« (S.44). Sogar Orchideen können hier existieren!

Trockenzone im Snow Canyon State Park, Utah; im Vordergrund Wermutsträucher der Art *Artemisia spinescens* (»Sand Sage«).

Überlebenskünstler in der Wüste

Hitze, Trockenheit und Wasserverlust durch Verdunstung sind die Hauptprobleme aller Lebewesen der Wüsten und Halbwüsten. Wie schützen sie sich dagegen?

Die Methoden der Pflanzen beruhen im wesentlichen auf strukturellen Anpassungen. Kakteen beispielsweise überdauern Trockenperioden mit Hilfe ihrer wasserspeichernden, grünen Sproßachsen, die im Extrem die Form einer Kugel annehmen. Da die meisten Kakteen ihre Blätter reduziert haben, übernehmen die Sproßachsen auch die Photosynthese, wobei sich ihre Spaltöffnungen nur nachts öffnen. Das Dornenkleid wiederum schützt die Pflanzen nicht nur vor Licht und Hitze, sondern auch vor Tierfraß. Außerdem besitzen manche Arten neben ihrem großflächigen, oberflächennahen Wurzelwerk noch eine wasserspeichernde Wurzelrübe und können sich im Notfall ganz in den Boden zurückziehen.

Nichtsukkulente Pflanzen lösen die Probleme auf ähnliche Weise. So kann auch der Mesquite-Strauch (S.126) seine Spaltöffnungen tagsüber verschließen und seine kleinen Blättchen während der größten Hitze zusammenfalten. Außerdem zapft er tiefliegende Wasserschichten mit meterlangen Wurzeln an. »Paloverde« (S.123), Ocotillo (S.109) und Kreosotbusch (S.139) überdauern wasserlose Zeiten im sogenannten Trockenschlaf mit Blattabwurf und Reduzierung des Stoffwechsels. Die Anpassung kann so weit gehen, daß unter extremen Bedingungen ganze Äste abgeworfen werden, um die zentralen Teile der Pflanze am Leben zu erhalten. Bei dem sehr kleinblättrigen »Paloverde« ist – wie bei den Kakteen – außerdem die grüne Rinde an der Photosynthese beteiligt.

Die vielen Rippen der Kakteen erlauben ein schnelles An- und Abschwellen ihrer wasserspeichernden Sproßachsen.

Auf plötzliche Regenfälle reagieren diese Überlebenskünstler spontan. Der verdorrt erscheinende Ocotillo beispielsweise kann nach Regenfällen innerhalb von 48 Stunden saftige Blätter treiben. Die bunten Wüstenblumen, die Trockenzeiten in Form von unterirdischen Sprossen, Zwiebeln, Wurzeln oder Samen überleben, tauchen dann ebenfalls wie aus dem Nichts auf und vollenden ihre Blüte und Fruchtreife in nur wenigen Wochen.

Im Gegensatz zu Pflanzen beantworten Tiere die Herausforderungen der Wüsten hauptsächlich durch Verhaltensanpassungen. Viele der großen Säugetiere und vor allem Vögel weichen den Trockenzeiten durch Abwanderung aus. Andere Arten bleiben zwar vor Ort, verlegen aber ihre Aktivität in die frühen Morgen- oder späten Abendstunden oder ganz in die Nacht, um so die größte Tageshitze zu meiden. Nachtaktiv sind beispielsweise die meisten Schlangen, der Kojote (S.25), der Kitfuchs und viele kleine Säugetiere.

Darüber hinaus gehen Wüstentiere mit Wasser sparsam um. Niere und

Bei drohender Überhitzung bemüht sich dieser Große Taubleguan alle Körperteile möglichst weit von dem heißen Untergrund fernzuhalten – inklusive der Zehen.

Darm vieler Arten resorbieren die aus der Nahrung gewonnene Flüssigkeit so effektiv, daß z.B. Rennkuckuck (s.S.113), Wüstenschildkröte (S.31) und manche kleinen Säuger überhaupt nicht mehr trinken müssen. Außerdem kann Wasser durch Fettspaltung gewonnen, oder – wie bei der Schildkröte – in Körperhöhlungen gespeichert werden. Einige Arten der Känguruhratten und Taschenmäuse nutzen sogar ihre eigene Atemluft zur Wassergewinnung, indem sie sie in den Nasengängen kondensieren lassen. Damit die hierfür benötigte Luftfeuchtigkeit von 30–50% zustande kommt, verschließen sie tagsüber ihre Baue.

Amphibien schließlich ziehen sich in Notzeiten in feuchte Verstecke zurück und kommen allenfalls nachts oder an regnerischen Tagen hervor. Die Schaufelfußkröten haben diese Anpassung vervollkommnet. Sie bleiben die gesamte Trockenzeit über eingegraben und erscheinen erst nach starken Regenfällen. Ihre Kaulquappen schlüpfen schon 36 Stunden nach der Eiablage und entwickeln sich in nur 2 bis 6 Wochen zur fertigen Kröte – sofern ihr Tümpel nicht vorher austrocknet.

Weniger auffallend, aber von um so größerer Bedeutung ist die **Mikrobiotische Kruste** (S.52). Damit bezeichnet man jene dünne schwarzbraune Schicht aus Blaugrünen Algen, Flechten und Moosen, die weite Teile der nährstoffarmen Sandböden der Trockenzone überzieht. Sie hält den Boden zusammen, schützt ihn vor Erosion und versorgt ihn zudem mit Regenwasser, das sie zunächst wie ein Schwamm speichert und dann mit Nährstoffen angereichert wieder abgibt; – kurz, sie bildet den Anfang allen Lebens in den Trockengebieten. Auf Störungen reagiert sie sehr empfindlich und jeder Fußabdruck bleibt noch lange sichtbar.

Tiere

Die meisten Tiere sind weit weniger an die verschiedenen Höhenstufen gebunden als die Pflanzen. Viele der hier beschriebenen Arten findet man deshalb nicht nur in der Trockenzone und der Nußkiefer-/Wacholder-Zone, sondern sie dringen auch in höhere Vegetationszonen vor. Andere sind zudem weit über die Trockengebiete hinaus verbreitet und wurden bereits in den vorangegangenen Kapiteln »Küste und Coast Ranges« bzw. »Sierra Nevada« erwähnt.

Bei den **Säugetieren** gilt dies für die Maultierhirsche (S.102), Waschbären (S.53) und Baumstachler (S.89), für die Streifenskunks (S.43), Silberdachse und Graufüchse. Auch der Kojote (S.25) ist ein häufiger Bewohner der trockenen Regionen. Bekannt wurde er durch sein nächtliches Heulen, das hauptsächlich der Kommunikation mit anderen Mitgliedern seiner Familie dient. Er ist ein ausgezeichneter Sprinter, erbeutet kleinere Mahlzeiten aber hauptsächlich mit der »Anschleichen-und-Sprung«-Technik. Wie dem viel kleineren Kitfuchs ist ihm fast jede Nahrung recht. Während der Kitfuchs jedoch nachtaktiv ist, gehen Kojoten auch tagsüber und in der Dämmerung auf Pirsch. Andere auffällige Bewohner der Ebenen sind der

großohrige Kalifornische Eselhase (S.129) und der oft auch als Amerikanische Antilope bezeichnete Gabelbock (S.91). Er ist das einzige Mitglied der alten Paarhuferfamilie der Gabelhorntiere.
In den höheren Felsregionen leben die stämmigen Dickhornschafe (S.61). Ihre Widder tragen ein massives, schneckenartig gewundenes Gehörn, das sie bei Brunftkämpfen als Rammbock einsetzen.

Aus der Gruppe der Erdhörnchen ist der Felsenziesel vertreten, und Puma (S.78), Rotluchs (S.34) sowie das Nordamerikanische Katzenfrett (S.49) gehen hier auf Jagd. Das Katzenfrett gehört zur Familie der Kleinbären; sein auffallendstes Kennzeichen ist der buschige, schwarz-weiß geringelte Schwanz. Alle drei Beutegreifer sind jedoch vor allem nachts unterwegs und werden nur selten beobachtet. Die häufi-

»Engelmann's Pricklypear« ist im Südwesten weit verbreitet; ihre Sproßglieder erreichen bis 30 cm Durchmesser.

Die auffällige »Prince's Plume« kommt in allen Trockengebieten vor; man sieht sie oft an Straßen- und Wegrändern.

◁ Nußkiefer-/Wacholder-Zone bei Old Paria östlich von Kanab.

Blaukehl-Hüttensänger (hier ein Männchen) bevorzugen ▷ offenes Gelände; die Weibchen sind blasser gefärbt.

gen Audubonkaninchen (S.75) stellen keine so spezifische Ansprüche; sie besiedeln fast alle Lebensräume.

Auch unter den **Vögeln** der Trockengebiete gibt es viele »Allerweltsarten«. Dazu zählen beispielsweise Rotschwanzbussard (S.56) und Buntfalke (S.72), Carolinataube (S.114) und Louisianawürger, die Spottdrossel (S.89), der aus Europa stammende Star und der farbenprächtige Blaukehl-Hüttensänger. Andere häufige Arten fallen weniger auf, so der Braunkopf-Kuhstärling, die kleinen Felsen- (S.67) und Schluchtenzaunkönige oder die winzigen Schwarzkinnkolibris (S.48). Nicht zu übersehen sind aber die drei Arten, die auch in so manchem Westernspektakel auftauchen: Der majestätische Steinadler (S.43) mit seinen 2 m Spannweite, der rotköpfige Truthahngeier (S.136) und der allgegenwärtige Kolkrabe. Zusammen mit dem »Roadrunner« oder Rennkuckuck (s.S.113), der sich mehr auf seine schnellen Beine verläßt als auf seine Flügel, gehören sie zu den Wahrzeichen des Südwestens.

Typisches Jagdverhalten des Kojoten: Kleinere Beutetiere werden erst belauert und dann »im Sprung« erbeutet.

Eine der interessantesten und leichter zu beobachtenden Tiergruppen der Trockengebiete ist die der **Reptilien**. Vor allem die Familie der Leguane ist gut vertreten. Hierzu gehören der braungefleckte Leopardleguan, der Seitenfleckenleguan, der bunte Halsbandleguan (S.95), der grünschillernde Wüsten-Stachelleguan und die verschiedenen Arten der bizarren rundlichen Krötenechsen (S.100). Aus der Familie der Schienenechsen ist der »Western Whiptail« (S.55) häufig; er zählt zur Gattung der Rennechsen.

Trifft man auf Schlangen, so handelt es sich dabei in vielen Fällen um Nattern, deren Giftzähne, wenn überhaupt vorhanden, ganz hinten im Kiefer sitzen. Zu ihnen zählen die weit verbreitete »Gopher Snake«, die rosarote »Coachwhip«, die »Long-nosed Snake«, die Ketten- und die Strumpfbandnatter (S.145). Die braungemusterten Klapperschlangen (s.S.71) hingegen sind Mitglieder der Familie der Grubenottern, deren kräftige Giftzähne mit Injektionsröhren ausgerüstet sind. Ihre Kennzeichnen sind der dreiecksförmige Kopf, die senkrechten, schlitzartigen Pupillen und die namensgebende Klapper am Schwanzende.

Amphibien kommen mit den harschen Bedingungen der Trockengebiete naturgemäß weit weniger gut zurecht. Echte Spezialisten sind jedoch die Schaufelfußkröten aus der Familie der Krötenfrösche. Geschützt durch eine Schleimhülle verbringen sie die heißen, trockenen Monate ruhend im Boden. Erst nach Regenfällen tauchen sie wie aus dem Nichts auf und nutzen die größeren Pfützen und Tümpel zur Fortpflanzung. Ganz ähnlich macht es die Präriekröte und auch die Nachkommen der in den Felsgebieten ansässigen »Red-spotted Toad« wachsen in solchen temporären Gewässern auf.
Die wenigen in den Trockengebieten lebenden **Fische** sind an ganzjährig fließendes oder stehendes Wasser gebunden. Weiter verbreitet sind nur zwei dort ausgesetzte Arten, der kleine Koboldkärpfling und der aus dem Osten der USA stammende, bis 30 cm lange »Golden Shinner«.
Zu den bemerkenswertesten Wirbellosen der Trockengebiete gehören die **Spinnentiere,** vor allem die Taranteln (s.S.92). Meist begegnet man den kleineren Männchen, wenn sie auf Suche nach Weibchen in der Dämmerung über den Wüstenboden eilen. Ihre größten Feinde sind die orangeflügeligen »Tarantula Hawks« aus der Familie der Wegwespen. Diese betäuben die Taranteln mit ihrem Stich und graben sie zusammen mit einem Ei ein. Der Körper der Tarantel dient dann als Futter für die schlüpfende Larve der Wegwespe. Die in mehreren Arten vorkommenden Skorpione (s.S.92) zählen ebenfalls zu den Spinnentieren. Der Stich der z.T. nur wenige Millimeter großen Vertreter der Gattung *Centruroides* kann auch für den Menschen tödlich sein.
Aus der riesigen Gruppe der **Insekten** sind die Feldheuschrecken zu nennen und hier als häufigste Art der bis 4 cm lange, beigebraune »Pallid-winged Grasshopper«. Bei den Käfern fallen die verschiedenen Arten der langbeinigen, metallisch glänzenden Sandlaufkäfer ins Auge. Die hübschen pelzigen »Velvet Ants« gehören zur Familie der Spinnenameisen; auch ihre Larven ernähren sich parasitisch, in diesem Fall von Sandwespenlarven. Von den Schmetterlingen sind die Monarchfalter (S.126) für ihre weiten Wanderungen berühmt. Zu Millionen ziehen sie jedes Jahr im Herbst zum Überwintern nach Mexiko und kehren im Frühjahr in die USA und bis Südkanada zurück. Die weiteste bisher festgestellte Flugstrecke eines Monarch-Weibchens betrug 3432 km Luftlinie !

Charakterarten und Endemismen der verschiedenen Trockengebiete

Neben den im gesamten trockenen Südwesten verbreiteten Pflanzen gibt es eine ganze Reihe markanter Gewächse und charakteristischer Pflanzengemeinschaften, die für nur eine Region typisch sind oder dort vorherrschen und so eine klare Unterscheidung ermöglichen. Bei den Tieren fällt das schon schwerer. Eine Ausnahme bilden einige Familien der Fledermäuse und der Nagetiere (z.B. Neuweltmäuse, Taschenratten, Taschenmäuse, Känguruhratten und Hörnchen), deren einzelne Vertreter oft sehr kleine, regional spezifische Verbreitungsgebiete besitzen. Da sie für den Reisenden jedoch nur selten mit Sicherheit bestimmbar sind, sollen sie hier nur in Einzelfällen erwähnt werden.
Colorado-Plateau: Mit einer mittleren Höhe von 1500 m ist dieses Tafelland das am höchsten gelegene Trockengebiet. Schnee ist häufig und die Winter sind oft lang.
Die meiste Zeit bewegt sich der Besucher in der **Nußkiefer-/Wacholder-Zone** (1200–2000 m), dringt aber auch immer wieder in die höher gelegenen niederschlagsreicheren Vegetationszonen vor (vgl. S.18). Die isolierte Lage des Plateaus hat einige Endemismen hervorgebracht, so z.B. unter den Traganten, den Wollknöterichen oder den Rauhblattgewächsen. Die großen Höhen ermöglichen außerdem das regionale Vorkommen von Pfeifhasen

(S.158), Gelbbäuchigen Murmeltieren (S.38) und anderen typischen Tieren des Hochgebirges. Unter den Hörnchen findet man das baumbewohnende Pinselohrhörnchen nur auf dem Plateau, und zu den für das Gebiet endemischen Reptilien zählt der blauschwänzige »Plateau Striped Whiptail«.

Great Basin Desert: Dies ist die nördlichste und mit einer durchschnittlichen Höhe von über 1200 m auch die kälteste der 4 Halbwüsten des Südwestens. Sie besteht aus mehr als 100 abflußlosen Hochbecken, von denen einige ausgedehnte Salzpfannen beherbergen. Dazwischen liegen kurze, nord-südlich gerichtete Bergketten, die teilweise über 3000 m Höhe erreichen. Die wenigen Niederschläge fallen vor allem in den Wintermonaten. Hauptelemente der Flora sind niedrige, ganz oder teilweise laubwerfende Büsche, die sich zu 2 großen Vegetationsformationen zusammenschließen: Der **Wermutstrauch-Steppe** mit dem »Tall Sagebrush« (S.100) als häufigster Art, und, auf alkalischeren Böden, der von der Melden-Art »Shadscale« dominierten **Salzbusch-Gemeinschaft**.

Der spezifische Lebensraum der Wermutstrauch-Steppe erlaubt das Vorkommen entsprechender Besonderheiten: So ernährt sich etwa das Zwergkaninchen ausschließlich von diesen Sträuchern, während das etwas größere Nutall's Baumwollschwanzkaninchen außerdem noch Wacholderbeeren frißt. Ein weiterer Bewohner der Wermutstrauch-Steppe ist das etwa fasanengroße Beifußhuhn. Zu den für das Great Basin endemischen Tierarten gehören das zu den Erdhörnchen zählende Townsend-Ziesel und die kleinen »Sagebrush Lizards« aus der Familie der Leguane.

Mojave Desert: Wie in der Great Basin Desert gab es während der letzten Eiszeit auch in der Mojave zahlreiche Seen. So z.B. im Death Valley, in dem der mit -86 m tiefste Punkt der USA liegt. Ansonsten bewegen sich die Höhen zwischen 600 und 1200 m, und nur die höchsten Regionen im Westen und Süden erreichen 1500 m. Entsprechend gering sind die Niederschläge; sie überschreiten kaum ein jährliches Maximum von 150 mm. Die Mojave ist damit nicht nur wärmer und trockener als die Great Basin Desert, sondern ihre Sommertemperaturen gehören auch zu den höchsten der USA!

Wieder beherrschen niedrig wachsende Sträucher wie »Blackbrush« (S.58), »Tall Sagebrush« (S.100) und vor allem der **Kreosotbusch** (S.139) das Bild. Die Opuntien »Teddybear Cholla« (S.130) und »Bea-

Das Rundschwanzziesel bewohnt die Halbwüsten der Sonora und der nördlich angrenzenden Mojave.

»Great Rusty Milkvetch«, ein weißblühender Tragant, wird bis 60 cm hoch; er ist endemisch für das Colorado-Plateau.

vertail Cactus« (S.139) vertreten die Kakteen, Mojave-Yuccas (S.131) und Mojave-Astern (S.130) sind dort typische Blumen, und in den kleinen Quelloasen überleben Kalifornische Fächerpalmen. Die Charakterpflanze der Mojave aber ist der **»Joshua Tree«** oder Josuabaum (s.S.128), eine baumförmig wachsende Yucca-Art. Wie rund 25 % der übrigen Pflanzenarten ist auch sie endemisch für das Gebiet.

Ein Blick auf die Tierwelt zeigt viele Gemeinsamkeiten mit der südlich angrenzenden Sonora. So kommen die gepunkteten Fransenzehenleguane mit 2 regional getrennten Arten in der Mojave und mit einer weiteren Art in der Sonora vor. Auch die Wüstenschildkröte (S.31), die Dreistreifen-Rosenboa, das Chuckwalla (S.140), der Wüstenleguan (S.125) und die giftige Gila-Krustenechse sind in beiden Gebieten verbreitet. Das Mojave-Ziesel dagegen ist ein ausschließlicher Bewohner der Kreosot-Ebenen der Mojave; von dem weiter verbreiteten Weißschwanz-Antilopenziesel (S.129) unterscheidet es sich durch das Fehlen der weißen Seitenstreifen.

Sonora Desert: Wie ein Hufeisen umschlingt die Sonora den Golf von Kalifornien. Ihr Hauptteil gehört bereits zu Mexiko, und nur die nördlichen Ausläufer reichen bis in das Staatsgebiet der USA. Hier finden sich 2 der 7 typischen Pflanzengesellschaften dieser bekannten Halbwüste: In der Senke des Lower Colorado Valley Südost-Kaliforniens, der niedrigsten, heißesten und trockensten Ecke der Sonora, dominieren **Kreosotbusch** (s.139) und **»Bursage«** oder »Burrobush«. Nach den lateinischen Namen der beiden Sträucher wird die Vegetationsgemeinschaft dieser Region auch als *Larrea-Franseria*-Gesellschaft bezeichnet.

Das höher gelegene und niederschlagsreichere Arizona Upland um Phoenix und Tucson ist »Kakteenland«. Besonders Faß- und **Orgelpfeifenkakteen** (S.122) sowie die monumentalen **Saguaros** (s.S.121) prägen hier das Bild der Landschaft. Entlang der Trockenflüsse und an den Hängen sind die grünrindigen »Paloverdes« (S.123) häufig. Zusammen mit den zahlreichen Feigenkakteen gaben sie dieser zweiten Vegetationsformation den Namen *Cercidium-Opuntia*-Gesellschaft.

Viele süd- und mittelamerikanische Tiere erreichen in der Sonora ihre nördliche Verbreitungsgrenze. Unter den Säugern sind dies der Antilopenhase, der sich vom Kalifornischen Eselhasen (S.129) durch ein weißes Band an den Körperseiten unterscheidet, und die Wieselkatze oder Jaguarundi. Andere Arten dringen sowohl im Bereich der Sonora als auch in der östlich anschließenden Chihuahua Desert in den Norden vor, so der Südamerikanische Nasenbär, das Halsbandpekari (S.117), der »Hognosed Skunk«, der Langschwanzskunk und schließlich die zusammen mit dem Jaguarundi seltensten Katzenarten der USA, der Jaguar und der Ozelot.

Auch viele südliche Vogelarten »überfliegen« hier die Grenze zu den USA. Beispiele sind der leuchtend rote Purpurtyrann, Graubrusthäher und Weißflügeltaube sowie der gelbschwarze Maskentrupial (S.29), der wie Kaktuszaunkönig (S.117) und Helmwachtel (S.133) nördlich bis in die Mojave vordringt. Der Gilaspecht (S.123) gilt dagegen als typischer Vogel der Sonora und lebt hier in enger Gemeinschaft mit den Saguaros. Die zu den Giftnattern gehörende Arizona-Korallenschlange und die Colorado-Kröte kommen innerhalb der USA ebenfalls nur in der Sonora vor. Andererseits verbinden der Große Taubleguan (S.23) und der Mexikanische Stachelleguan (S.29) wiederum Sonora und Chihuahua.

Chihuahua Desert: Wie die Sonora, ist die Chihuahua in erster Linie eine mexikanische Halbwüste. Die USA berührt sie nur im südlichsten Teil des Bundesstaates New Mexico und im Gebiet der »Großen Schleife« des Rio Grande im westlichen Texas. Hier erreicht sie Höhen von durchschnittlich 1000 m, das vorherrschende

Gestein ist Kalk, und die Hauptniederschläge fallen als Sommerregen. Das Vegetationsbild dieses großen von Bergketten umrahmten Plateaus wird von den weit verbreiteten Schachtelhalmsträuchern (S.95), Kreosotbüschen (S.139) und Salzbüschen und von den aromatisch duftenden **»Tarbushes«** geprägt. Der ebenfalls häufige bizarre Ocotillo (S.109) oder »Kerzenstrauch« dringt westlich bis in die Mojave vor.
Zwischen den Sträuchern ragen die hohen Blütenstände der endemischen »**Lechuguilla**«-Agaven mit ihren nadelscharfen Blättern empor. Der Sotol, dessen Blattfasern einst von den Indianern zu Matten und Kleidungsstücken verarbeitet wurden, bevorzugt dagegen höheres Gelände. Wie die weit verbreiteten Yuccas gehört er zur Familie der Liliengewächse und kann daher – im Gegensatz zu den Agaven – mehrmals im Leben blühen. Seine schlanken Blütenkerzen werden bis 7 m hoch. Auch Kakteen sind häufig, darunter viele Vertreter der Gattungen *Opuntia, Echinocereus, Mammillaria* und *Echinocactus*.
Nur in der Chihuahua verbreitete Tiere sind die hübsche Schmuck-Dosenschildkröte ((S.108), die hier die Wüstenschildkröte (S.31) von Mojave und Sonora vertritt, der Kupferkopf, eine hochgiftige Grubenotter, sowie der »Rio Grande Leopard Frog«. Daneben gibt es Reptilien, die in allen 3 südlichen Halbwüsten vorkommen, darunter die Krallengeckos, die zu den Nattern zählenden »Lyre Snakes« und die der europäischen Blindschleiche ähnlichen Mexikanischen Schlankblindschlangen.
Zu den vielen süd- und mittelamerikanischen Tierarten, die in der Chihuahua wie in der Sonora bis in die USA eindringen (s. oben), kommen auch noch einige Einwanderer aus dem Osten. Zu ihnen zählen der Weißwedelhirsch, der farbenprächtige Rotkardinal und der Lerchenstärling (S.118).

Maskentrupiale besiedeln Sonora, Mojave und Chihuahua.

Mensch und Geschichte

Die menschliche Geschichte Nordamerikas beginnt vor vielleicht 40000 Jahren. Bedingt durch die eiszeitlich Absenkung des Meeresspiegels war damals auch die Beringstraße zeitweise trockengefallen und kleine Gruppen steinzeitlicher Jäger und Sammler überschritten die Grenze von Eurasien nach Nordamerika. »Indianer« nannte man sie später und verewigte damit den großen Irrtum des Christoph Kolumbus, der 1492 meinte, Indien und nicht etwa einen neuen Kontinent erreicht

Innerhalb der USA kommt der Mexikanische Stachelleguan nur in der Chihuahua und der östlichen Sonora vor.

zu haben. Allmählich drangen diese Nomaden immer weiter nach Süden vor. Die frühesten Nachweise für eine Besiedlung des Südwestens stammen aus dem 25. Jahrtausend v. Chr. An Hand gefundener Speerspitzen identifizierte man beispielsweise die Folsom-, die Clovis- und die etwas jüngere Cochise-Kultur. Diese Menschen lebten hauptsächlich von der Jagd auf große Säugetiere.
Änderungen geschahen in diesen archaischen Gesellschaften nur zögernd. Erst ab dem 6. Jahrtausend v. Chr. tauchen Hinweise auf eine seßhaftere Lebensweise auf, und um die Zeitenwende wurde schließlich das Korbflechten perfekt. Man stellte Gefäße her, die sogar Wasser halten konnten, und fertigte mit Wildleder dekorierte Sandalen an. Als Material dienten die Blattfasern der Yuccas und die Fasern von Hundsgiftgewächsen. Die bekanntesten frühen Korbmacher des Colorado-Plateaus waren die **Anasazi**, die »alten Feinde«, wie sie die Navajo später nennen sollten. Sie wohnten in Felsenhöhlen, unter Klippenüberhängen oder in halb unterirdisch angelegten Grubenhäusern. Zu ihren wichtigsten Jagdwaffen zählte der »Atlatl« oder Speerwerfer, mit dessen Hilfe der Speer weiter und zielsicherer geschleudert werden konnte.
Um 500 n. Chr. erlernten die Anasazi den Maisanbau, aber auch Bohnen, Kürbisse und Baumwolle wurden angepflanzt. Von den östlich lebenden Mogollon übernahmen sie die Kunst der Töpferei und versahen ihre Tonwaren mit charakteristischen schwarz-weißen Mustern. Pfeil und Bogen verdrängten den Speerwerfer, würfelförmige Stein- und Lehmhäuser ersetzten die Grubenhäuser. Ab etwa 900 n. Chr. gingen die Anasazi sogar zur mehrstöckigen Bauweise über, wobei die einzelnen Räume direkt aneinander gebaut wurden. Jeder dieser Wohnkomplexe verfügte zudem über einige unterirdische Räume, die »Kivas«, die als Stätten des Gebets und der Meditation dienten. Die einzelnen Pueblos umfaßten selten mehr als 100 Personen und waren autonom.
In dieser Zeit erstreckte sich der Einfluß der Anasazi bereits weit über ihren ursprünglichen Siedlungsraum hinaus. Viele Gruppen übernahmen deren Lebensweise und wurden schrittweise integriert, so beispielsweise die nördlich lebenden **Fremont** oder die **Mogollon** im Osten. Zwischen 1000 und 1300 n. Chr. schließlich erreichten die Anasazi den Höhepunkt ihrer Entwicklung. Im Chaco Canyon (s.S.174) war ein mächtiges Kultzentrum entstanden, dem bald etwa 150 Anasazi-Pueblos anhingen. Dazu kam ein weitgespanntes Handelsnetz sowie ein System schnurgerader »Straßen« – ein großes Kuriosum bis heute, denn die Anasazi besaßen weder Zug- noch Tragtiere noch kannten sie das Rad. Ein solch großes, staatsähnliches Gebilde verlangte nach einer hierarchischen Ordnung. Tatsächlich mehren sich in den letzten Jahren Hinweise auf eine sehr gewalttätige zentrale Autorität, die u.a. rituellen Kannibalismus praktizierte. Das bislang weit verbreitete Bild der friedliebenden Anasazi-Ackerbauern wäre damit gründlich zerstört.
Mit dem Ende des »Chaco-Reiches« um 1200 v. Chr. begann der Umzug der Anasazi in die unzugänglichen Steilwände größerer Canyons, in denen sie ihre wohl berühmtesten mehrstöckigen Wohnkomplexe errichteten. Andere Pueblos wurden mit Wachtürmen versehen oder auf hohe Felstürme verlegt. Heute nimmt man an, daß eine ganze Serie von Dürreperioden das Land damals so weit erschöpfte, daß die Nahrung einfach nicht mehr für alle reichte. Es kam zu heftigen Auseinandersetzungen zwischen den Pueblos und schließlich zum Massenexodus: Um 1300 v.Chr. jedenfalls lag das Colorado-Plateau verlassen da.
Über diese plötzliche Abwanderung der Anasazi wurde viel spekuliert. Generell geht man jedoch mehr und mehr davon aus, daß neben Hunger und Krieg als

Kaliforniens Wüsten endlich geschützt

»Wasteland« – minderwertiges Land abseits der Strände, Obstgärten und glitzernden Städte – dies war noch bis vor kurzem die allgemein gängige Meinung von Kaliforniens Trockengebieten. Entsprechend wurden sie auch behandelt, und der hemmungslose Umgang mit Grundwasser, Straßenbau, unkontrollierte Jagd und das Lagern von Großstadtmüll hinterließen deutliche Spuren. Allenfalls Bergbaubetriebe, abenteuerlustige Geländewagenfahrer und das Militär konnten diesen scheinbar lebensfeindlichen Regionen etwas abgewinnen, und auch ihre Aktivitäten blieben nicht ohne Folgen für das empfindliche Ökosystem.
Der Kampf vieler Privatleute und Organisationen für einen umfassenden Schutz oder zumindest einen Managementplan ging über Jahrzehnte. Aber nur langsam setzte sich die Erkenntnis durch, daß es sich bei den kalifornischen Trockengebieten keineswegs um tote, wertlose Landschaft, sondern um einen von vielen Organismen besiedelten einmaligen Lebensraum handelt, der ebenso wie die Rocky Mountains oder die Great Plains zu Nordamerikas Naturerbe gehört. Sicher spielte auch das touristische Potential eine Rolle, denn mehr und mehr Besucher ließen sich von den Wundern dieser rotgelben Wildnis faszinieren.
1994 schließlich trat, vom Präsidenten der USA unterzeichnet und vom Kongress abgesegnet, der **California Desert Protection Act** in Kraft. Er stellte praktisch den gesamten trockenen Südosten des Bundesstaates unter Schutz, ein Gebiet von annähernd 37000 km^2 Ausdehnung. Gleichzeitig wurden die zwei National Monuments – Death Valley (s.S.134) und Joshua Tree (s.S.127) – zu Nationalparks aufgewertet und stark vergrößert: Death Valley von 8000 auf 13200 km^2, Joshua Tree von etwa 2200 auf 3200 km^2. Der geplante Mojave-Nationalpark kam jedoch nicht zustande; auf Druck der Jägerlobby wurde daraus die 5600 km^2 große Mojave National Preserve (s.S.178), in der die Jagd weiterhin erlaubt ist. Neu entstanden auch 69 »Wilderness Areas« verschiedenster Größe. Insgesamt entspricht die so ausgewiesene Fläche derjenigen der atlantischen Bundesstaaten Massachusetts, Connecticut und Rhode Island – zusammengenommen.
Beim Staatsakt durfte auch die Symbolik nicht fehlen. Kaliforniens Staatsreptil, die Wüstenschildkröte, dieser immer seltener werdende Bewohner der Mojave und Sonora Desert, wurde zum Politikum. So stark war die öffentliche Meinung auf dieses Tier fixiert, daß eine Schildkröte der Zeremonie beiwohnte: Sie saß auf dem Schreibtisch von Präsident Clinton als er das Gesetz unterzeichnete.

Die Wüstenschildkröten sind innerhalb der USA nur in der Mojave und der Sonora Desert verbreitet und geschützt.

Blick auf Pueblo Bonito, den ehemals größten Wohnkomplex der Anasazi im Chaco Canyon, New Mexico.

»Schubfaktoren« auch ein starker »Zugfaktor« mitwirkte. Denn im Südosten hatte sich mittlerweile eine neue Religion entwickelt, in deren Mittelpunkt die mächtigen »Kachinas« standen. Diese Ahnengeister wirkten als Vermittler zwischen den Menschen und ihren verschiedenen Gottheiten – und sie schienen dabei sehr erfolgreich zu sein. Heute gelten die Anasazi als die Vorfahren der modernen **Hopi, Zuni, Jemez** und anderer Pueblo-Indianer Arizonas und New Mexicos.

Neben den Anasazi und anderen seßhaften Ackerbauern wie den frühen **Hohokam**, den **Sinagua, Salado, Pima** oder **Papago** lebten auch zahlreiche nomadische oder halbnomadische Jäger- und Sammlervölker im Südwesten. Da gab es beispielsweise die verschiedenen Gruppen der Eichelsammler, Fischer und Robbenfänger Kaliforniens, oder die **Shoshone**, die **Ute** und die **Paiute** des Great Basin, die neben der Jagd vor allem von Nußkiefer- und Grassamen lebten. Ab etwa 1300 n. Chr. wanderten weitere Wildbeuterkulturen des Nordens und Ostens in den Südwesten ein. Zu ihnen zählten die **Navajo**, die heute die größte indianische Gruppe Amerikas bilden, und verschiedene Verbände der Apachen, darunter die **Chiricahuas** und die **Mescaleros**.

Im 16. Jh. erfuhr das Leben all dieser Kulturen einige tiefgreifende Veränderungen. 1540 drangen die **Spanier** von Mittelamerika her in den Südwesten vor und unterwarfen die am Rio Grande lebenden Pueblo-Indianer. Währenddessen führten in Kalifornien erste Kontakte mit den Spaniern und den von ihnen mitgebrachten Krankheitserregern zum Ausbruch furchtbarer Epidemien unter den dort ansässigen Indianern. Da das eroberte Land jedoch weder Silber noch Gold zu bieten hatte und an landwirtschaftlicher Entwicklung kein Interesse bestand, zogen die spanischen Truppen im 18. Jh. schließlich wieder ab. Zurück blieben einige Kleinbauern, Viehzüchter und Missionare, die sich mit der indianischen Bevölkerung auf mehr oder weniger friedliche Weise arrangierten. Schwer zu schaffen machten ihnen jedoch die Apachen und andere kriegerische Stämme, die nach der Übernahme des Pferdes von den Spaniern zu immer weiteren Raubzügen aufbrachen.

Anfang des 19. Jh. begann die Invasion der **Anglo-Amerikaner** – die so oft verfilmte Eroberung des »Wilden Westens«. Den ersten Expeditionen und Pionieren folgten bald zahllose Siedler. Mit ihnen kamen größere Truppenverbände, die nach dem Friedensschluß mit Mexiko 1848 vor allem gegen die räuberischen Apachen und Navajo vorgingen. 1864 ergaben sich die Navajo, 1887 legten die letzten Apachen ihre Waffen nieder. Auch in Zentralkalifornien kam es in Folge des Goldrausches der 1850er Jahre zu mehreren Indianerkriegen, die zum Untergang der meisten dortigen Völker führten. Heute wohnen alle Stämme, die die Kolonisierung durch die Anglo-Amerikaner überlebten, in Reservaten, die von ihnen selbst verwaltet werden. Dort leben sie von Ackerbau, Rinder- und Schafzucht, Tourismus und der Vermietung von Schürfrechten an große Bergbaukonzerne.

1 Zion-Nationalpark

Von riesigen Sandsteindomen überragte Flußoase des Zion Canyon; seltsame Erosionsmuster der Checkerboard Mesa; rotes Land der Kolob Canyons; Farbenpracht des Kolob-Plateaus im Herbst; Truthühner und Gelbbäuchige Murmeltiere.

Im Grand Circle, jenem sagenhaften Kreis der prominentesten Schutzgebiete des Colorado-Plateaus, hat auch dieser 600 km^2 große Nationalpark seinen Platz. Am bekanntesten ist sein südöstliches Kerngebiet, der **Zion Canyon**, der seine Entstehung der Erosionsarbeit des North Fork Virgin River verdankt. Er wird von gewaltigen, 600–900 m hoch aufragenden Steinkuppeln umrahmt, die ihre biblischen Namen (Great White Throne, West Temple, Three Patriarchs u.a.) von den Mormonen bekamen, die um 1860 hier durchzogen. Zions dominierendes Gestein ist der für das gesamte Colorado-Plateau so charakteristische Navajo-Sandstein des mittleren Jura (vor 210–145 Mio.Jahren). Dabei handelt es sich um ein dickes Paket versteinerter Dünen, das im Park eine Mächtigkeit von 700 m erreicht. An vielen Stellen läßt sich gut erkennen, wie die wechselnden Winde den Sand übereinanderhäuften. Manchmal werden diese mehr oder weniger horizontal angeordneten Schichten noch von senkrecht verlaufenden Erosionsrinnen gekreuzt, und es entsteht ein schachbrettartiges Muster. Das beste Beispiel hierfür ist die Checkerboard Mesa.

Blick vom Canyon Overlook über Zion-Mt. Carmel Highway (links) und den unteren Teil des Zion Canyon mit The West Temple und den Towers of the Virgin (im Hintergrund).

Begegnungen mit Rotluchsen sind selten; sie gehören zu den scheuesten Bewohnern des Südwestens.

In Folge der Hebung des Colorado-Plateaus im späteren Tertiär kam es im Zion immer wieder zu Erdbeben und vulkanischen Aktivitäten. So entstand eine Reihe von Schlackenkegeln und Basaltlavaflüssen, die weite Teile des **Kolob-Plateaus** überdecken, darunter auch das Gebiet um den Lava Point. In dieser Zeit begann auch die Ausformung des Zion Canyon und der **Kolob Canyons** im Nordwesten des Parks. Tiefer und tiefer schnitten sich hier der Taylor Creek und andere kleine Flüsse in das Gestein und schufen eine ganze Serie nahezu parallel verlaufender Schluchten und Felsrücken, die in auffallend intensivem Rot erstrahlen. Verantwortlich dafür ist das Eisenoxid Hämatit, das, je nach Anreicherungsgrad, über die Farbtiefe vieler Gesteinswunder des Südwestens entscheidet.

Pflanzen und Tiere

Während die niedrigsten Teile des Nationalparks noch innerhalb der Trockenzone liegen, wird auf dem 2400 m hohen Kolob-Plateau bereits die Montane Zone erreicht. Insgesamt sind 4 der 6 Höhenstufen der Trockengebiete im Zion vertreten (s.S.18). Neben der Übergangszone ist dies vor allem die Nußkiefer-/Wacholder-Zone (s.S.19), die die größte Fläche des Parks einnimmt. Kleinere Sonderlebensräume bilden die Galeriewälder des North Fork Virgin River und die Hängenden Gärten (s.S.21). Sie entfalten ihre Blütenpracht vor allem in den Frühlingsmonaten.
Neben den in allen Trockengebieten verbreiteten Arten (s.S.23) finden im Zion auch scheuere Tiere Unterschlupf, darunter der Puma (S.78), der Rotluchs und die wieder angesiedelten Dickhornschafe (S.61). Man trifft sie in den einsameren, oberen Parkregionen. Dies gilt auch für die seltenen Schwarzbären (S.152), die Gelbbäuchigen Murmeltiere (S.38) oder die Truthühner, deren kollernde Rufe im Frühjahr zu hören sind. Im vielbesuchten Zion Canyon ergeben sich Möglichkeiten zur Tierbeobachtung vor allem entlang des Flusses. Hier leben Grauwasseramsel, Gürtelfischer und der gelb-schwarz gezeichnete Nebel-Tigerquerzahnmolch. Laut ertönen in den lauen Frühlingsnächten die Rufe der »Canyon Tree Frogs«. Eine Besonderheit entdeckten Experten unter den Wirbellosen: Es ist die kleine Schnecke »Zion Snail«, die ausschließlich die feuchten Felswände der Narrows (s. unten) des Zion Canyon besiedelt.

Im Gebiet unterwegs

Der Zion Canyon ist das Hauptbesuchsziel im Südosten. Über 11 km schlängelt sich hier der an Aussichtspunkten reiche **Zion Canyon Scenic Drive** zwischen den Sandsteindomen hindurch. Die Park- und Haltemöglichkeiten erschöpfen sich jedoch, vor allem in den Sommermonaten, schnell und gelegentlich werden Verkehrsbeschränkungen, besonders für größere Campingfahrzeuge, nötig. Der Einsatz von Pendelbussen wird bereits erwogen. Die kürzeren Wanderwege sind im Sommer ebenfalls überlastet, und Tierbeobachtungen gelingen entsprechend selten. Ein früher Start ist deshalb immer angebracht!

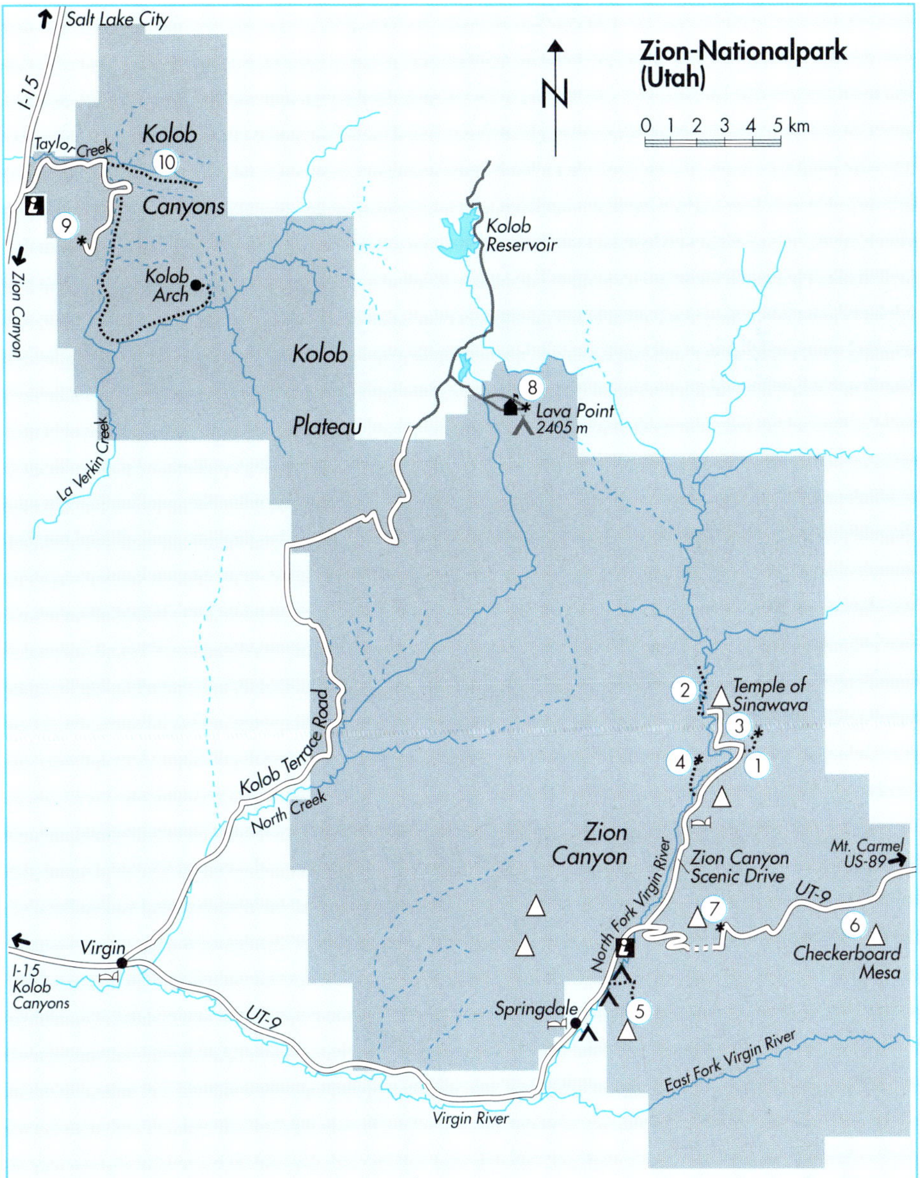

❑ Zu den beliebtesten Besuchspunkten im Canyon gehören die Hängenden Gärten des **Weeping Rock** ① (400 m einfach). Sehr populär ist auch der asphaltierte **Riverside Walk** durch dichte Ufervegetation und vorbei an kleinen Hängenden Gärten; nach 1,6 km endet er am Eingang der **Narrows** ②. Hier verengt sich der Zion Canyon allmählich zu einer nur wenige Meter breiten Schlucht,

Blick vom 2405 m hoch gelegenen Lava Point des Kolob-Plateaus über das Gebiet des Zion Canyon.

Gürtelfischer nutzen die Galeriewälder des North Fork Virgin River; mit Glück kann man sie im Zion Canyon beobachten.

»Lewis Monkeyflower«, eine feuchtigkeitsliebende Gauklerblume, wächst auf Bergwiesen und in Hängenden Gärten.

deren Steilwände bis zu 700 m hoch aufragen. Wer bis zu den schmalsten Stellen vordringen will, muß im North Fork Virgin River waten! Bei Flutwellengefahr oder hohem Wasserstand werden die Narrows gesperrt. Die am Beginn des Riverside Walk aufgestellten Tafeln informieren über die aktuelle Lage.

- Mehr Ruhe bieten die längeren Wege. Für die Wanderung vom Weeping-Rock-Parkplatz zum **Observation Point** ③ (6 km einfach, 660 m Höhendifferenz) benötigt man zwar hin und zurück 4–5 anstrengende Stunden, doch sind die Szenerie und der Blick in den Canyon kaum zu übertreffen. Steil und nur für Schwindelfreie geeignet ist der Aufstieg zum ebenso imposanten Aussichtspunkt **Angels Landing** ④ (4 km einfach, 450 m Höhendifferenz). Startpunkt ist hier der Grotto-Picknickplatz.
- Auch im weiteren Umkreis des Zion Canyon gibt es attraktive Wandermöglichkeiten; so z.B. den **Watchman Trail** ⑤ (1,6 km einfach). Er beginnt südlich des Besucherzentrums am gleichnamigen Campingplatz, führt durch die Galeriewälder des North Fork Virgin River und endet nach einem mäßig steilen Aufstieg auf einem Plateau am Fuß des mächtigen Mt. Watchman.

Die UT-9, die den südöstlichen Parkteil durchschneidet, wird auf dem 1930 fertiggestellten, dramatischen Streckenabschnitt zwischen Mt. Carmel Junction im Osten und dem Zion Canyon auch als **Zion-Mt. Carmel Highway** bezeichnet. An ihr liegen einige außergewöhnliche Felsgebilde, darunter die **Checkerboard Mesa** ⑥. Vom Parkplatz am östlichen Eingang des zweiten Tunnels bietet sich außerdem eine Wanderung (0,8 km einfach) zum **Canyon Overlook** ⑦ an; hier eröffnet sich ein herrlicher Blick über den unteren Teil des Zion Canyon.

Blick auf den Eingang der Zion Narrows vom Riverside Walk aus; wer in die Schlucht vordringen will, muß waten.

Erosionsrinnen und Sandsteinschichten formen die Muster der Checkerboard Mesa am Zion-Mt. Carmel Highway.

Gelbbäuchige Murmeltiere leben in den höheren Zonen des Nationalparks; man trifft sie z.B. auf dem Kolob-Plateau.

Bei Virgin westlich des Zion Canyon zweigt die **Kolob Terrace Road** von der UT-9 ab. Teils asphaltiert, teils als Piste, schraubt sie sich in vielen Schleifen auf das **Kolob-Plateau**. Am 2405 m hoch gelegenen **Lava Point** ⑧ sind, neben einem schönen Rundblick, sogar Beobachtungen von Truthühnern möglich. Jenseits des Aussichtspunktes führt die Straße weiter zum Kolob Reservoir und mündet schließlich nach einem kurvenreichen Abstieg östlich von Cedar City in die UT-14. Diese lange, abwechslungsreiche Strecke lohnt vor allem in der Zeit der herbstlichen Laubfärbung; von November bis Mai dagegen ist sie meist wegen Schneefällen geschlossen.

Ähnlich abgelegen und deutlich weniger besucht ist auch das Gebiet der Kolob Canyons im Nordwesten, das eine eigene Anfahrt erfordert. Vorbei an dem für diesen Parkteil zuständigen, kleinen Besucherzentrum führt hier der 8 km lange **Kolob Canyons Scenic Drive** zum **Kolob Canyons Viewpoint** ⑨, der einen einzigartigen Blick auf das tiefrote Felsenlabyrinth erlaubt. Ein weiterer Aussichtspunkt liegt ganz in der Nähe, man erreicht ihn über den **Timber Creek Overlook Trail** (0,8 km einfach). Wer die Kolob Canyons näher erfoschen will, kann dies z.B. auf dem **Taylor Creek Trail** ⑩ tun. Der Weg folgt der mittleren Gabel des Taylor Creek bis zu einer riesigen Felsnische, dem Double Arch Alcove (4 km einfach, 120 m Höhendifferenz). Die Höhe der umgebenden Steilklippen erreicht stellenweise fast 450 m.

Praktische Tips

Anreise

Zion Canyon: Über die UT-9; dabei gibt es im Bereich des Zion-Mt. Carmel Highway (s. oben) einige Verkehrseinschränkungen: Der zweite der beiden durchfahrenen Tunnels kann von Campingfahrzeugen, die über 2,4 m breit und/oder über 3,4 m hoch sind, nur nach seiner Sperrung durch die Nationalpark-Ranger als Einbahnstraße passiert werden (mit gebührenpflichtiger Eskorte!) – und dies auch nur von März bis Oktober, jeweils von 08.00–20.00 Uhr.
Kolob Canyons: Über die I-15.

Klima/Reisezeit:

Tagestemperaturen im Zion Canyon: Frühjahr und Herbst um 25 °C, im Sommer bis 40 °C! Auf dem Kolob-Plateau an Sommertagen 24–28 °C, sonst deutlich kühler. 350 mm Jahresniederschlag mit häufigen Sommergewittern. Beste Reisezeit: Mai/Juni und September/Oktober.

Unterkunft

Im Nationalpark: Zion Lodge (Reservierung über TW Recreational Services, Tel. (801) 586-7686) und 3 Campingplätze: 2 am Südeingang des Parks (einer davon ganzjährig offen), der dritte auf dem Kolob-Plateau (kein Wasser). Weitere Unterkünfte in Springdale, La Verkin, Hurricane, Mt. Carmel Junction und Mt. Carmel.

Adresse

Springdale, UT 84767-1099,
Tel. (801) 772-3256.

2 Bryce-Canyon-Nationalpark

Märchenwelt der schlanken Steinsäulen und bizarren »Hoodoos«; unübertroffene Vielfalt der Rottöne im Gestein; Einblick in 3 Vegetationszonen des Colorado-Plateaus; Utah-Präriehunde, Steinadler und Kurzhorn-Krötenechsen.

Ein atemberaubendes Landschaftsgemälde erwartet den Reisenden im Bryce Canyon, der durch zahllose Fotografien und Filme bereits internationale Berühmtheit erlangte. Hier findet sich eine Kollektion der außergewöhnlichsten Steinskulpturen, die ihre bunte Pracht vor allem den Metallen Mangan und Eisen verdanken. In unterschiedlichen Verbindungen und Oxidationsstufen färben sie die einzelnen Gesteinsschichten in allen Schattierungen von Rot und Rosé. Die Geschichte der Gesteine selbst beginnt vor 40–45 Mio. Jahren im mittleren Tertiär und damit in einer Zeit, in der weite Teile Süd-Utahs von großen Seen bedeckt waren. An ihrem Grund lagerten sich große Mengen von Sand und Kalk ab und wurden allmählich zu Stein. Im Bryce Canyon erreichen die Sedimentpakete dieser sogenannten Claron-Formation eine Stärke von 300 m.
Während der Hebung des Colorado-Plateaus gegen Ende des Tertiärs wurden auch die Gesteine der Claron-Formation nach oben gedrückt und zerbrachen dabei in kleinere Blöcke. Heute bilden sie die obersten Lagen des Markagunt-Plateaus, das das ähnlich farbenfrohe Cedar Breaks National Monument (s.S.166) trägt, und des Paunsaugunt-Plateaus, an dessen Ostrand das steinerne Märchenland des Bryce Canyon entstand. Dabei arbeiteten Regenfluten und Eis mit dem Paria River und seinen Nebenflüssen Hand in Hand. Gemeinsam

Die »Tufted Evening Primrose«, eine Nachtkerzenart, öffnet ihre weißen Blüten oft an Wegrändern.

Präriehunde leben in unterirdischen Bauen und sehen sich allesamt sehr ähnlich; im Bild ein Weißschwanz-Präriehund.

◁ Unterwegs im Queens Garden des Bryce Amphitheatre.

Blick vom Sunrise Point in das Bryce Amphitheatre bei ▷ Sonnenaufgang; das Erlebnis lohnt das frühe Aufstehen.

erweiterten sie Gesteinsrisse zu Schluchten, modellierten schmale Felsrücken und die zahllosen abenteuerlichen Steinfiguren der »Hoodoos«, die sich besonders im 250 m tiefen Halbrund des sagenhaften Bryce Amphitheatre konzentrieren.

Pflanzen und Tiere

Mit Höhen zwischen 1800 m und 2750 m hat der Nationalpark Anteil an 3 der 6 typischen Vegetationszonen der Trockengebiete (s.S.18). In dem nur spärlich bewachsenen Canyon konnten in erster Linie die typischen Pflanzen der Nußkiefer-/Wacholder-Zone (s.S.19) Fuß fassen. Zu ihnen gesellen sich »Greenleaf Manzanitas«, eine Bärentraubenart (S.142), und Gambel-Eichen, die bereits den Wechsel zur Übergangszone andeuten. Deren lockere Gelbkieferwälder (S.145) geben im Bereich des Besucherzentrums im Norden den Ton an. Auf trockeneren Lichtungen und Hängen wachsen verschiedene Arten von Wermutsträuchern (S.100) und »Rabbitbrushes« (S.105).
Der größte Teil des Parks liegt jedoch über 2400 m hoch und damit innerhalb der Montanen Zone, in der von Douglasien, Grautannen und Blaufichten dominierte Mischwälder die Szene beherrschen. Zwei weitere interessante Nadelbäume sind die biegsamen Nevada-Zirbelkiefern und die knorrigen Great-Basin-Borstenkiefern (S.143), die bevorzugt auf exponierten Felsrücken und sandigen Vorsprüngen wachsen. Unter den Borstenkiefern finden sich die ältesten Bäume der Welt (s.S.146).

◁ Die zarten Blüten der vielen verschiedenen Arten von »Fleabanes« (Gattung *Erigeron*) erscheinen im frühen Sommer.

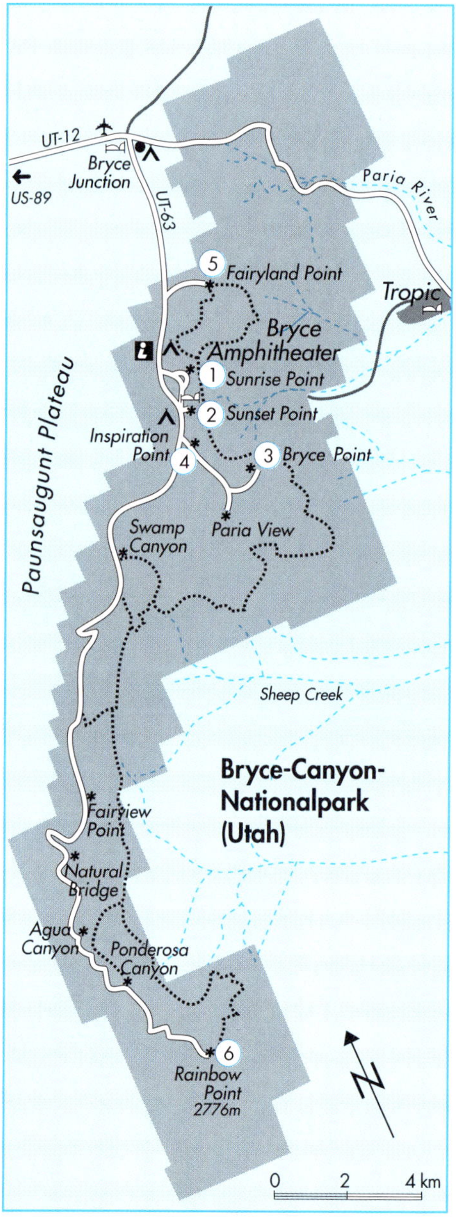

Aus dem Angebot der häufigsten Tierarten der südwestlichen Trockengebiete (s.S.23) sind vor allem Maultierhirsch (S.102), Streifenskunk und verschiedene Hörnchen wie »Uinta Chipmunk«, Felsen- und Goldmantelziesel zu nennen. Auch Utah-Präriehunde können beobachtet werden; sie bevorzugen die offenen Wermutstrauch-Gemeinschaften. Um die Klippen kreisen Veilchenschwalben, Weißbrustsegler, Buntfalken (S.72) und – gelegentlich – Steinadler. In den Wäldern leben Diadem- (S.86) und Kiefernhäher (S.18), Fichtenzeisige, Gambelmeisen (S.155), Goldspechte und Wanderdrosseln (S.77). Der wichtigste Lebensraum der Reptilien ist der trockene Canyon; hier sind u.a. Kurzhorn-Krötenechse (S.100) und Seitenfleckenleguan zu Hause.

Im Gebiet unterwegs

Als Traumziel vieler USA-Besucher ist der Bryce Canyon in den Sommermonaten sehr überlaufen. Deshalb werden in dieser Zeit gebührenpflichtige Pendelbusse angeboten, die bei Old Bryce Town 3 km nördlich des Parkeingangs starten und täglich von 9.00–17.00 Uhr im Einsatz sind. Sie befahren die 29 km lange Parkstraße auf der ganzen Länge und halten am Besucherzentrum, den 2 Campingplätzen und an allen Aussichtspunkten; auch ein Zusteigen unterwegs ist möglich. Es wird erwogen, ihre Benutzung zumindest zu bestimmten Zeiten zur Pflicht zu machen.

Im Park konzentrieren sich die Aktivitäten rund um das 5 km durchmessende **Bryce Amphitheatre**, dessen Farben bei Sonnenaufgang und am späteren Nachmittag besonders intensiv hervortreten:

❑ Beim **Sunrise Point** ① beginnt der **Queen's Garden Trail**, der sich mit dem **Navajo Loop Trail** zu einer schönen Rundwanderung kombinieren läßt. Letzterer endet am **Sunset Point** ②, von dem aus man entlang des Canyonrandes **(Rim Trail)** wieder zurück zum Sunrise Point gelangt (4,6 km, knapp 160 m Höhendifferenz). Am Weg liegen einige der schönsten Steinfiguren des Parks, darunter Twin Bridges und Thor's Hammer. Beide Punkte, Sunrise wie Sunset Point, eignen sich hervorragend für die Beobachtung des Sonnenaufgangs.

- Ein anderer »Magnet der frühen Stunde« ist der **Bryce Point** ③. Von hier führt ein Pfad zum **Peekaboo Loop Trail**, der sich seinerseits ebenfalls wieder mit dem **Navajo Loop Trail** (s. oben) verbinden läßt. Für den Rückweg vom Sunset Point zum Bryce Point folgt man diesmal dem **Rim Trail** in südlicher Richtung. Dabei wird der **Inspiration Point** ④ passiert, von dem sich einer der besten Blicke auf die Silent City des Bryce Amphitheatre bietet (rund 9 km insgesamt, 240 m Höhendifferenz). Fantastische Felsformationen wie Wall of Windows, Cathedral und Wall Street belohnen diese relativ anstrengende Tour.

Unermüdlichen Wanderern steht schließlich noch der **Fairyland Loop Trail** offen. Über 8 beschwerliche Kilometer windet er sich vom **Fairyland Point** ⑤ rund um die Boat Mesa und mündet nördlich des Sunrise Point wieder in den Rim Trail, über den man zum Ausgangspunkt der Wanderung zurückkehren kann (13 km insgesamt, 280 m Höhendifferenz). Wesentlich kürzer und einfacher ist der beim **Rainbow Point** ⑥ beginnende **Bristlecone Loop Trail** (1,6 km), der einige Great-Basin-Borstenkiefern und weitreichende Panoramablicke bietet.

Fühlt sich ein Streifenskunk bedroht, versprüht er ein übelriechendes Analdrüsensekret – also Vorsicht!

Praktische Tips

Anreise

Über die UT-12 bis zur Kreuzung mit der UT-63 (Parkstraße) bei Bryce Junction. ACHTUNG: Im Park dürfen Anhänger nur bis zum Sunset-Campingplatz mitgenommen werden; außerdem ist die Zufahrt zu den Aussichtspunkten Bryce Point und Paria View für Fahrzeuge mit mehr als 7,5 m Gesamtlänge nicht erlaubt.

Klima/Reisezeit

Im Sommer Tagestemperaturen bis 28 °C auf dem Plateau und vereinzelte Gewitter, nachts Abkühlung auf 8 °C und darunter. Beste Reisezeit: Juni bis September.

Unterkunft

Bryce Canyon Lodge im Nationalpark (Reservierungen über TW Recreational Services, Tel. (801) 586-7686) und ver-

Der »majestätische« Steinadler, im Englischen als »Golden Eagle« bezeichnet, kommt im ganzen Südwesten vor.

Die vielen Arten und Unterarten der Chipmunks oder Streifenhörnchen bereiten bei der Bestimmung Schwierigkeiten.

schiedene Motels im Umkreis der Bryce Junction, darunter Best Western Ruby's Inn (Tel. 800-528-1234), Bryce Canyon Pines Motel (Tel. 801-834-5441), Foster´s (Tel. 801-834-5227) und Pink Cliff Bryce Village Inn (Tel. 800-834-0043).
RV-Parks/Campingplätze im Nationalpark und im Umkreis der Bryce Junction, darunter Ruby's Inn RV Campground (Tel. 801-834-5301), Bryce Canyon Pines Campground (Tel. 801-834-5441), Pink Cliff Bryce Village Campground (Tel. 801-834-5303). Weitere Unterkünfte in Tropic, Panguitch, Hatch und im Kodachrome Basin State Park (nur Camping, s.S.167).
ACHTUNG: In der Hauptferienzeit (Juli/ August) empfiehlt sich eine frühzeitige Reservierung der gewünschten Unterkunft, am besten noch vor Antritt der Reise !

Adresse
Bryce Canyon National Park,
UT 84717,
Tel. (801) 834-5322.

Blick in die Umgebung

Die farbenprächtigen Kalk- und Kalksandsteine der Claron-Formation stehen auch im Mittelpunkt des **Red Canyon**. Nur wenige Kilometer westlich des Bryce Canyon an der UT-12 gelegen, bietet er einige nette Wanderwege abseits allen Trubels.

Kugelmalven gehören zu den typischen Blumen der Trockenzone wie der Nußkiefer-/Wacholder-Zone.

Die »Cardinal Flower« aus der Familie der Glockenblumen wächst in feuchten Felsspalten und Hängenden Gärten.

3 Capitol-Reef-Nationalpark

Gigantische Kniefalte der Waterpocket Fold; weiße Sandsteinkuppeln und tiefrote Felsburgen; das liebliche Tal des Fremont River; Burr Trail und Notom Bullfrog Road als einsame »backcountry«-Routen; Schwarzkinnkolibris und Steinadler.

Eine der faszinierendsten geologischen Strukturen des Südwestens ist der in Süd-Utah gelegene **Waterpocket Fold**. Landschaftsbestimmend zieht sich diese Felsbarriere vom Lake Powell über 160 km bis zum Thousand Lake Mountain im Norden. Frühe Pioniere gaben ihr den Namen »Capitol Reef«, da sie die weißen Kuppeln dieses »steinernen Riffs« an das Kapitol in Washington erinnerten. Tatsächlich aber ist der Waterpocket Fold eine gigantische Falte in der Erdkruste, die während der Hebung des Colorado-Plateaus zurechtgebogen wurde. An ihrem Scheitel brach sie auf, und es treten nun schräggestellte Gesteinsschichten zutage, die vor Jahrmillionen als horizontale Sedimente abgelagert wurden. Zu den wichtigsten gehören der rote Wingate-Sandstein aus dem Zeitalter der Trias und der weiße Navajo-Sandstein des Jura. Sie formen die meisten Klippen, Dome und Schluchten. In ihnen liegen auch die namengebenden »Wassertaschen«, jene von der Verwitterung geschaffenen Höhlungen, in denen sich Regenwasser für längere Zeit halten kann.

Die Felsformation »The Castle« an der UT-24; ihre Gesteine stammen aus verschiedenen Epochen der Trias.

Weiße bis blaßgelbe Streifen kennzeichnen die Ketten-natter; sie erwürgt ihre Beutetiere, darunter sogar Klapper-schlangen.

Aber noch mehr hat der fast 1000 km^2 große Nationalpark zu bieten. Eine wahre Oase stellt der **Fremont River** dar, der den Waterpocket Fold auf seinem Weg zum Colorado durchschneidet. Nicht nur Tiere fühlen sich in seinen grünen Uferstreifen wohl, auch der Mensch profitierte vom Fluß. Schon um 700 n.Chr. ließen sich Indianer der Fremont-Kultur hier nieder und leiteten sein Wasser auf ihre Mais-, Bohnen- und Kürbispflanzungen. Im 19. Jh. zogen dann Mormonen ins Tal, gründeten die Siedlung Fruita und legten Obstgärten an, die sie nach den Methoden der Indianer bewässerten. Seit dem Abzug der Mormonen und der Einrichtung des Nationalparks werden diese von Rangern gepflegt, die das Obst der 2700 Kirschen-, Aprikosen-, Pfirsich-, Äpfel- und Birnenbäume an Touristen verkaufen.

Pflanzen und Tiere

Capitol Reef liegt zum größten Teil im Bereich der Nußkiefer-/Wacholder-Zone (s.S.19). Deren typische Vegetation ergänzen Büsche wie die Rundblättrige Büffelbeere und die »Fremont Barberry«, eine Berberitzenart mit gelben, intensiv duftenden Blüten. Im Frühling stehen die Mormonentulpe (S.56) und die nicht minder attraktive »Golden Sego Lily« in Blüte. Daneben findet man den Bartfaden »Utah Penstemon« (S.59), den prächtigen Korbblütler »Rough Mule Ears« (S.54), die für nährstoffarme Böden typischen »Yellow Cryptanthas« und verschiedene Tragantarten (S.27). Einige dieser Tragante enthalten Giftstoffe, die Weidetiere »verrückt« machen; man nennt sie deshalb auch »Locoweeds« (von spanisch »loco« = irr).
Der Fremont River mit seinen Galeriewäldern und die alten Obstgärten sind Zentren des Tierlebens. Maultierhirsche (S.102), Streifenskunks (S.43) und andere »Allerweltsarten« (s.S.23) werden häufig gesehen; mit Glück läßt sich aber auch das nachtaktive Katzenfrett beobachten. Eine Besonderheit sind Gelbbäuchige Murmeltiere (S.38), die sich, statt wie üblich im Hochgebirge, hier in den flußnahen Wiesen eingenistet haben. Auch Kanadabiber besiedeln den Fluß, bauen jedoch keine Dämme, sondern graben ihre Baue in die Uferböschung. Auffällige Vögel sind Elstern, Baltimoretrupiale, Goldwaldsänger und Schwarzkinnkolibris.
Im trockenen oder felsigen Gelände leben die üblichen Reptilien (s.S.25); dazu kommen Audubonkaninchen (S.75), Weißschwanz-Antilopenziesel (S.129), Felsenzaunkönige (S.67) und Nacktschnabelhäher. Steinadler (S.43) sind im Nationalpark nicht selten, und auch für die kleinen Weißbrustsegler bieten die Klippen einen idealen Lebensraum.
Einen Wohnort besonderer Art hat sich die Schaufelfußkröte zu eigen gemacht. Sie legt ihre Eier in die »Wassertaschen«, und die gesamte Entwicklung über Kaulquappe bis zum fertigen Tier verläuft in diesen natürlichen »Badewannen«.

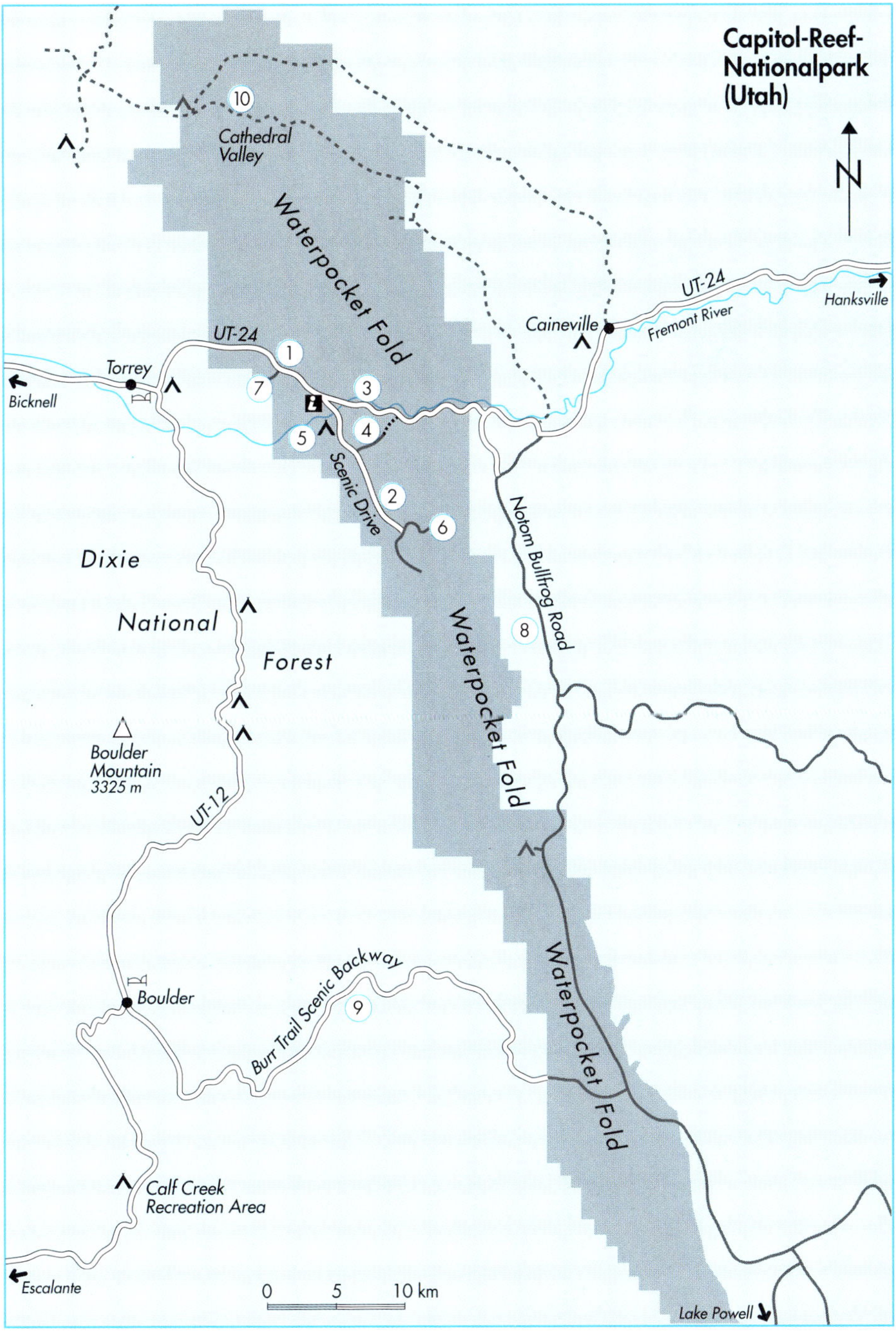
Capitol-Reef-Nationalpark (Utah)
N
Cathedral Valley
Waterpocket Fold
UT-24
Caineville
Fremont River
Hanksville
Torrey
Bicknell
Scenic Drive
Notom Bullfrog Road
Dixie
National
Forest
Waterpocket Fold
Boulder Mountain
3325 m
UT-12
Waterpocket Fold
Burr Trail Scenic Backway
Boulder
Calf Creek
Recreation Area
Escalante
0 5 10 km
Lake Powell
1
2
3
4
5
6
7
8
9
10

Nur die Männchen der Schwarzkinnkolibris zeigen das namensgebende schwarze Kinn; im Bild ein Weibchen.

Die Blüten der »Fremont Barberry«, einer Berbritzenart, verströmen einen intensiv süßlichen Duft.

Im Gebiet unterwegs

Schon entlang der **UT-24** ① reiht sich eine ganze Anzahl schöner und farbiger Felsgebilde. Westlich des Besucherzentrums sind dies z.B. die Twin Rocks, der 60 m hohe Chimney Rock und The Castle, ein massiver, 300 m hoch aufragender Block aus Wingate-Sandstein. Östlich des Besucherzentrums folgt die UT-24 dem Fremont River durch ein Gebiet mächtiger weißer Kuppeln wie Capitol Dome und Navajo Dome, die hier den Kamm des Waterpocket Fold bilden.

Nicht minder eindrucksvoll präsentieren sich die Felsformationen entlang des **Scenic Drive** ②, der beim Besucherzentrum von der UT-24 abzweigt. Diese Panoramastraße passiert den Campingplatz und folgt dem Westrand des Waterpocket Fold über 20 km, bevor sie in der Capitol Gorge endet.

Andere attraktive Punkte im Park müssen erwandert werden; hier eine Auswahl:

- Die 41 m hohe **Hickman Natural Bridge** ③ ist das Ziel eines 1,5 km langen, einfachen Weges, auf dem auch Reste der Fremont-Kultur zu sehen sind. Er beginnt am Parkplatz etwa 3 km östlich des Besucherzentrums.
- Im **Grand Wash** ④ umrahmen bis 300 m hohe Sandsteinklippen ein Trockenflußbett, das an seiner engsten Stelle nur 7 m breit ist. Startpunkt der Wanderung ist der Parkplatz 4,5 km östlich des Besucherzentrums. Man kann der Schlucht beliebig weit folgen. Durch-

»Golden Sego Lilies« blühen im Frühjahr; schöne Bestände findet man dann z.B. an der Notom Bullfrog Road.

Diese auffällige Navajo-Sandsteinformation liegt kurz vor der Einmündung des Burr Trail in die UT-12 bei Boulder.

quert man sie ganz, so mündet der Weg nach 3,5 km in den Scenic Drive (s. oben).

- Die geruhsame Wanderung auf dem **Fremont River Trail** ⑤ verläuft vom Campingplatz durch die Obstgärten entlang des Flusses und endet schließlich auf einer Anhöhe mit großartigem Ausblick (4 km hin und zurück).
- Vom Ende des Scenic Drive führt ein Pfad zwischen den Steilklippen der **Capitol Gorge** ⑥ zu großen »Wassertaschen« und dem »Pioneer Register«, wo die ersten Besucher ihre Namen in eine Felswand ritzten (3,2 km hin und zurück).
- Ausgangspunkt für den nur wenige 100 m langen Fußweg zum **Sunset Point** ⑦ ist der Goosenecks Overlook, zu dem die Zufahrtstraße ca. 4 km westlich des Besucherzentrums abzweigt.

Aber noch eine Steigerung hält Capitol Reef bereit, nämlich die **Notom Bullfrog Road** ⑧ und den **Burr Trail Scenic Backway** ⑨. Östlich des Parks von der UT-24 abzweigend, verläuft erstere zunächst als Piste entlang des Waterpocket Fold. Schließlich überquert sie ihn und geht in den Burr Trail über, der, außerhalb des Parks asphaltiert, bei Boulder in die UT-12 mündet. Die Farbenpracht und Formenvielfalt der auf diesen 200 km durchfahrenen Landschaft ist kaum zu überbieten; man sollte ihr zumindest einen halben Tag widmen.

Praktische Tips

Anreise

Über die UT-24; diese Straße durchquert den Park.

Das Nordamerikanische Katzenfrett aus der Familie der Kleinbären jagt Mäuse, Insekten und andere Kleintiere.

Die ungewöhnlichen Steinfiguren des »Teufelsgartens« bestehen aus zweifarbigem Entrada-Sandstein.

Grüne Oase der Lower Calf Creek Falls bei Escalante.

Klima/Reisezeit
Heiße Sommer mit Temperaturen über 35 °C; nur 200 mm Jahresniederschlag, davon 2/3 als Gewitterregen im Sommer. Beste Reisezeit: Mai bis Oktober.

Unterkunft
Einzige Unterkunft im Park ist der schön gelegene, aber kleine Fruita Campground (früh anreisen). Alle anderen Unterkünfte liegen außerhalb: Campingplätze in Torrey, Bicknell, Loa und Fremont (westlich), in Caineville und Hanksville (östlich) und im Dixie National Forest an der UT-12; Motels in Torrey, Teasdale, Bicknell, Boulder, Loa und Hanksville.

Adresse
Torrey, UT 84775, Tel. 801-425-3791.

Blick in die Umgebung

Eine grüne Oase zwischen rosafarbenen Felsen ist die **Calf Creek Recreation Area** an der UT-12, etwa 25 km östlich von Escalante. Entlang des Flusses haben Kanadabiber regelrechte Teiche angelegt und Schachtelhalme, Farne und »Indian Ricegrass« begrünen die Ufer. Die 4,4 km lange Wanderung endet an einem bezaubernd schönen Wasserfall – die Gelegenheit für ein erfrischendes Bad !
Devils Garden – der Name ist irreführend, denn diese »Outstanding Nature Area« erscheint alles andere als teuflisch. Vielmehr haben die eigenwilligen Figuren, die aus dem hier zweifarbigen Entrada-Sandstein herauswitterten, etwas Abenteuerliches an sich und laden zum Versteckspielen ein. Die Anfahrt zum Teufelsgarten geht über die zum Lake Powell führende Hole in the Rock Road, die 7 km südlich Escalante von der UT-12 abzweigt. Nach 20 km Pistenfahrt weist ein Schild den Weg.

4 Arches-Nationalpark

Größte Steinbogen-Kollektion der Erde; mächtige rote Felstürme und schmale Steinlamellen; Pflanzengesellschaften der Nußkiefer-/Wacholder-Zone und der Trockenzone; stellenweise gut ausgebildete Mikrobiotische Kruste .

Keine 300 km^2 groß ist der im Südosten Utahs gelegene Arches-Nationalpark, der zu den beliebtesten und grandiosesten Reisezielen der Vereinigten Staaten zählt. Als ob die Natur sich hier selbst übertreffen wollte, hat sie Kunstwerke aus Stein geschaffen, deren Vielfalt die Phantasie nicht zur Ruhe kommen läßt. Allen voran stehen die Steinbögen, Hunderte an der Zahl, vom kleinen Fenster bis zur fast 100 m durchmessenden Öffnung.

Um den Werdegang dieser Landschaft und die Ausbildung der Steinbögen zu verstehen, ist ein 300 Mio. Jahre weiter Sprung zurück in die Erdgeschichte notwendig. Damals lag das gesamte Gebiet des heutigen Nationalparks in einer riesigen Senke, in die wiederholt das Meer einbrach. Nach der endgültigen Verdunstung des Wassers blieb eine dicke Schicht aus Gips und Salz übrig, die sogenannte Paradox-Formation, die stellenweise 3000 m Mächtigkeit erreicht. Sedimente späterer Erdepochen, die sich über die Paradox-Formation stapelten, setzten diese nun unter Druck, und das Salz begann sich zu verformen. Die

Am besten fotografiert man den Delicate Arch bei Sonnenuntergang; er ist der bekannteste Steinbogen des Parks.

Die graugrüne Mikrobiotische Kruste stabilisiert Sandböden.

anschließende Hebung des Colorado-Plateaus verstärkte die Instabilität dieser weichen Basis noch; Gesteinsschichten zerbrachen, Täler sanken ein.
An anderen Stellen führte Dehnung zum Auftreten paralleler Risse im Deckgestein (Teilbild ① der Grafik), das im Bereich des Arches-Nationalparks aus lachsfarbenem Entrada-Sandstein besteht. Von der Verwitterung angegriffen, wuchsen die Risse zu Klüften ②; gleichzeitig schmolzen die sie trennenden Sandsteinrücken zu dünnen Lamellen zusammen. Weiteres Abblättern von zermürbtem Gestein an den Seiten dieser »Flossen« bewirkte schließlich den Durchbruch von Fenstern ③. Sie bilden den Anfang jeden Steinbogens ④.

Pflanzen und Tiere

Mit Höhen zwischen 1200 m und 1700 m wird der Arches-Nationalpark ganz von den typischen Vertretern der Nußkiefer-/Wacholder-Zone eingenommen, unter die sich, vor allem in den tieferen Lagen, auch viele Gewächse der Trockenzone mischen (s.S.19). Damit entsprechen die Pflanzengemeinschaften dieses Schutzgebietes im Wesentlichen denjenigen des benachbarten Canyonlands-Nationalparks (s.S.57). Die erst 1982 vollständig unterbundene Viehhaltung hinterließ auch im Arches ihre Spuren, zerstörte weite Teile der Mikrobiotischen Kruste und führte zur Ausbreitung von Opuntien, »Snakeweed« und anderen vom Vieh verschmähten Pflanzen auf Kosten der einheimischen Gräser.
Ebenso orientiert sich die Tierwelt am großen Bruder »Canyonlands«. Nicht vertreten sind im Arches jedoch die Dickhornschafe. Interessante Ergebnisse brachten 1989 durchgeführte Studien der etwa eichhörnchengroßen Buschratten. Weitverbreitet im amerikanischen Westen, aber selten gesehenen, gehörten sie zu einer Gruppe von Nagetieren, die gerne Fremdobjekte in ihren Bau eintragen und deshalb im Englischen auch »Pack Rats« oder »Trade Rats« genannt werden (S.120). In

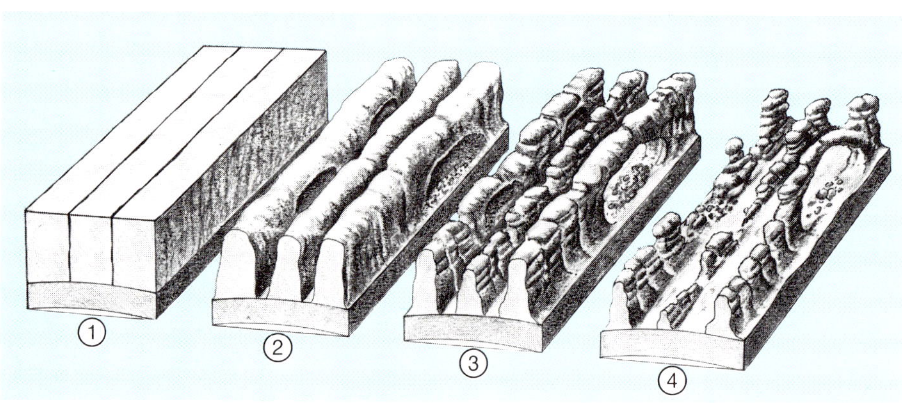

Bauen der Buschratte im Arches wurden Nadeln von Douglasien und Nevada-Zirbelkiefern gefunden, die heute nicht mehr im Park vorkommen. Radiokarbonmessungen dieser Relikte aus einer früheren, feuchteren Klimaepoche ergaben ein Alter von rund 12000–16000 Jahren. Die Ergebnisse belegen den nacheiszeitlichen Wechsel zur Trockenheit im Südwesten.

Im Gebiet unterwegs

Die wichtigsten Besuchspunkte im Nationalpark liegen an der 30 km langen Panoramastraße, dem **Arches Scenic Drive** bzw. an den von diesem ausgehenden Zufahrten und sind über meist kurze, bequeme Fußwege erreichbar. Eine vollständige Übersicht gibt der »Road Guide« des Nationalparks. Herausragend sind folgende Sehenswürdigkeiten:

- Nach dem steilen Aufstieg vom Besucherzentrum stößt man zunächst auf die Haltepunkte **Park Avenue** und **Courthouse Towers** ①. Bei der Park Avenue ist eine kurze Wanderung möglich (1,5 km hin und zurück), im Bereich der Courthouse Towers ragen die markanten Felsformationen Three Gossips, The Organ und Tower of Babel auf.
- Der **Balanced Rock** ② steht kurz vor der Abzweigung zu den Windows. Der obere, über 3500 Tonnen (!) schwere Block dieser 39 m hohen Figur »balan-ciert« auf einer schmalen, stark verwitterten Sandstein-Basis.
- Einige der schönsten Steinbögen (z.B. North Window, South Window, Double Arch) konzentrieren sich in der **Windows-Section** ③.
- Der **Delicate Arch** ④, dieser fotogenste Steinbogen des Parks, kann zwar auch von einem gleichnamigen Aussichtspunkt überblickt werden, schöner jedoch präsentiert er sich am Ende des Wanderweges, der am Parkplatz bei der **Wolfe Ranch** ⑤ startet (5 km hin und zurück, ansteigend!). Das Licht der Abendsonne verleiht dem Bogen einen fast unwirklichen rotgoldenen Farbton.
- Wer den faszinierenden Irrgarten des Felslabyrinths von **Fiery Furnace** ⑥ besuchen will, sollte unbedingt an einer

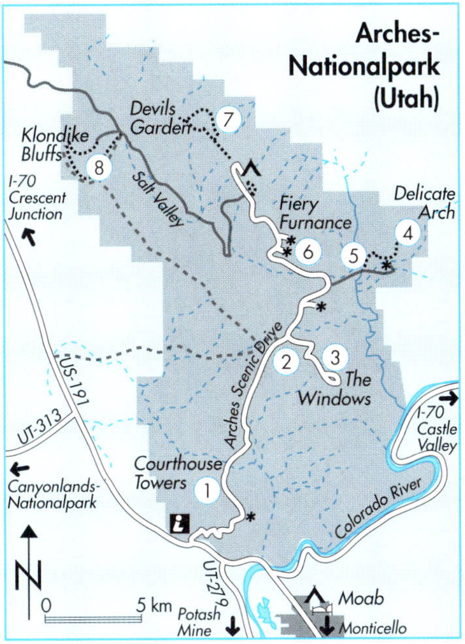

Der weit verbreitete Nordamerikanische Waschbär fühlt sich auch auf vielen Campingplätzen »wie zu Hause«.

Der riesige Bogen des Landscape Arch spannt 90 m. ▷

▽ »Rough Mule Ears« (Gattung *Wyethia*) blühen im Mai.

△ Der massive Balanced Rock wiegt unglaubliche 3500 Tonnen; er besteht, wie sein »Podest«, aus Entrada-Sandstein.

Steinlamellen spielen eine wichtige Rolle bei der Bogenbildung; hier an der Parkstraße nicht weit vom Campingplatz. ▷

▽ »Western Whiptails« kommen in vielen Unterarten vor; wie alle Rennechsen besitzen sie einen sehr langen Schwanz.

△ Blick auf einige der typischen Felsformationen des Castle Valley; im Vordergrund blühende »Rabbitbrushes«.

Rotschwanzbussarde zählen zu den am häufigsten zu beobachtenden Greifvögeln des Südwestens.

der von Parkrangern geführten, etwa 2 Stunden dauernden Touren teilnehmen (Anmeldung beim Besucherzentrum). Alleine unterwegs, kann man sich hier hoffnungslos verirren!

❑ Das Gebiet **Devils Garden** ⑦ am Ende der Panoramastraße zeichnet sich durch eine Sammlung besonders eindrucksvoller parallel laufender Steinrücken aus, in denen sich einige schöne Steinbögen formten, darunter der 90 m spannende Landscape Arch. Zu ihm sind 1,5 km zu Fuß (einfach) vom Parkplatz zurückzulegen, weitere 1,5 km führen zum Double O Arch.

Die Mormonentulpe blüht in sahnigem Weiß; sie ist die Staatsblume Utahs.

Falls es die Wetterverhältnisse zulassen, steht außerdem das Gebiet von **Klondike Bluffs** ⑧ für einen Besuch offen (Zufahrt 1,5 km südlich Devils Garden, dann 14,5 km Piste). Der Weg zum Tower Arch beginnt am Parkplatz (2,8 km einfach).

Praktische Tips

Anreise
Über die US-191; der Parkeingang liegt nur wenige Kilometer nördlich Moab.

Klima/Reisezeit
Das Klima entspricht demjenigen der Canyonlands (s.S.57). Die dort im Frühjahr vorkommenden Gnitzen sind im Arches-Nationalpark allerdings kein so großes Problem.

Unterkunft
Devils-Garden-Campingplatz am Ende der Panoramastraße, weitere Campingplätze und Motels in Moab.

Adresse
P.O. Box 907, Moab, UT 84532,
Tel. (801) 259-8161.

Blick in die Umgebung

Schon so manchem Westernfilm dienten sie als Kulisse, die beeindruckenden Sandsteinformationen des **Castle Valley** nordöstlich Moab. Hierzu folgt man der US-191 nach Norden, dann der UT-128 etwa 27 km entlang des Colorado River und biegt schließlich in Richtung Süden ab. Vom Castle Valley aus ist es dann möglich, auf einer schönen, kontrastreichen Fahrt auch die angrenzenden La Sal Mountains zu durchqueren. Dieser knapp 100 km lange **La Sal Mountain Loop Drive** trifft südlich von Moab wieder auf die US-191.

5 Canyonlands-Nationalpark

Wildnis der tiefen Canyons, Tafelberge, Felsnadeln und -bögen; Colorado und Green River als Skulpteure dieser Formen; Nußkiefer-/Wacholder-Zone mit interessanter Frühjahrsblüte; Angelhakenkakteen, Dickhornschafe und Rennechsen.

Der Canyonlands-Nationalpark, mit 1365 km^2 Fläche Utahs größter, schließt sich nördlich an die Glen Canyon National Recreation Area an. Mit 1100–2100 m Höhe liegt er fast genau im Zentrum des Colorado-Plateaus und zeichnet sich durch ein Gewirr von tiefen Schluchten, Hochflächen und Felszinnen aus, wie sie sich die Phantasie nicht bunter ausmalen könnte. Innerhalb des Schutzgebietes fließen 2 mächtige Flüsse zusammen: Der Colorado und der Green River. Sie haben sich hier ein eindrucksvolles Denkmal gesetzt, denn während sich das Colorado-Plateau im späteren Tertiär langsam nach oben schob, gruben sie sich etwa 800 m tief ein und legten so bis 300 Mio. Jahre alte Gesteinsschichten frei.

Dabei teilten sie das Gebiet des heutigen Nationalparks in 3 Regionen: Im Norden erhebt sich das dreiecksförmige Tafelland **Island in the Sky**; im Süden, durch den Colorado River getrennt, liegen der einsame **Maze District** und der **Needles District** mit seinen rot-weiß gebänderten Felsskulpturen. Die beiden beteiligten Gesteine, der weiße Cedar-Mesa-Sandstein wie auch der rote Organ Rock Shale wurden vor 250 Mio. Jahren abgelagert und bildeten sich aus ehemaligen Küstendünen bzw.

Blick auf das Gebiet der Canyonlands vom Green River Overlook des Island-in-the-Sky-Plateaus.

◁ Abendstimmung in den Canyonlands, aufgenommen beim Grandview Overlook, Island in the Sky.

Blühender Angelhakenkaktus im Needles District. ▷

Flußsedimenten. Wie beim Arches-Nationalpark wurde der Verwitterungsprozeß auch hier maßgeblich durch die Fließfähigkeit der unterliegenden Salzschichten (s.S.51) beeinflußt, die das Auftreten von Bruchlinien förderte.
Canyonlands gilt zusammen mit Alaska als eine der letzten großen Wildnisse der USA. Der Mensch hinterließ hier nur wenige Spuren – etwa in Form von Pueblos der Anasazi-Indianer (s.S.30) oder, in jüngerer Zeit, in Form von gebietsweise auftretenden Überweidungsschäden. Als erster Weißer durchfuhr der bekannte Pionier Major Wesley Powell 1869 die Canyons auf seinem Wege zum Grand Canyon. Heute ist der Nationalpark Teil einer ganzen Kette von Schutzgebieten am Colorado River und steht allen offen, die Einsamkeit, Natur und Aktivität lieben.

Pflanzen und Tiere

Neben der vorherrschenden Nußkiefer-/Wacholder-Zone kommen auch viele Vertreter der Trockenzone im Park vor (s.S.19). Dabei bestimmen, wie überall, Boden und verfügbare Wassermenge die Verteilung der Arten. Entlang des Colorado und Green River beleben Galeriewälder die Szene. Trockene Sandböden werden von »Indian Ricegrass«, »Galleta«, »Blue Grama«, und anderen Gräsern besiedelt, deren Bestände in stark überweideten Gebieten vielfach von Salzkraut durchsetzt sind. Auch die spezielle Lebensgemeinschaft der Mikrobiotischen Kruste (s.S.23) hatte lokal sehr unter Viehtritt zu leiden. Unter den Trockenbüschen fällt vor allem der »Blackbrush« auf, unter den Sukkulenten die »Narrow-leafed Yucca« und der dicht bestachelte Angelhakenkaktus (»Whipple Fishhook«).
Die Felsregionen sind das Reich der Nußkiefern (S.105) und Utah Wacholder (S.104), der Gambel-Eichen, der »Cliffroses« (S.81) und der Schweiffrucht. Sie alle

◁ Unterwegs auf dem Chesler Park Trail im Needles District; im Vordergrund »Blackbrush« (Blüten s. kleines Bild).

Mehr als 60 Bartfaden-Arten (Gattung *Penstemon*) kommen allein in Utah vor; hier die Art »Eaton´s Penstemon«. ▷

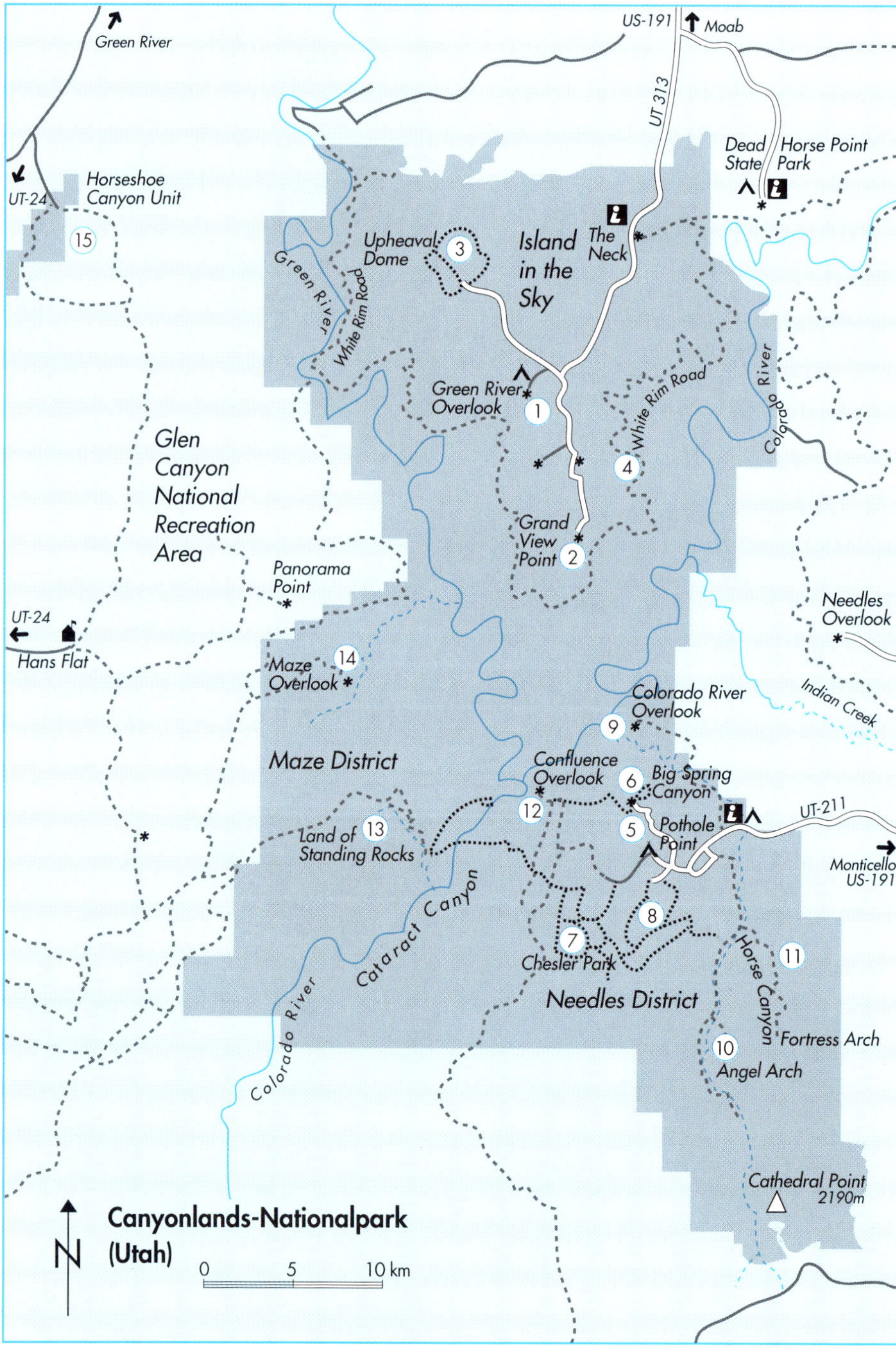
Green River
US-191
Moab
UT 313
Dead Horse Point
State Park
Horseshoe
Canyon Unit
UT-24
15
Upheaval
Dome
3
Island
in the
Sky
The
Neck
Green River
White Rim Road
Green River
Overlook
1
White Rim Road
Colorado River
4
Glen
Canyon
National
Recreation
Area
Grand
View
Point
2
Panorama
Point
Needles
Overlook
UT-24
Hans Flat
Maze
Overlook
14
Indian Creek
Colorado River
Overlook
9
Maze District
Confluence
Overlook
6
Big Spring
Canyon
12
5
Pothole
Point
UT-211
Land of
Standing Rocks
13
Monticello
US-191
Cataract Canyon
8
7
Chesler Park
11
Horse Canyon
Needles District
Fortress Arch
Colorado River
10
Angel Arch
Cathedral Point
2190m
Canyonlands-Nationalpark
(Utah)
0
5
10 km

schicken ihre Wurzeln in tiefe Gesteinsspalten, wo sich das Regenwasser fängt. Man kann erkennen, wie sie sich regelrecht entlang von Bruchlinien ausrichten. Zu den üblichen Blumen gesellen sich der Rittersporn »Tall Desert Larkspur« (S.80), der Bartfaden »Eaton's Penstemon« und die Mormonentulpe (S.56), Utahs Staatsblume, die gerne im Schutz des »Blackbrush« wächst. Auch die Hängenden Gärten (s.S.21) schmücken sich im Frühling mit zahlreichen Blüten.
Neben den allgemein verbreiteten Tierarten (s.S.23) kommen in den Felsgebieten der Canyonlands auch Dickhornschafe, Weißbrustsegler und Veilchenschwalben vor. In den höheren Bäumen der Flußbegleitvegetation nisten Rotschwanzbussarde (S.56) und Rundschwanzsperber. Zu den typischen Reptilien zählen die Rennechsen: »Western Whiptails« (S.55) und gelegentlich »Plateau-Striped Whiptails«. Das Besondere der letztgenannten: Sie sind ausnahmslos weiblichen Geschlechts und pflanzen sich nur durch Jungfernzeugung (Parthenogenese) fort.
Nicht unerwähnt bleiben soll die lokale Plage der Canyonlands; winzige Gnitzen, die im Frühjahr (Mai/Juni) erscheinen und juckende, nur langsam heilende Beulen hinterlassen; sie verschwinden mit den höheren Sommertemperaturen.

Im Gebiet unterwegs

Von den 3 Teilgebieten des Nationalparks sind **Island in the Sky** und der **Needles District** relativ einfach erreichbar und mit Besucherzentren ausgestattet. Eine Fahrt in den **Maze District** erfordert dagegen besondere Vorbereitungen (s. unten); dort ist auch nur eine Rangerstation zu finden. Größere Mengen Wasser gehören auf jeden Fall zur Grundausstattung eines längeren Aufenthaltes in den Canyonlands.
Island in the Sky: Eine gut ausgebaute Straße erklimmt dieses Plateau, zu dessen Füßen

Dickhornschafe besiedeln die abgelegeneren Regionen der Canyonlands; die Widder tragen ein massives Gehörn.

sich eine wunderbare Steinlandschaft ausbreitet. Unvergeßlich ist z.B. das vom **Green River Overlook** ① einzusehende Canyonlabyrinth oder die Abendstimmung am **Grandview Overlook** ②. Mehrere kürzere Pfade laden zum Wandern ein, darunter der Weg zum **Upheaval Dome** ③ (1,6 km einfach bis zum 2. Aussichtspunkt). Die meisten Fachleute glauben, daß dieser Krater durch den Einschlag eines Meteoriten vor ca. 70 Mio. Jahren entstand.
Um die beliebte **White Rim Road** ④ zu fahren, die sich über 160 km entlang des Steilrandes windet, bedarf es einiger Vorplanung. So muß ein Allradfahrzeug oder Mountain Bike organisiert werden, ebenso nötig ist ein »backcountry permit« und – nicht zuletzt – die rechtzeitige Reservierung der benötigten Zeltplätze beim White Rim Reservation Office im Nationalpark-Hauptquartier (Adresse s. unten).
Ganz anders im **Needles District:** Hier bewegt man sich mitten zwischen den ausgefallensten Gesteinsskulpturen. Seine ganze Schönheit offenbart das Gebiet aber nur ausdauernden Wanderern oder Fahrern von Allradfahrzeugen. Pfade wie der 1 km lange Rundweg am **Pothole Point** ⑤, wo

Wassergefüllte Vertiefungen im Gestein (»potholes«) beim Squaw Flat Campground im Needles District.

wassergefüllte Auswaschungen im Gestein Lebensräume für Kleintiere schaffen, zeigen nur einen sehr begrenzten Ausschnitt. Dies gilt auch für den **Slickrock Trail** ⑥, einen 4 km langen Rundweg über ein Plateau beim Big Springs Canyon.
Dagegen gehört der wesentlich längere **Chesler Park Trail** ⑦ zu den schönsten Wanderwegen des Südwestens. Startpunkt ist hier der Parkplatz am Elephant Hill westlich des Campingplatzes, der noch mit einem normalen PKW erreichbar ist. Unterwegs klettert man über Plateaus, zwängt sich durch enge Felsspalten und passiert eine tiefe Schlucht, um schließlich auf der parkähnlichen Ebene des Chesler Park anzukommen. Bis hierher sind es 9 km hin und zurück; eine Umrundung des »Park« erfordert weitere 8 km, womit das ganze Unternehmen zum anstrengenden Tagesausflug wird. Etwas einfacher ist der Rundweg **Big Spring/Squaw Canyon Trail** ⑧. Ausgehend vom Campingplatz folgt er über 12 km den von Wasserlöchern und grüner Flußbegleitvegetation aufgelockerten Schluchten.
Ein Allradfahrzeug erschließt weitere Ziele im »backcountry«: Eine schöne Strecke »zum Üben« läuft vom Besucherzentrum zum **Colorado River Overlook** ⑨ 22 km hin und zurück). Im Frühling ist diese Route auch für Blumenfreunde interessant. Zwei andere Strecken führen von der UT-211 zum schönsten Steinbogen des Parks, dem **Angel Arch** ⑩ (44 km hin und zurück), und in den **Horse Canyon** ⑪ (36 km hin und zurück); auch hier sind Felsbögen zu bewundern (Fortress Arch, Castle Arch). Für beide Touren braucht man ein kostenpflichtiges, im Besucherzentrum erhältliches »permit«. Schließlich kann noch der **Confluence Overlook** ⑫ am Zusammenfluß von Colorado und Green River besucht werden (32 km hin und zurück); Startpunkt ist hier der Elephant Hill. Diese Strecke erfordert jedoch einiges Geschick und ist nichts für Allrad-Neulinge!
<u>Maze District:</u> In den abgelegensten Teil der Canyonlands kann man nur mit einem Allradfahrzeug vorstoßen. Daneben ist Selbstversorgung ein Muß. »The Maze« ist nur auf mehrtägigen Touren zu erforschen und hinterläßt tiefe Eindrücke, die man zudem nur mit wenigen tausend Menschen im Jahr zu teilen braucht. Zu den imposantesten Besuchspunkten gehören die wahrhaft gigantischen Felsmassive im **Land of the Standing Rocks** ⑬, das Panorama vom **Maze Overlook** ⑭ oder die indianischen Felsmalereien m **Horseshoe Canyon** ⑮.

Blick auf eine Schleife des Colorado River im Dead Horse Point State Park; er liegt nicht weit vom Island in the Sky District.

HINWEIS: Moab, Green River und Monticello sind Buchungsorte und Versorgungsbasen für alle Aktivitäten in den Canyonlands. Dies betrifft sowohl das Mieten von Allradfahrzeugen als auch organisierte Jeeptouren und Wildwasserfahrten.

Praktische Tips

Anreise
Island in the Sky: Von Moab auf der US-191, dann über die UT-313.
Needles District: US-191 bis nördlich Monticello, dann die UT-211.
Maze District: Von der UT-24 Abzweigung nördlich Hanksville und über 130 km Allradpiste zur Rangerstation.

Klima/Reisezeit
Heiße, gewittrige Sommer mit 35–40 °C am Tag und 10–20 °C nachts, je nach Höhenlage; im Winter Frost bis -20 °C. Beste Reisezeit: Frühling und Herbst; im Mai/Juni ist ein Schutzmittel gegen die Gnitzen angebracht!

Unterkunft
Im Park nur einfache Zeltplätze: Willow Flat (Island in the Sky, kein Wasser), Squaw Flat (Needles District) und mehrere »backcountry«-Plätze in allen 3 Teilgebieten. Andere Campingmöglichkeiten: Von Frühling bis Herbst beim Needles Outpost (hier auch Benzin und Lebensmittel), beim Newspaper Rock an der UT-211 (klein, ohne jeglichen Komfort) und im Dead Horse Point State Park. Sonstige Unterkünfte aller Art in Moab, Monticello, Green River und Hanksville.

Adresse
125 W. 200 South, Moab, UT 84532; Tel. (801) 259-7164.

Blick in die Umgebung

Auf dem Weg zum Island in the Sky lohnt sich der Abstecher zum Dead Horse Point State Park am Ende der UT-313. Aus 1700 m Höhe eröffnet sich hier ein grandioser Blick auf eine sehr fotogene enge Schleife des Colorado River. Besucherzentrum und ein Naturlehrpfad warten mit Informationen auf. Einen ebenfalls umwerfend schönen Blick, diesmal auf das Gebiet der Needles, bietet der Needles Overlook. Er ist von der US-191 zu erreichen: Abzweigung 51 km südlich Moab und weitere 34 km Fahrt auf asphaltierter Straße.

6 Südlicher Lake Powell

Riesiger Stausee in dramatischer Sandstein-Landschaft; Canyons und Badlands der einsamen Warm Creek Road; »Hufeisen«-Schleife des Colorado River; märchenhafter Antelope Canyon; Rainbow Bridge, die größte Steinbrücke der Welt.

»Juwel des Westens« wird der Lake Powell gerne genannt – und die Szenerie ist wirklich einmalig: Vielfach verzweigt und gewunden, ruht der tiefblaue See inmitten eines farbenprächtigen »Meeres aus Stein«, das sicher zu den schönsten des Colorado-Plateaus zählt. Rotbrauner Navajo-Sandstein, weißer Entrada-Sandstein und andere bunte Sedimentgesteine zeugen von der langen, bis ins Mesozoikum (vor 245 bis 65 Mio. Jahren) zurückreichenden Geschichte der Region. Enge Canyons, karge Badlands, versteckte Buchten und Inseln lassen das Fotografenherz höher schlagen. Hinzu kommt das trockene, sonnige Klima und das große Angebot an Freizeitmöglichkeiten, das alljährlich über 3 Mio. Besucher anlockt.

Der Lake Powell verdankt seine Existenz dem Glen Canyon Dam bei Page im Norden Arizonas. Dieses 1956 begonnene Bauwerk staut den Colorado River über 300 km bis weit in das angrenzende Utah hinein. Gewonnen wurde damit Energie und ein 645 km² großes Wasserreservoir, verloren aber wurde die Wildheit des Flusses und eine große Anzahl bezaubernder Schluchten, die mit dem Anstieg des Wasserspiegels ertranken. Heute bildet der Lake Powell den Kern der 5000 km² umfassenden Glen Canyon National Recreation Area. Im Nordosten grenzt daran der Canyonlands-Nationalpark, im Süden der Grand-Canyon-Nationalpark. Über Hunderte von Kilometern fließt so der Colorado durch ein System von Schutzgebieten.

Pflanzen und Tiere

Mit einer durchschnittlichen Höhe von 1100 m wird das Gebiet um den Lake Powell ganz von der typischen Vegetation der Trockenzone eingenommen (s.S.19), wobei gebietsweise Gräser dominieren. Frühjahrs- und Sommerregen bringen u.a. »Gilbert Yuccas«, »Desert Lilies« und verschiedene Kakteen zur Blüte. Entlang der Wasserläufe ist vor allem die Fremont-Pappel häufig und in geschützten Canyons konnten sich Hängende Gärten ausbilden (s.S.21).

◁ Felsgebilde des Hanging Rock an der Warm Creek Road.

Unterwegs von der Wahweap Marina zur Rainbow Bridge: ▷ Dramatische Steinlandschaft rund um den Lake Powell.

Die »Plains Pricklypear« zählt zu den zähesten Opuntienarten; sogar Frostnächte übersteht sie problemlos

Die Tierwelt ist am Lake Powell wenig auffallend und geht nicht über das übliche Artenspektrum hinaus (s.S.23). Reptilien und Vögel sind am einfachsten zu beobachten. Hauptsächlich nachtaktiv, verraten sich Säugetiere wie die Kojoten (S.25) eher durch ihre Stimme. Im See wurden Fische zu Angelzwecken ausgesetzt, darunter Bach- und Regenbogenforellen, Barsche und Dornwelse.

Im Gebiet unterwegs

Ursprünglich als Unterkunft für die am Aufbau des Glen Canyon Dam beteiligten Arbeiter errichtet, ist die Stadt Page heute touristisches Zentrum der Glen Canyon National Recreation Area und Ausgangspunkt für die meisten Aktivitäten im Bereich des südlichen Lake Powell.

Besuchspunkte rund um Page

Verläßt man Page in nördlicher Richtung, wird zunächst das direkt neben der Staumauer gelegene **Besucherzentrum** ① passiert; nach wenigen Kilometern ist dann die **Wahweap Marina** ② erreicht, der größte der insgesamt 5 Häfen am Lake Powell. Hier ist der Zugang zum See am einfachsten, so z.B. am dortigen **Strand** oder bei den lieblichen weißen Sandsteinbuchten der **The Coves Day-Use Area**. Etwas weiter westlich führt auch die **Lone Rock Road** ③ zum Seeufer. Alle Punkte eignen sich ideal zum Baden.

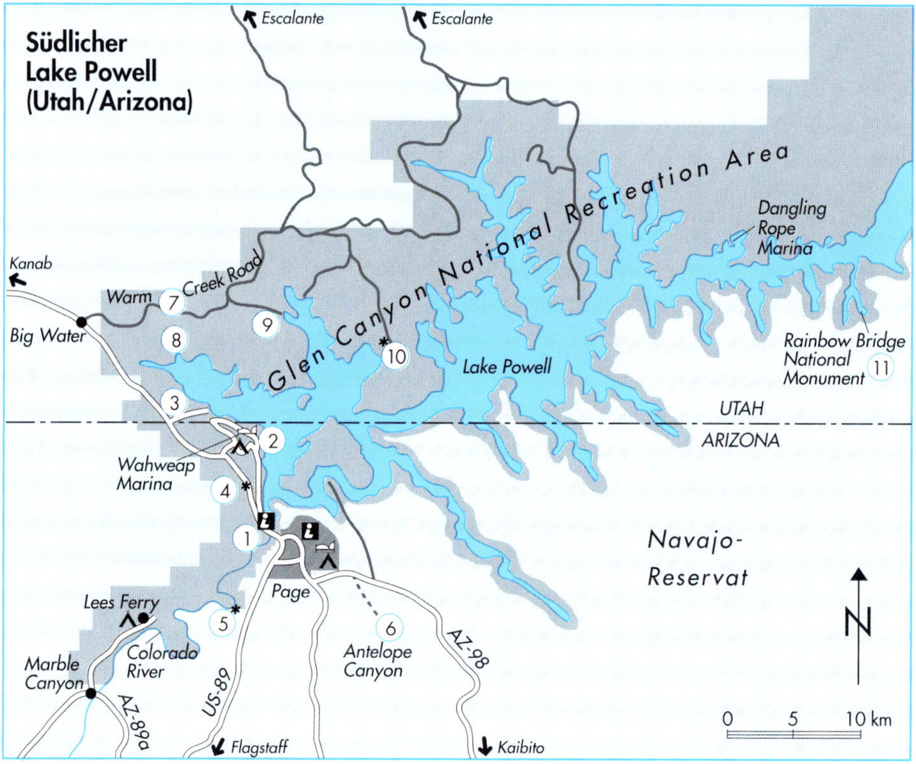

Südlich der Wahweap Marina zweigt eine Piste von der US-89 zum **Scenic View** ④ ab, der einen grandiosen Ausblick bietet. Ein weiterer imponierender Aussichtspunkt ist **Horseshoe Bend** ⑤ etwa 8 km südlich Page. Hierzu biegt man am Meilenstein 545 von der US-89 auf die kurze Piste zum Parkplatz ab. Der dort beginnende Fußweg endet nach 0,7 km an einem Steilabfall, an dessen Grund der Colorado River eine weite hufeisenförmige Schleife zieht. Eines der ganz großen Erlebnisse am Lake Powell ist der **Antelope Canyon** ⑥. Als sogenannter Slot Canyon entstand er durch die Erosionskraft ablaufenden Regenwassers, das feinste Risse im Navajo-Sandstein zu immer tieferen Höhlungen erweiterte, bis sie schließlich zu einer schmalen Schlucht zusammenwuchsen. Nur etwa 120 m lang, aber dafür bis zu 30 m tief zieht sich diese steilwandige, enge Kerbe durch den roten Sandstein. Das von oben einfallende Mittagslicht zaubert die schönsten Farben in den Canyon.
Der Antelope Canyon liegt auf Navajo-Land ca. 5 km südlich Page an der AZ-98. Organisierte Touren werden mehrmals am Tag angeboten und können über das Lake Powell Chamber of Commerce in Page gebucht werden (Adresse s. unten). Ein Besuch des Canyon in Eigenregie erfordert ein Allradfahrzeug oder Lust zum Wandern, da vom Grenzzaun an der Straße bis zum Canyon noch 5 km zurückzulegen sind. Außerdem wird Eintritt verlangt; Einlaß ist täglich 09.00–16.00 Uhr.

Weiter entfernte Besuchspunkte

Eine rauhe Wildnis mit schönen Badlands, versteckten Canyons und großartigen

Der relativ große Felsenzaunkönig ist oberseits gräulich, hat einen hellen Bauch und eine fein gestrichelte helle Brust.

Panoramablicken erwartet den Unternehmungslustigen entlang der **Warm Creek Road** ⑦. Sie beginnt – anfangs asphaltiert – in Big Water, 25 km nordwestlich Page, wird aber schon nach wenigen Kilometern zur Piste, auf der man je nach Zustand verschieden weit vordringen kann; ab einem gewissen Punkt ist dies dann nur noch mit einem Geländewagen möglich. Entlang der Strecke liegen versteckte Schönheiten wie der **Wire Grass Canyon** ⑧, eine nur zu Fuß zu erobernde Schlucht, die sich über 5 km bis zum See erstreckt, oder der **Crosby Canyon** ⑨. Auch dieser mündet in eine Bucht des Lake Powell, kann aber mit dem Auto durchfahren werden. Hat man das Glück bis zur **Romana Mesa** ⑩ vordringen zu können, warten fesselnde Ausblicke am **Astron Point**.
ACHTUNG: Im nassen Zustand wird die Piste unpassierbar; deshalb nicht bei aufziehenden Gewittern einfahren!
Und schließlich ist da noch die **Rainbow Bridge** ⑪, der »versteinerte Regenbogen« der Navajo, der von ihnen in hohen Ehren gehalten wird. Die Ausmaße dieser mächtigen Steinbrücke sind beeindruckend: 82 m Spannweite, 88 m Höhe und 13 m Dicke am höchsten Punkt des Bogens! Sie ist damit die größte ihrer Art auf der Welt. Das Rainbow Bridge National Monument liegt am Südufer des Lake Powell etwa 80 km von Page entfernt. Von Land her nur mühsam zu erreichen, kann es im Rahmen von halb- oder ganztägigen Bootstouren besucht werden, die von der Wahweap Marina starten. Buchung vor Ort über ARA Leisure Services oder beim Lake Powell Chamber of Commerce (Adresse s. unten).

Praktische Tips

Anreise
Über die US-89; von Kanab (im Norden) oder von Flagstaff (im Süden).

Klima/Reisezeit
Trocken und warm; im Sommer Tageshöchsttemperaturen um 35 °C und gelegentliche Gewitter. Beste Reisezeit: Frühling bis Herbst.

Unterkunft
Motels und Campingplätze in Page; Wahweap Lodge und Campingplatz bei der Wahweap Marina.

Adressen
- Glen Canyon National Recreation Area, Box 1507, Page, AZ 86040, Tel. (602) 645-2511.
- Lake Powell Chamber of Commerce, 106 S. Lake Powell Boulevard, Page, AZ, Tel. (602) 645-2741.

Blick in die Umgebung

Etwa 65 km nordwestlich Page zweigt von der US-89 eine Piste zum **Paria Movie Set** und nach **Old Paria** ab. Unvorstellbar schöne, rotweiß gebänderte Klippen und Badlands bildeten hier den passenden Hintergrund für eine ganze Reihe von Westernfilmen. Das Gebiet ist frei zugänglich und hat sogar einen Campingplatz für 2–3 Zelte; man kann durch halbverfallene Filmkulissen und durch Haus- und Minenreste aus der Zeit der Jahrhundertwende streifen.

△ Unterwegs von der Boostanlegestelle zur Rainbow Bridge; je näher man kommt, desto gewaltiger wird der Eindruck.

◁ Zauber des Antelope Canyon am späten Vormittag, wenn die einfallende Sonne die roten Wände vergoldet.

Blütenstand der »Harriman« oder auch »Gilbert Yucca«.

Alte Filmkulissen des Paria Movie Set und bunte Badlands.

7 Monument Valley Navajo Tribal Park

Zauberhafte rote Steinmonumente in einer weiten, sandigen Ebene; bekannte Kulisse vieler Filme; Navajo-Indianerkultur; phantastische Sonnenauf- und untergänge; stimmungsvolle Rundfahrt zwischen den Felsnadeln.

Monument Valley ist eines der Aushängeschilder der Vereinigten Staaten. Auch wenn man es noch nicht selbst besucht hat – per Kinoleinwand oder Fernsehbildschirm ist wohl jeder schon mal hierher gereist: Denn wer kennt nicht die vielen Werbespots oder zumindest den einen oder anderen klassischen Westernfilm, der vor der Kulisse dieser steinernen Kolosse gedreht wurde, so etwa »Höllenfahrt nach Santa Fé« (1939), »Bis zum letzten Mann« (1948) und »Der gebrochene Pfeil« (1950). Trotzdem: Wie viele Bilder man auch schon vom »Tal der Monumente« gesehen haben mag, sie ersetzen nicht das wirkliche Erleben, die Stimmung beim Sonnenauf- oder -untergang, die Dramatik einer Gewitterwand über dem Tal oder das Gefühl der Verlorenheit zwischen den mächtigen Felstürmen.

Felsnadeln der Three Sisters im Monument Valley; sie bestehen aus 250 Mio. Jahre altem De-Chelly-Sandstein.

Monument Valley ist eines der Meisterwerke der Kräfte der Verwitterung, wie man sie auf dem Colorado-Plateau so häufig findet. Dabei sind die isoliert stehenden Pfeiler und Zinnen nichts anderes als Reste eines einst mächtigen Gesteinspakets. Verschiedene Sedimente des Mesozoikums, im Laufe der Zeit zu Gestein gepreßt, wurden während der Hebung des Colorado-Plateaus im späteren Tertiär an vielen Stellen gebrochen. So auch der 250 Mio. Jahre alte De-Chelly-Sandstein, aus dem die rotbraunen Felstürme bestehen. Wasser, Frost und Wind begannen nun ihr Werk, lockerten das Gestein und räumten den Verwitterungsschutt fort. Die Brüche weiteten sich zu Rinnen, dann zu Tälern, und nach Jahrmillionen der Erosion blieb schließlich nur noch eine weite Ebene übrig, aus der die einzelnen Steinmonumente wie Mahnmale aus vergangenen Zeiten aufragen.
Monument Valley liegt im Navajo-Reservat und gehört teils zu Arizona teils zu Utah. Es wird von den Indianern als »Tribal Park« verwaltet, der nicht zum Parksystem der USA gehört und für dessen Besuch gesondert Eintritt zu bezahlen ist.

Pflanzen und Tiere

Vor der überwältigenden Felslandschaft treten die Lebewesen in den Hintergrund. Mit einer Höhe von 1700 bis 1800 m

Klapperschlangen – ungeliebt und mißverstanden

Etwa 30 Arten von Klapperschlangen bewohnen die Neue Welt von Kanada bis Argentinien; allein die Hälfte davon kommt in den Trockengebieten der USA vor. Dabei reicht das Spektrum von der über 2 m langen Texas-Klapperschlange bis zu der nur 80 cm langen Gehörnten Klapperschlange. Sie spielen eine wichtige Rolle im Lebensnetz der Halbwüsten und tragen wesentlich dazu bei, daß kleine Nagetiere – ihre Hauptbeute – nicht überhandnehmen.

Klapperschlangen sind hochentwickelte Reptilien, die, wie alle Grubenottern, Einsenkungen zwischen beiden Nasenlöchern und Augen besitzen, in denen empfindliche Temperatur-Sinnesorgane liegen. Mit diesen Infrarot-Detektoren können sie die von warmblütigen Tieren ausgehende langwellige Strahlung registrieren und auch deren Einfallsrichtung feststellen. Maßgebend ist dabei der Temperaturunterschied zwischen der (meist) kühleren Umgebung und dem Körper des Tiers; schon 0,003 °C Differenz bewirkten in Experimenten eine Nervenerregung! Selbst bei völliger Dunkelheit können Klapperschlangen so eine bewegungslose Ratte aus einem halben Meter Entfernung genau lokalisieren und mit ihren beiden, mit Giftinjektionsröhren ausgerüsteten Fangzähnen zielsicher zubeißen. Sie folgen dann der Spur des sterbenden Tieres.

Der Biß einer Klapperschlange erfordert in jedem Fall schnellste ärztliche Hilfe, denn ihr Gift wirkt blutgerinnend, gewebezerstörend und bei manchen Arten auch nervenschädigend. Trotzdem: Das Risiko gebissen zu werden ist minimal, befolgt man die nötigen Vorsichtsregeln (s.S.187).

Klapperschlange in Warnposition: Sehr gut zu erkennen ist die Rassel aus Hornringen am Schwanzende.

Auch die aggressivste Art versucht bei Störung zunächst ein Versteck aufzusuchen und läßt meist als Warnung das typische Klappern hören. Es entsteht durch das Aneinanderschlagen harter, kettenförmig verbundener Hornringe am Schwanzende. Für alle Wüstenbewohner, außer dem furchtlosen Rennkuckuck (s.S.113), ist es eine wirksame Abschreckung.

Ihre charakteristische seitliche Fortbewegungsweise gab der Gehörnten Klapperschlangen den englischen Namen »Sidewinder«.

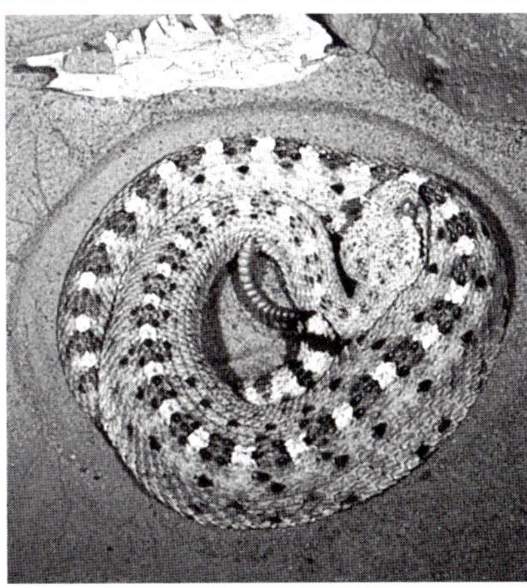

gehört die Vegetation des Monument Valley zur Nußkiefer-/ Wacholder-Zone (s.S.19), die Pflanzendecke ist wegen des sandigen Untergrundes jedoch dünn. Hauptsächlich bedecken »Blackbrush« (S.58), Wermutsträucher (S.100) und »Rabbitbrush« (S.105) die Ebenen, nur hin und wieder durchsetzt von Utah-Wacholder (S.104) und den im Frühjahr erscheinenden Blumen (s.S.20).
Ebenso unauffällig präsentiert sich die Tierwelt (s.S.23). Maultierhirsche (S.102) oder Gabelböcke (S.91) tauchen in der offenen, spärlich begrünten Landschaft nur gelegentlich auf. Bei den Vögeln zeigen sich neben einigen in Bodennähe lebenden Arten wie Bergspottdrosseln oder Helmwachteln (S.133), vor allem Trut-

◁ Anfahrt von Mexican Hat zum Monument Valley; bei Sonnenaufgang ist dies ein idealer Platz zum Fotografieren.

▽ Eine versteinerte »Götterfamilie« im Valley of the Gods.

△ Der »Blazing Star« aus der Familie der Loasaceae.

◁◁ Links außen: Das farbenfrohe Männchen des kleinen Buntfalken.

◁ Links: »Claret Cup«, ein rot blühender Igelsäulenkaktus.

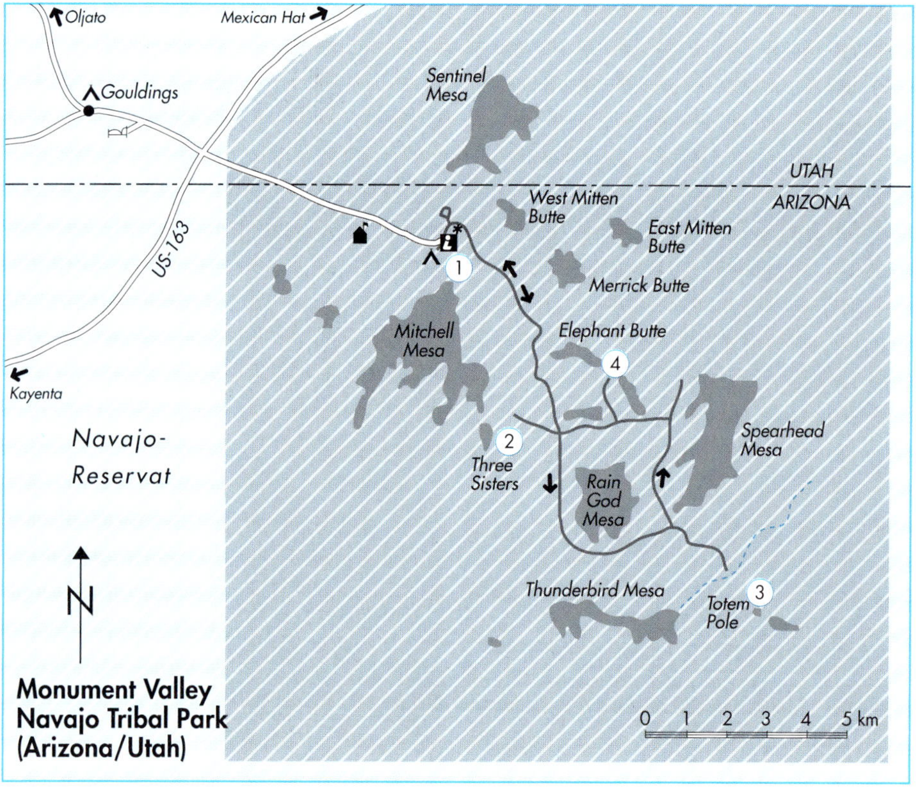

Monument Valley Navajo Tribal Park (Arizona/Utah)

hahngeier (S.136), Kolkraben und Fahlstirnschwalben, die die Steilklippen als Nistplatz nutzen. Über der weiten Ebene jagen vereinzelt Präriefalken (S.98). Bei den Reptilien kann man das typische Artenspektrum des Südwestens erwarten (s.S.25).

Im Gebiet unterwegs

Bereits aus weiter Distanz rücken die Felstürme des Monument Valley unverkennbar ins Bild. Ob von Kayenta oder Mexican Hat her kommend – sie beherrschen die rotbraune Landschaft. Den klassischen Blick über das Tal hat man vom **Besucherzentrum** ①, wo die drei meistfotografierten »Monumente« **West Mitten Butte, East Mitten Butte** und **Merrick Butte** zu Füßen liegen. Sowohl die aufgehende als auch die sinkende Sonne verzaubert das Panorama. Das Monument Valley selbst ist mit Einschränkungen zugänglich. Für die Rundfahrt mit dem eigenen Auto ist das Tal von Sonnenaufgang bis Sonnenuntergang geöffnet. Die 17 km lange Sandpiste beginnt und endet am Besucherzentrum (Einbahnstraße!) und darf unterwegs nicht verlassen werden. Stops sind allerdings an verschiedenen Punkten möglich, so z.B. bei den originellen Verwitterungsformen der **Three Sisters** ② oder beim **Totem Pole** ③. Vom **North Window** ④ läßt sich ein besonders schöner Blick über das Tal genießen.

Organisierte Rundfahrten werden von den Navajo angeboten. Sie dauern unterschiedlich lange, informieren über die Kultur der Indianer und schließen auch Attraktionen ein, die für den Alleinreisenden gesperrt sind. Eine beliebte Tour führt beispielsweise zur Basis des Totem Pole. Schließlich kann man das Gelände noch per Jeep oder zu Pferd kennenlernen; auch hierfür stellen die Navajo Führer und Transportmittel zur Verfügung.
BITTE UNBEDINGT BEACHTEN: Für die Navajo besitzen die Felsformationen des Monument Valley einen hohen spirituellen Wert. Fahrten und Wanderungen abseits der Piste sind deshalb ohne einen Navajo-Führer nicht erlaubt!

Audubonkaninchen sind typische Bewohner der Trockenzone; sie können bis zu 25 km/h schnell laufen.

Praktische Tips

Anreise
Über US-163: halbe Strecke zwischen Kayenta/Arizona und Mexican Hat/Utah.

Klima/Reisezeit
Sommer mit Tagestemperaturen bis 35 °C; Niederschläge als Sommergewitter oder im Winter als Schnee. Beste Reisezeit: April bis Oktober.

Unterkunft
Im Park: 1 Campingplatz beim Besucherzentrum. Camping außerdem in Gouldings, Kayenta und Bluff. Motels in Gouldings, Mexican Hat, Kayenta und Bluff.

Adresse
Box 93, Monument Valley, UT 84536, Tel. (801) 727-3287.

Blick in die Umgebung

Nördlich von Mexican Hat liegt das **Valley of the Gods**. Oftmals als »Mini Monument Valley« bezeichnet, besitzt es eine Reihe von Felstürmen, die zwar nicht so gewaltig wie die seines großen Bruders sind, aber dafür sehr eigenwillig und auf ihre Weise faszinierend. Gegenüber dem stark frequentierten Monument Valley ist man im Valley of the Gods meist alleine in der schönen Landschaft und kann die durch das Tal kreuzende Piste ohne Einschränkung befahren.
Ebenso einen Abstecher wert: Der **Goosenecks State Park** wenige Kilometer westlich Mexican Hat. Hier windet sich der San Juan River in engen Schleifen durch das Gelände. Fast 400 m tief hat sich der Fluß eingegraben und dabei bis 300 Mio. Jahre alte Gesteinsschichten freigelegt.

Entlang der Straßen und Wege entfaltet der Stachelmohn seine weißen Blüten; er ist im Südwesten weit verbreitet.

8 Grand-Canyon-Nationalpark

Eine der atemberaubendsten Schluchten des Colorado River; Zeitreise in einen 1600 m tiefen Abgrund; Mischwälder des Nordrands, Trockenvegetation des Canyons; Pinselohrhörnchen, Truthahngeier und Halsbandleguane.

Über 2300 steinige Kilometer überwindet der Colorado River von seinem Quellgebiet in den Rocky Mountains bis zu seiner Mündung in den Kalifornischen Golf. Dabei kreuzt er das Colorado-Plateau, in dessen bunte Gesteinsschichten er einige abenteuerliche Schluchten geschnitten hat. Die bekannteste, die »Große Schlucht«, beginnt westlich von Page am Lake Powell (s.S.64) und endet in einem weiteren Stausee, dem Lake Mead, der sich nach Fertigstellung des Hoover Dam bei Las Vegas bildete. Ihr atemberaubendster Teil liegt innerhalb des gleichnamigen Nationalparks und schlägt hier alljährlich an die 4 Mio. Besucher in den Bann. Steil abfallende Klippen, zackige Felsvorsprünge und monumentale Inselberge – alles ist unglaublich groß im Grand Canyon. Bis 1600 m tief und durchschnittlich 16 km breit gähnt hier ein Abgrund, dessen Dimensionen nur schwer faßbar sind.

Der Weg in die Tiefe gleicht einer Reise in die ferne Vergangenheit unseres Planeten,

Blick über den Grand Canyon vom Hopi Point; die untergehende Sonne zaubert Farbe auf die Felswände.

Wanderdrosseln, im Amerikanischen auch »Robins« genannt, besiedeln Städte, Dörfer und Wälder des Westens.

denn in den Wänden des Grand Canyon kann man einen Teil seiner Erdgeschichte zurückverfolgen. Wohlgeordnet übereinandergestapelt liegen hier 12 Gesteinsschichten verschiedenster Zeitalter. Dabei reicht die Spanne von dem fossilienreichen, »nur« 250 Mio. Jahre alten Kalkstein des Kaibab-Plateaus bis zu dem fast 2 Milliarden Jahre alten Vishnu-Schiefer am Boden der Schlucht. Geschaffen hat der Colorado dieses Wunderwerk in weniger als 10 Mio. Jahren. Hitze und Kälte zermürbten das Gestein, Regen spülte es in den Fluß. Dort wurde es dann zum Mahlstein: Rund 400000 Tonnen Gesteinsschutt bewegte der Colorado vor dem Staudamm-Bau bei Page durch die Schlucht – und das täglich !

Pflanzen und Tiere

Der knapp 5000 km^2 große Nationalpark erstreckt sich über 2200 Höhenmeter (500–2700 m) und damit 4 Vegetationzonen (s.S.18). Dabei beschränkt sich die höchste, die Montane Zone, auf das nörd-

Angels Window bei Cape Royal am Nordrand des Grand Canyon: Im »Fenster« ist der Colorado River zu erkennen.

Obwohl Pumas in den letzten Jahren wieder hie und da gesehen werden, sind sie doch nach wie vor selten.

lich gelegene Kaibab-Plateau und den Nordrand des Canyons, der mit einer mittleren Höhe von 2400 m den Südrand um rund 350 m überragt. Dies ist das Reich der Mischwälder, die im Herbst mit dem goldgelben Laub der Amerikanischen Zitterpappeln brillieren. Im Frühling leuchten hier die Blumen der Bergwiesen, darunter die Akelei »Golden Columbine«, Götterblumen (S.152) und Gauklerblumen wie die »Lewis' Monkeyflower« (S.36).
Die von Wermutsträuchern (S.100) durchsetzten Gelbkiefernwälder (S.145) der Übergangszone begrünen beide Canyon-Ränder. In tieferen Lagen machen sie schnell der Nußkiefer-/Wacholder-Zone Platz, wo »Cliffroses« und Rundblättrige Büffelbeeren häufig sind. Im Canyon findet man die typischen Gewächse der Trockenzone (s.S.19), darunter »Blackbrush« (S.58) und Feigenkakteen auf dem 1000 m hoch gelegenen Tonto-Plateau. Dazwischen mischen sich Utah-Agaven. In den heißen, tiefsten Regionen überleben nur noch zähe Trockensträucher, so der Kreosotbusch (S.139), der »Four-wing Saltbush« und, im westlichen Bereich des Nationalparks, der Ocotillo (S.109). Als Flußbegleitvegetation bildet die »Catclaw Acacia« manchmal ganze Dickichte aus; das gleiche gilt für die unverwüstlichen Tamarisken (S.98).

Alle für die südwestlichen Trockengebiete typischen Tiere (s.S.23) kommen auch im Nationalpark vor. Während eines Abstieges in den Canyon begegnen dem Wanderer Felsenziesel, »Cliff Chipmunks« und Halsbandleguane (S.95), und auf dem Plateau kommt man an Maultierhirschen (S.102) kaum vorbei. Über der Schlucht kreisen Truthahngeier (S.136), und in den Wäldern leben Wanderdrosseln sowie verschiedene Spechtarten. Eine Besonderheit der Gelbkiefernwälder sind zwei eng verwandte Baumhörnchen: Das Pinselohrhörnchen, das nur auf dem Südrand lebt, und das Kaibab-Pinselohrhörnchen des Nordrands. Ihre ursprünglich zusammenhängenden Populationen wurden im Laufe der Canyonbildung voneinander getrennt, und beide »Hälften« entwickelten sich zu eigenen Formen.

Im Gebiet unterwegs

ACHTUNG: Nahezu alle organisierten Aktivitäten im Nationalpark müssen oft schon Monate im Voraus reserviert werden. Dies betrifft insbesondere die Durchquerung des Canyons (s. unten), Maultierritte (Tel. (602) 638-2401) und Wildwasserfahrten (Liste der Veranstalter beim River Permits Office des Nationalparks erhältlich, Tel. (602) 638-7843). Hingegen können Flüge über den Grand Canyon mit dem Helikopter oder dem Kleinflugzeug auch kurzfristig in allen Lodges gebucht werden. Sie starten vom Grand Canyon Airport in Tusayan südlich der Parkgrenze.

Nordrand

Die Zufahrtsstraße AZ-67 (Kaibab Plateau/North Rim Parkway) endet direkt am Canyonrand bei der Grand Canyon Lodge, in der auch das Besucherzentrum untergebracht ist. Von hier führt ein gut ausgebauter Weg entlang des Abgrundes zum 800 m entfernten Aussichtspunkt **Bright Angel Point** ①. Bezaubernde Einblicke in die

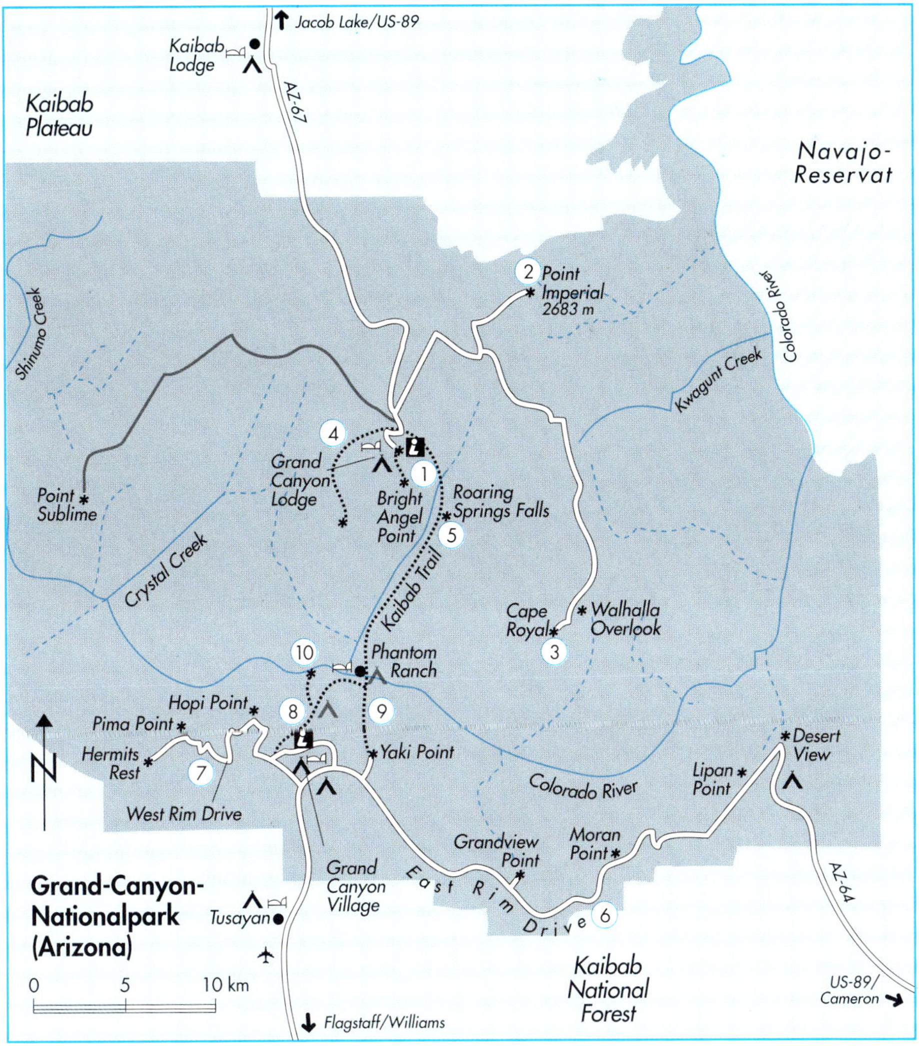

Schlucht bietet auch die von der Parkstaße abzweigende Seitenstraße zum **Point Imperial** ② (18 km) bzw. zum **Cape Royal** ③ (37 km vom Besucherzentrum). Ein Naturlehrpfad am Cape Royal schließt auch den nahegelegenen **Walhalla Overlook** ein. Wegen der angenehm kühlen Sommertemperaturen und des relativ geringen Besucheraufkommens eignet sich der Nordrand sehr gut zum Wandern, z. B. auf dem **Widforss Trail** ④ (8 km einfach), der in seinem ersten Teil weitgehend dem Canyonrand folgt.

Die Durchquerung des Canyons kann am Nordrand oder am Südrand (s. auch dort) beginnen. Sie führt über 33 km und dauert in der Regel 3–4 Tage. In jedem Fall ist hierfür ein »backcountry permit« vom Backcountry Reservation Office des Nationalparks notwendig (Tel. (602) 638-7888);

»Tall Desert Larkspur«, ein hochwüchsiger Rittersporn, dringt von der Trockenzone bis in die Montane Zone vor.

Mit Amerikanischen Zitterpappeln durchmischte Nadelwälder (Montane Zone) kennzeichnen das Kaibab-Plateau.

◁ Der bequemste Weg in den Canyon ist der Bright Angel Trail; er beginnt bei der gleichnamigen Lodge am Südrand.

Der schwarz-weiße Dunenspecht wird kaum 16 cm lang. ▷

auch müssen die Übernachtungen vorher reserviert werden – entweder auf einem der »backcountry«-Campingplätze (beim Nationalpark) oder auf der Phantom Ranch (Adresse s. unten). Vom Nordrand beginnt der Abstieg auf dem **North Kaibab Trail**. Über ihn erreicht man auch die **Roaring-Springs-Wasserfälle** ⑤ (15 km hin und zurück, 900 m Höhendifferenz).

Südrand

Fast 90 % aller Grand-Canyon-Besucher kommen nur hierher und entsprechend stark ist der Andrang. Mit dem Auto lassen sich mehrere schöne Aussichtspunkte anfahren. Der **East Rim Drive** ⑥ zieht sich über 37 km vom Grand Canyon Village bis fast zur östlichen Parkgrenze und passiert dabei 6 Aussichtspunkte. Kürzer ist der **West Rim Drive** ⑦ (13 km). Er ist jedoch vom 27. Mai (Memorial Day) bis Ende September für Privatautos gesperrt und kann nur per Fahrrad, zu Fuß oder mit den kostenlosen Pendelbussen absolviert werden. Letztere fahren alle 15 Minuten von 7.00 Uhr bis nach Sonnenuntergang und halten an jedem Aussichtspunkt.
Die Durchquerung des Grand Canyon (vgl. oben) vom Südrand aus beginnt auf dem **Bright Angel Trail** ⑧ oder auf dem steileren **South Kaibab Trail** ⑨. Steht nur eine Tageswanderung zur Debatte, so ist dafür der **Bright Angel Trail** besser geeignet. Zwischen Mai und September hat die Nationalparkverwaltung dort einige Wasserstellen eingerichtet. Bis zu den schattenspendenden **Indian Gardens** sind es 7 km, bis zum **Plateau Point** ⑩ über das Tonto Plateau nochmals 3 km. Hier fällt die Felswand steil zu dem 400 m tiefer fließenden Colorado River ab.

ACHTUNG: Die gesamte Wegstrecke zum Plateau Point und zurück beträgt 20 km, und 1000 Höhenmeter sind auf dem kräftezehrenden Rückweg zu überwinden! Gute körperliche Verfassung, frühes Aufbrechen und 8–10 Stunden Zeit sind – neben ausreichend Wasser – Voraussetzung für diese Wanderung, die man auf keinen Fall in den Sommermonaten wagen sollte. Generell abzuraten ist von dem Versuch, an einem Tag ganz bis zum Colorado vorzudringen und wieder aufzusteigen (dies wären 1400 Höhenmeter!).

Praktische Tips

Anreise

Nordrand: Auf der AZ-67, die von der US-89 bei Jacob Lake abzweigt.
Südrand: Von Flagstaff über US-89 und AZ-64 oder US-180 und AZ-64. Von Williams verkehrt die historische Eisenbahn

Trockene Felsgebiete sind der Lebensraum der weißblühenden »Cliffrose«; sie wächst gerne an Klippenrändern.

Der »Western Tiger Swallowtail«, eine Schwalbenschwanzart, kann bis 11 cm Spannweite erreichen.

Buschhäher bevorzugen offeneres Gelände; man findet sie in der Trockenzone wie in der Nußkiefer-/Wacholder-Zone.

»Golden Columbine«, eine Akelei des Kaibab-Plateaus.

»The Williams Flyer« zum Grand Canyon Village und zurück (Tel. 1-800 843-8724). Einige Gesellschaften fliegen den Grand Canyon Airport an (dort Autovermietung).

Klima/Reisezeit
Die Tageshöchsttemperaturen liegen im Sommer bei 25 °C auf dem Nordrand, 30 °C auf dem Südrand und 45 °C im Inneren des Canyons; die meist während der Sommergewitter fallenden Niederschläge nehmen von fast 700 mm auf dem Nordrand auf kaum 200 mm im Canyon ab. Beste Reisezeit: Frühjahr bis Herbst (der Nordrand ist wegen der hohen Schneefälle meist erst gegen Mitte Mai geöffnet).

Unterkunft
Nordrand: Im Park: 1 Campingplatz (Reservierung über MISTIX, s.S.188), die Grand Canyon Lodge (TW Recreational Services, Tel. 801-586-7686). Weitere Unterkünfte in Jacob Lake, an der AZ-67 (DeMotte Park Campground, Tel. 602-643-7395, und Kaibab Lodge, Tel. 602-638-2389) sowie in Fredonia und Kanab.
Südrand: 3 Campinplätze im Park: Desert View (ohne Reservierungszwang), Mather (Reservierung über MISTIX, s.S.188) und Trailer Village (Grand Canyon National Park Lodges, Tel. (602) 638-2401). Unter dieser letztgenannten Telefonnummer sind auch die 7 Lodges auf dem Plateau und die Phantom Ranch im Canyon zu buchen. Außerhalb des Parks: In Tusayan, Cameron, Williams und Flagstaff.
ACHTUNG: Ohne vorherige Reservierung ist ein Besuch mit Übernachtungsabsicht im Nationalpark in den Sommermonaten nicht anzuraten !

Adresse
P.O. Box 129, Grand Canyon, AZ 86023, Tel. (602) 638-7888.

9 Flagstaff und Umgebung

Vulkanlandschaft des Sunset Crater; Ruinen der Sinagua-Indianer in den National Monuments Wupatki, Walnut Canyon und Montezuma Castle; Oak Creek Canyon und farbenprächtige Steinkolosse um Sedona; großer Meteoritenkrater im Osten.

Flagstaff, die zweitgrößte Stadt Arizonas, ist haupsächlich als Ausgangspunkt für einen Grand-Canyon-Besuch bekannt. Doch auch in ihrer unmittelbaren Umgebung liegen einige Attraktionen, die einen längeren Aufenthalt lohnen.
Schon von weitem ist der vulkanische Charakter der Landschaft zu erkennen. Dabei fällt besonders der nördlich Flagstaff aufragende San Francisco Mountain auf. Der fast 4000 m hohe Berg ist das markanteste Produkt eines 5000 km² großen vulkanisch aktiven Zentrums, dem San Francisco Volcanic Field. Seit 6 Mio. Jahren rumort es hier im Erdinneren, Basaltlava trat aus, und während massiver Eruptionen entstanden etwa 500 Vulkane und Schlackenkegel. Flagstaff selbst liegt am Südhang eines dieser Kegel, dem 3000 m hohen Mt. Elden.
Vom Vulkanismus unmittelbar betroffen waren die Sinagua-Indianer, seßhafte Ackerbauern, die von ca. 675–1300 n. Chr. im Umkreis der heutigen Stadt lebten. Mehrere ihrer Wohnanlagen wurden bei den ersten Ausbrüchen des Sunset Crater

Blick auf die rote Felsenburg Cathedral Rock vom Oak Creek westlich Sedona am Nachmittag.

Blüte und Fruchtstand der »Apache Plume«, einem typischen Strauch der Nußkiefer-/Wacholder-Zone.

(1064/65) verschüttet. Der Schwerpunkt ihrer Besiedlung verlagerte sich daraufhin in das Gebiet des heutigen Wupatki National Monument und in den Walnut Canyon; hier erreichte ihre Kultur im 12. und 13. Jh. die höchste Blüte.
Kein dunkles Vulkangestein, sondern lachsfarben bis intensiv rot leuchtende Felsmassive kennzeichnen dagegen das Gebiet um Sedona. Im Verein mit dem Oak Creek Canyon zeigt sich hier noch einmal all die Schönheit des Colorado-Plateaus, bevor dieses im Süden in die Sonora übergeht.

Pflanzen und Tiere

Von den Besuchsgebieten reicht allein das Sunset Crater National Monument mit 2100 m Höhe in die Übergangszone (s.S.18). Diese zeichnet sich hier durch besonders schöne Gelbkiefernwälder (S.145) aus. Zusammen mit einigen Amerikanischen Zitterpappeln (S.80) besiedeln sie selbst Lava- und Aschefelder. Gelbkiefern, diese Charakterbäume der höheren Lagen, besitzen ein leistungsstarkes Wurzelsystem: So schickt ein nur 5 cm großer Sämling bereits eine 30 cm lange Pfahlwurzel in die Erde, und ein ausgewachsen 70 m hoher Baum wurzelt über 10 m tief. Andere typische Gewächse sind die »Apache Plume« sowie die im Juni/Juli rosa erblühenden »Pink Penstemons«, ein für das San Francisco Volcanic Field endemischer Bartfaden. Im Walnut Canyon und dem Gebiet um Sedona dominieren die typischen Pflanzen der Nußkiefer-/Wacholder-Zone (s.S.19); Meteor Crater, Wupatki und Montezuma Castle National Monument dagegen liegen in der Trockenzone, die, hier als Painted Desert bezeichnet, besonders wenig Vegetation trägt.
Diademhäher und Goldspecht gehören zu den auffälligsten Vögeln im Gebiet des Sunset Crater. Häufig kann man in den Gelbkiefernwäldern Pinselohrhörnchen beobachten; die schön gefärbten Tiere verraten ihre Anwesenheit durch kleine Haufen abgefressener Kiefernzapfen. Ein anderes Tier, das Fraßspuren hinterläßt, ist der Nordamerikanische Baumstachler (S.89). Als nächtlicher Einzelgänger frißt dieses kuriose, stachelbewehrte Unikum Zweige und Blätter, nagt aber auch Baumrinde an, um an die weiche, wasserführende Wachstumsschicht zu gelangen. Auch die übrigen Tiere sind – vor allem in der Trockenzone – meist nachts unterwegs. Es handelt sich um die weit verbreiteten, auf S.23 beschriebenen Arten.

Im Gebiet unterwegs

Sunset Crater National Monument ①: Der 300 m über seine Umgebung aufragende, fast symmetrisch aufgebaute Sunset Crater ist der bekannteste und schönste Vulkankegel nur 25 km nördlich von Flagstaff. Er hat seinen Namen von der farbigen Schlacke des Kraterrands, die besonders im Abendlicht in verschiedenen Farben leuchtet. Seit 1930 National Monument, gilt der Sunset Crater als jüngstes Produkt des San Francisco Volcanic Field. Seine Aktivität begann 1064/65 und während der nächsten 200 Jahre stieß er soviel Asche, Schlacke und Basaltlava aus, daß über 2000 km^2 Fläche davon bedeckt wurden.

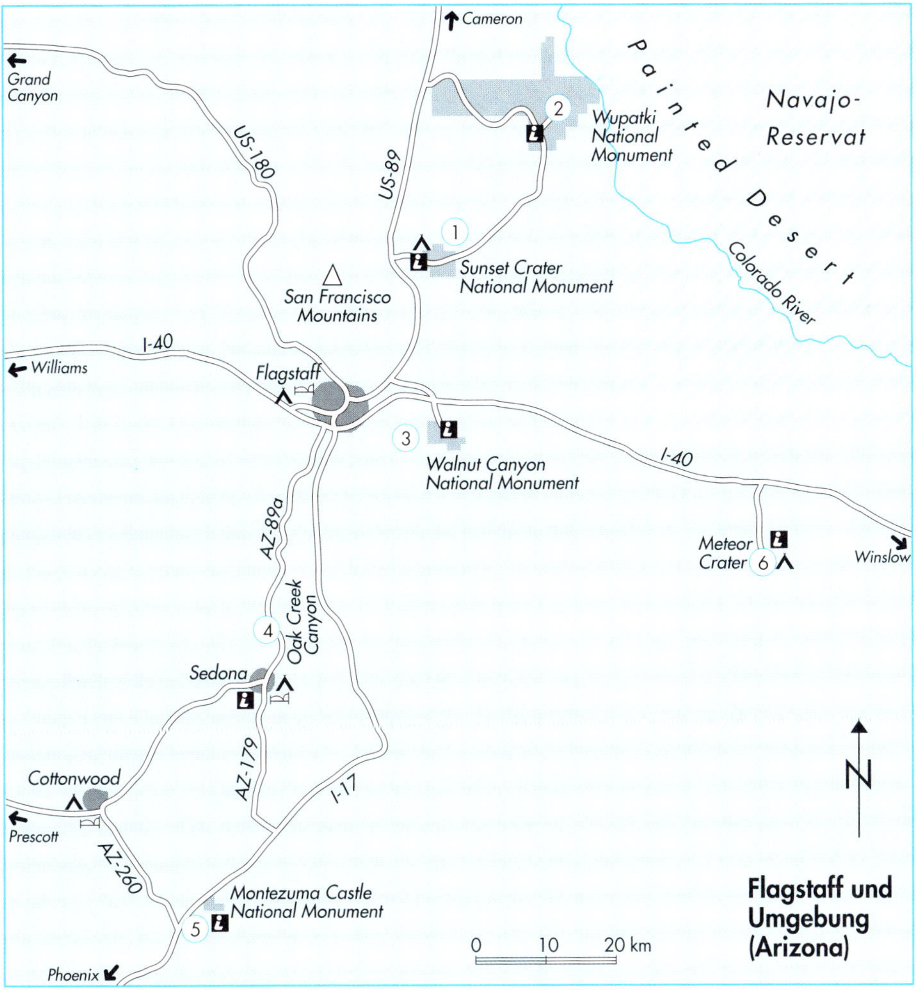

Die dunkle Vulkanlandschaft erschließt die von der US-89 abzweigende Panoramastraße. Nahe dem Besucherzentrum bietet ein 1,5 km langer Lehrpfad **(Lava Flow Trail)** die Möglichkeit Strick- und Blocklava, Lavatunnel, Schweißschlackenkegel und andere vulkanische Strukturen kennenzulernen. Sie alle liegen im Bonito Lava Flow des Jahres 1080. Der Aufstieg zum Krater selbst ist verboten; schöne Ausblicke eröffnen sich jedoch von der Piste zum 2717 m hohen **O'Leary Peak**, die ebenfalls nahe dem Besucherzentrum von der Panoramastraße abbiegt.

Wupatki National Monument ②: Jenseits des Sunset Crater führt die Panoramastraße weiter nach Wupatki (35 km). Auf dieser Fahrt ist besonders schön der Wechsel der Vegetation zu beobachten, angefangen vom Wald aus hohen Gelbkiefern über die mittelgroßen Nußkiefern(S.105) und Utah-Wacholder (S.104) bis zu dem kargen Strauchbewuchs der Painted Desert. Im Gebiet des heutigen Wupatki National

Blick auf den Sunset Crater, der seine Umgebung um rund 300 m überragt; rundherum wachsen Gelbkiefern.

Diademhäher trifft man oft auf Park- und Campingplätzen.

»Pink Penstemon« ist für die Region Flagstaff endemisch.

Blick auf die Wukoki Ruins im Wupatki National Monument am Abend; ihre Erbauer waren die Sinagua-Indianer.

Monument fand man Hunderte von Ruinen aus der Zeit der Sinagua. 4 stehen zum Besuch offen. Die größten und eindrucksvollsten sind die unmittelbar neben dem Besucherzentrum liegende **Wupatki Ruins**. Mehrstöckig gebaut und aus fast 100 Zimmern bestehend, bot die Anlage Raum für 200 Menschen. Dem Wohnkomplex angeschlossen sind ein Amphitheater und ein Ballspielplatz. Ein anderes lohnendes Besuchsziel sind die **Wukoki Ruins** 5 km östlich des Besucherzentrums.

Die leuchtenden Blüten der »Skyrocket« oder auch »Scarlet Gilia« verlocken unter anderem Kolibris zum Besuch.

Allein im westlichen Nordamerika ist die Gattung der »Indian Paintbrushes« *(Castilleja)* mit mehr als 200 Arten vertreten.

<u>Walnut Canyon National Monument</u> ③: Auch der 12 km östlich von Flagstaff gelegene Walnut Canyon war einst Siedlungsgebiet der Sinagua. Die Wände dieser vom Walnut Creek bis zu 130 m tief ausgehobelten Schlucht bestehen aus Kaibab-Kalkstein, in dessen Höhlungen die Indianer ihre Wohnanlagen bauten. Sie lebten hier für 150 Jahre im 12. und 13. Jh. 25 Ruinen kann man auf dem **Island Trail** sehen, der vom Besucherzentrum in den Canyon absteigt (1,4 km einfach). Der Walnut Canyon wurde nach der Arizona-Walnuß benannt, die, lokal häufig, entlang von Flüssen wächst. Ihre kleinen, im Spanischen auch als »nogales« bezeichneten Früchte sind eßbar und wurden von den Indianern gesammelt.

<u>Sedona / Oak Creek Canyon</u> ④: Die Siedlung Sedona und der Oak Creek Canyon gehören zu den beliebtesten Feriengebieten Arizonas. Die außerordentlich fotogenen, bunten Gesteinsformationen rund um Sedona werden auch als Red Rock Country bezeichnet. Während Sedona in einem weiten Talkessel liegt, beeindruckt der Oak Creek Canyon durch seine Tiefe und Enge. Rund 700 m tief hat sich der Fluß hier eingeschnitten und dabei bis zu 335 Mio. Jahre alte Gesteine freigelegt! Diese sind entlang des Highway 89A zu betrachten, der rund 40 km südlich Flagstaff steil in den Oak Creek Canyon abtaucht und ihn ganz durchquert. Verschiedene Besichtigungen und Wanderungen sind hier möglich; genaue Auskunft und Karten gibt es im Chamber of Commerce in Sedona. Auf keinen Fall sollte man die atemberaubenden Ausblicke vom **Schnebly Hill Scenic Drive** oder eine Wanderung zum **Boynton Canyon** versäumen. Auch der Blick auf den **Cathedral Rock** vom Oak Creek westlich Sedona ist empfehlenswert.

<u>Montezuma Castle National Monument</u> ⑤: Auch diese kleine Wohnanlage östlich der I-17 stammt von den Sinagua-Indianern. Sie wurde in den Überhang einer steil abfallenden Kalksteinwand eingepaßt und thront nun hoch über dem Tal des meist ausgetrockneten Beaver Creek. Mit ihren 20, auf 5 Stockwerke verteilten Räumen bot das »Schloß« etwa 35 Menschen Platz. Sie lebten hier von etwa 1200–1450 n.Chr., wobei ihr Wasser aus dem sogenannten Montezuma Well stammte, einem natürli-

◁ Blick in den 1,2 km weiten und 170 m tiefen Meteor Crater östlich Flagstaff.

Spottdrosseln zieht es häufig in die Nähe des Menschen; ▷ sie sind gute Stimmenimitatoren.

chen Auffangbecken für Regenwasser 16 km nördlich des Montezuma Castle. Die Ruinen sind von einem kurzen Rundweg entlang des Beaver Creek aus einzusehen, der am Besucherzentrum beginnt. Der Aufstieg ist verboten.

Meteor Crater ⑥: Dieser vor 25000 Jahren durch den Einschlag eines Nickel-Eisen-Meteoriten entstandene, riesige Krater liegt auf Privatgelände (Eintritt!) rund 70 km östlich von Flagstaff (Anfahrt über die I-40). Mittlerweile ist nicht nur der Krater selbst eine Sehenswürdigkeit, sondern auch das hervorragende Informationszentrum, das den Ablauf des Ereignisses genau nachvollzieht. So sprengte der ca. 300000 Tonnen schwere Meteorit bei seinem Aufschlag rund 300 Mio. Tonnen Gestein aus der Erde und riß ein 1,2 km weites, 170 m tiefes Loch! Daneben werden viele Aspekte der Astronomie und der modernen Raumfahrt erklärt.

Praktische Tips

Anreise: Siehe oben.

Klima/Reisezeit
Im höher gelegenen Flagstaff und im Gebiet des Oak Creek Canyon Sommertemperaturen von wenig über 30 °C, in Sedona und im Wupatki National Monument bis nahe 40 °C, im Montezuma National Monument darüber. Heftige Gewitter zwischen Juli und September bringen Niederschläge. Beste Reisezeit: Frühling bis Herbst.

Unterkunft
Motels und Campingplätze in Flagstaff und Sedona/Oak Creek Canyon; Campingplätze auch im Sunset Crater National Monument und beim Meteor Crater.

Adressen
- Sunset Crater & Wupatki National Monuments: 2717 N. Stevens Blvd., Suite 3, Flagstaff, AZ 86004, Tel. (602) 556-7134 (Headquarter);
- Walnut Canyon: Walnut Canyon Road, Flagstaff, AZ 86004-9705, Tel. (602) 526-3367;
- Sedona & Oak Creek Canyon: Chamber of Commerce, P.O. Box 478, Forest Road, Sedona, AZ 86336, Tel. (800) 288-7336;
- Montezuma Castle National Monument: P.O. Box 219, Camp Verde, AZ 86332, Tel. (602) 567-3322;
- Meteor Crater Enterprises INC., 603 N. Beaver, Suite C, Flagstaff, AZ 86001, Tel. (602) 774-8350; Meteor-Crater-Besucherzentrum: (602) 289-2362.

Ein Nordamerikanischer Baumstachler.

10 Petrified-Forest-Nationalpark

Farbige Badlands der Painted Desert; bedeutende Fundstelle von Pflanzen- und Tierfossilien der Trias; in bunten Farben leuchtende versteinerte Baumstämme; Ruinen der Anasazi-Indianer; Gabelböcke und andere Tiere der Trockenzone.

»Wood turned to stone« (Holz verwandelte sich in Stein) – so nannten die Indianer die versteinerten Baumstämme, Markenzeichen des 378 km² großen Petrified-Forest-Nationalparks in Nordost-Arizona. Aber nicht nur Baumstämme, sondern auch viele andere Pflanzen- und Tierfossilien wurden hier gefunden – konserviert in der sogenannten Chinle-Formation, einer Mischung lehmartiger Sedimentgesteine aus dem Zeitalter der Trias (vor 245–210 Mio. Jahren). Äußerst anfällig für Erosion neigen diese weichen Gesteine zur Bildung vegetationsloser Badlands, die durch Mineralbeimengungen in den buntesten Farben leuchten. Am schönsten ausgeprägt sind die Badlands in der Painted Desert, jenem bunten Landstrich, der sich vom Grand Canyon bis zur Grenze von New Mexico erstreckt.
Wie aber entstanden die Versteinerungen? In der Trias war das heute so trockene Gebiet noch eine von Sümpfen und träge fließenden Flüssen durchzogene Ebene. In dem warmen, feuchten Klima wuchs eine üppige Vegetation, dominiert von 70 m

Versteinerte Baumstämme sind die Hauptattraktion des Nationalparks; die meisten gehörten zu den Araukarien.

Bei den Gabelböcken tragen beide Geschlechter Hörner; die des Männchens (Bild) sind allerdings deutlich kräftiger.

hohen Araukarien. Die Tierwelt beherrschten bizarre Kreaturen wie fischfressende Amphibien, Flugechsen und andere Saurier. Abgestorbene Pflanzen und tote Tiere fanden ihre letzte Ruhestätte in den Sanden der Schwemmebene und wurden im Laufe der Zeit von mehreren hundert Meter dicken Sedimentschichten bedeckt. Luftdicht abgeschlossen, war eine Verwesung nicht möglich.
Stattdessen versteinerten die Organismen: Zelle für Zelle lagerten sich kleinste Siliziumdioxid-Kristalle ein, und aus Holz und Knochen wurde Quarz, der entweder in seiner klaren hellen Form vorliegt, oder – wie im Falle der Baumstämme – durch Beimengungen von Mineralien (Eisen-, Mangan- und Chromoxiden) bunt eingefärbt ist. Vor 60 Mio. Jahren änderte sich dann das Klima, es wurde trockener. Außerdem kam es zu starken Hebungen. Von der so entstandenen Plateaulandschaft trug die Erosion die Deckschichten ab und legte die versteinerten, während der Hebung oftmals zerbrochenen Baumstämme und all die anderen Fossilien frei.

Die farbigen Badlands der lehmhaltigen Chinle-Formation gestalten die »Mondlandschaft« der Blue Mesa.

Die gefürchteten Kleinen: Taranteln, Schwarze Witwen und Skorpione

Jeder Besucher der nordamerikanischen Trockengebiete begegnet ihnen hin und wieder – und sei es nur in den Schaukästen der Zoos – den wenig geliebten, oft für extrem gefährlich gehaltenen Krabbeltieren. Da ist z. B. die **Tarantel**, die vielen Menschen Schauer über den Rücken jagt. Zu Unrecht, denn Taranteln sind besser als ihr Ruf. Normalerweise friedlich, greifen diese bis handtellergroßen »haarigen« Spinnen nur an, wenn sie gereizt werden. Außerdem: Das Gift der in den USA vorkommenden 30 Arten ist kaum gefährlicher als das einer Biene oder Wespe – womit nicht verheimlicht werden soll, daß es auch tropische Taranteln gibt, die mit einem tödlichen Gift ausgestattet sind.

Die zu den Wolfspinnen gehörenden Taranteln verstecken sich tagsüber in Löchern und gehen erst in der Dämmerung bzw. nachts auf die Jagd. Sie orten Insekten und kleine Eidechsen mit Hilfe der Vibrationen, die diese im Boden oder in der Luft auslösen und töten sie durch einen Biß mit ihren giftdrüsenbestückten Kieferklauen. Werden sie nicht von ihren einzigen beiden Feinden, dem Menschen oder der »Tarantula Hawk«

Taranteln können bis 30 Jahre alt werden.

(s.S.26) getötet, so erreichen sie ein hohes Alter. Männchen leben 12–13, Weibchen bis 30 Jahre.

Durchaus mit Vorsicht zu genießen ist dagegen eine andere Spinnenart, die **Schwarze Witwe**. Obwohl sie mit einer auffallend roten Zeichnung auf ihrem schwarzen Hinterleib auf sich aufmerksam macht, ist sie doch leicht zu übersehen, denn die Männchen werden nur 4 mm, die Weibchen bis 10 mm groß. Wenn provoziert, beißt allerdings nur das Weibchen zu. Ihm verdankt die Art auch ihren ungewöhnlichen Namen, denn nach der Paarung frißt das Weibchen oft seinen Partner auf. Das Gift der Schwarzen Witwe verursacht Atembeschwerden, Krämpfe und Lähmungen, führt aber nur selten zum Tode. Weit auf der Welt verbreitet (z.B. auch im Mittelmeergebiet), kommen Schwarze Witwen in allen Südstaaten der USA vor. Hier leben sie auch in der Umgebung des Menschen, wo sie in alten Häusern, Ställen, Garagen oder Toiletten ihr Netz spannen.

Die mit den Spinnen verwandten **Skorpione** sind ebenfalls nachtaktive Jäger und töten ihre Beute – meist Insekten und kleine Eidechsen – mit dem am Schwanzende sitzenden Giftstachel. Sie sind lebendgebärend und bekannt für ihre ausgeprägte Brutpflege, wobei die Mutter ihre Jungen bis zur ersten Häutung auf dem Rücken trägt. Skorpione sind mit 70 Arten in den Trockengebieten der Vereinigten Staaten vertreten. Die meisten stellen keine Gefahr für den Menschen dar, und sogar der 14 cm große »Giant Desert Hairy Skorpion« verursacht nur einen zwar schmerzhaften, aber nicht weiter gefährlichen Stich. Hüten sollte man sich jedoch vor dem winzigen strohgelben »Sculptured Centruroides«; sein Stich kann zum Tode führen.

Verglichen mit den unvorstellbar großen Zeiträumen, die die Natur in diesem Raum wirkte, fällt die kurze Spanne der menschliche Anwesenheit kaum ins Gewicht. Trotzdem: Über 400 Wohnanlagen sind alleine von den Anasazi-Indianern (s.S.30) innerhalb der Parkgrenzen bekannt. Sie nutzten das versteinerte Holz zum Häuserbau und fertigten daraus Werkzeuge und Pfeilspitzen. Weiße entdeckten die Versteinerungen um 1850; ihre Berichte öffneten schnell der unkontrollierten Absammlung Tür und Tor. Erst 1906 kamen Teile der »versteinerten Wälder« unter den Schutz eines National Monument; 1932 entstand schließlich der Nationalpark.

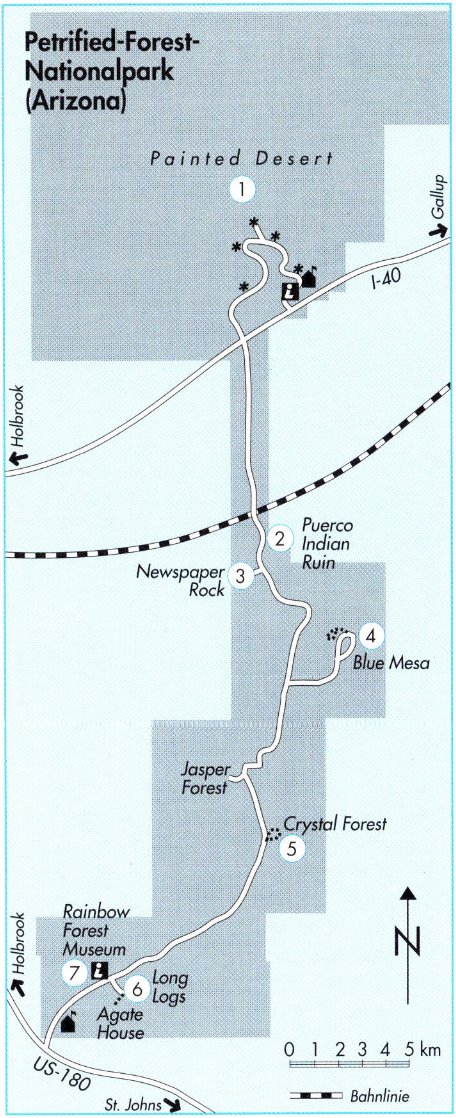

Pflanzen und Tiere

Obwohl das 1600–2000 m hohe Gebiet eigentlich innerhalb der Nußkiefer-/Wacholder-Zone liegt, beherrschen die typischen Pflanzen der Trockenzone (s.S.19) das Bild. Grund hierfür ist der nährstoffarme, oft salzhaltige Boden, der die Painted Desert auszeichnet; außerdem wirkt sich der Regenschatteneffekt des Colorado-Plateaus aus. Unter den Gräsern dominiert »Blue Gramma«, unter den Büschen der Ebene die beiden Meldenarten »Four-wing Saltbush« und »Greasewood«; auf den höher liegenden Plateaus wächst der Schachtelhalmstrauch.

Bei den Tieren findet man die üblichen Trockenzonenbewohner (s.S.23). Das häufigste größere Säugetier ist dabei der Gabelbock. Diese schnelle »Antilope« Nordamerikas kann auf kurzen Strecken bis zu 112 km/h Geschwindigkeit erreichen. Gabelböcke entkamen nur knapp dem Schicksal der Bisons: Unkontrollierter Abschuß und Lebensraumzerstörung vernichteten auch ihre Bestände, und um die Jahrhundertwende waren von den Millionen Tieren schließlich nur noch ca. 15000 übrig. Seit 1933 sind sie wieder im Park präsent. Daneben lassen sich über 200 Vogelarten beobachten, und Reptilien zeigen sich mit den zu den Nattern zählenden »Gopher Snakes«, Halsbandleguanen und den anderen häufigen Echsenarten (s.S.25). Hin und wieder wird auch die Kettennatter (S.46) angetroffen, besonders zur Dämmerungszeit im Sommer. Diese in mehreren

Unterarten vorkommende, bis 2 m messende Schlange ist ungiftig, aber ein starker Würger, der sogar Klapperschlangen (s.S.71) erbeutet.

Im Gebiet unterwegs

Den nördlichen Parkteil nimmt die **Painted Desert** ① ein. Nach der Ausfahrt von der I-40 kann dieses Gebiet von verschiedenen, entlang der Schleife der Parkstraße aufgereihten Aussichtspunkten überblickt werden. Auch das Besucherzentrum und das Parkhauptquartier befinden sich hier. Nach Passieren der ehemaligen Anasazi-Wohnanlage **Puerco Indian Ruin** ② und den Petroglyphen am **Newspaper Rock** ③, gelangt man in den zentralen Parkteil. Hier liegt eines der schönsten Besuchsziele, die **Blue Mesa** ④, zu der eine Seitenstraße führt (8 km hin und zurück). Abgerundete, von Wasserrinnen zerfurchte und in verschiedenen Farbtönen »gebänderte« Hügel drängen sich hier zu faszinierenden Badlands zusammen; sie sind gespickt mit versteinertem Holz in Form von Splittern, Scheiten und Stamm-Bruchstücken. Ein 1,6 km langer Rundweg gibt Zugang zu dem Gebiet.
Die meisten versteinerten Bäume findet man im südlichen Teil des Parks. Allerdings zeigt z.B. der **Crystal Forest** ⑤ nur noch traurige Reste seiner einstigen Schönheit. In den dort lagernden Baumstämmen bildeten sich besonders reizvolle Quarz-Varianten wie z. B. Amethyst. Um an die begehrten Objekte zu kommen, gingen frühere Mineraliensammler jedoch sehr rabiat vor und sprengten die Stämme. Der Rundweg ist 1,3 km lang.
Die größte Ansammlung versteinerten Holzes bietet der 1 km lange Rundweg **Long Logs Trail** ⑥. Kreuz und quer liegen hier die Stämme neben- und übereinander; der längste intakte mißt 35 m! Vom

◁ Im Norden des Nationalparks dehnt sich die Painted Desert; im Vordergrund ein gelbblühender »Longspine Horsebrush«.

Halsbandleguane besiedeln sonnige offene Canyons, ▷ steinige Hänge und andere Felsgebiete der Trockenzone.

Long Logs Trail ist auch ein Abstecher zu einem restaurierten Anasazi-Wohnkomplex des 12. Jh. möglich, dem **Agate House** (1,5 km hin und zurück). Die Wände dieses 8 Räume umfassenden Hauses bestehen aus mit Lehm verkleidetem versteinertem Holz.
Schließlich wartet noch der **Giant Logs Trail** ⑦ mit riesigen versteinerten Baumstämmen auf. Sie wiegen bis 44 Tonnen und liegen direkt hinter dem **Rainbow Forest Museum**, das mit seiner hervorragend präsentierten Fossiliensammlung ebenfalls einen Besuch rechtfertigt.
ACHTUNG: Es sollte eigentlich selbstverständlich sein, daß das Sammeln von Fossilien aller Art im Park verboten ist! Liebhaber derartiger Objekte finden außerhalb der Parkgrenzen genügend Möglichkeiten, diese käuflich zu erwerben.

Blühender Schachtelhalmstrauch.

Praktische Tips

Anreise
Zum Nordeingang des Parks über die I-40; zum Südeingang über I-40 und US-180.

Klima/Reisezeit
Tagsüber im Sommer 30–35 °C, nachts 10–15°C. Etwa 200 mm Niederschlag/Jahr, die Hälfte davon als Sommergewitter. Beste Reisezeit: Frühling bis Herbst.

Die »Upright Prairie-Coneflower« trägt auch den treffenden Beinamen »Mexikanerhut«; sie ist im Park häufig.

Unterkunft
Keine Unterkünfte im Park; Motels und Campingplätze in Holbrook und Chambers sowie im weiteren Umkreis in Winslow, Flagstaff und Gallup.

Adresse
P.O. Box 2217, AZ 86028,
Tel. (602) 524-6228.

11 Canyon de Chelly National Monument

Zwei steilwandige, tiefe Canyons in 250 Mio. Jahre altem Gestein; Panoramastraßen mit sehr schönen Aussichtspunkten; eindrucksvolle Ruinen der Anasazi-Indianer; lebendige Navajo-Kultur; von den Navajo geführte Canyon-Touren.

Landschaftliche Schönheit verbunden mit dem Erlebnis alter wie moderner Indianer-Kultur zeichnen dieses bemerkenswerte Schutzgebiet aus, das inmitten des Navajo-Reservats Nordost-Arizonas liegt. Bis 200 m hohe Sandsteinwände umschließen vielfach gewundene grüne Täler, durch die sich nach den winterlichen Regenfällen die glänzenden Bänder von Flüssen ziehen. Wie eine Sammlung von Miniaturen erscheinen die Felder und Siedlungen der Navajo am Boden der Schluchten, für deren Kultur der Canyon de Chelly eine zentrale Rolle spielt.
Genaugenommen sind es 2 Canyons, der Canyon de Chelly und der Canyon del Muerto, die sich östlich der Stadt Chinle vereinen und seit 1931 als National Monument unter Schutz stehen. Sie entstanden durch die Erosionskraft von Flüssen, die sich in einen isolierten Block des Colorado-Plateaus einschnitten, als dieser sich vor 60 Mio. Jahren zu heben begann. Bei dem dabei freigelegten lachsfarbenen De-Chelly-Sandstein handelt es sich um riesige, versteinerte Dünen, die hier vor 250 Mio. Jahren vom Wind aufgehäuft wurden.
Die ältesten Besiedlungspuren im Canyon de Chelly reichen bis ins 2. Jh. n. Chr. zurück. Sie stammen von den Anasazi-Indianern (s.S.30), den »Alten«, die hier bis zum Ende des 13. Jh. lebten. In den großen, von Wasser- und Frostverwitterung geschaffenen Nischen der Canyonwände hinterließen sie viele eindrucksvolle Zeugnisse ihrer meisterlichen Baukunst. Nach ihrem Verschwinden folgten Jahrhunderte der Ruhe, nur hin und wieder unterbrochen von Gruppen umherstreifender Indianer. Erst Mitte des 18. Jh. ließen sich die Navajo in den Canyons nieder, und nutzen seither – wie die Anasazi – den fruchtbaren Boden zur Landwirtschaft. Da hier der Grundwasserspiegel sehr nahe der Oberfläche liegt, ist Wasser auch in Zeiten der sommerlichen Trockenheit verfügbar. Den Winter, der in den Schluchten sehr streng sein kann, verbringen die Navajo auf dem Plateau.

Pflanzen und Tiere

Das Plateau liegt zum großen Teil in der Nußkiefer-/Wacholder-Zone (s.S.19). Sehr schön ausgebildet ist diese lokal stark mit Wermutsträuchern durchmischte For-

◁ Die White House Ruins erinnern an die Zeit der Anasazi.

Blick auf die 245 m hohe Felsnadel des Spider Rock vom ▷ gleichnamigen Aussichtspunkt.

Präriefalken erinnern in Größe und Aussehen an Wanderfalken; sie sind jedoch deutlich heller gefärbt.

mation beispielsweise an der Straße zum Spider Rock Overlook (s. unten). Sträucher wie »Cliffrose« (S.81) und Bergmahagoni besiedeln die Felsgebiete. Im östlichen Teil des Plateaus gelangt man mit zunehmender Höhe in die Übergangszone. Hier bestimmen Gelbkiefern (S.145) und Gambel-Eichen das Pflanzenkleid, und in den nordexponierten Canyonhängen, wo geringere Sonnenbestrahlung und höhere Feuchtigkeit ein eigenes kühles Mikroklima schaffen, wachsen einige der für die nächsthöhere Montane Zone charakteristischen Douglasien.

Da der Canyonboden seit langem landwirtschaftlich genutzt wird, gibt es hier nurmehr wenig ursprüngliche Vegetation. Zum Schutz vor Überschwemmungen pflanzte man zu den vorhandenen Fremont-Pappeln noch andere Arten von Pappeln und Ölweiden. Zusammen mit Tamarisken bilden sie heute die Grünstreifen entlang der Flüsse, während sich auf den Viehweiden Opuntien breitmachen. Auffällige Blumen im Canyon sind der Stechapfel, der von den Navajo zu medizinischen Zwecken genutzt wurde, und die »Rocky Mountain Bee Plant«, deren gekochte Blätter als Nahrung dienten.

Bedingt durch die ständige Anwesenheit des Menschen und die Nähe der Stadt Chinle lassen sich selbst häufige Säugetiere wie Maultierhirsch (S.102) oder Audubonkaninchen (S.75) nur selten beobachten. Als weiter verbreitetes Reptil wäre die Wüsten-Krötenechse zu erwähnen. Zu den auffälligeren Vögeln zählen Schluchtenzaunkönig, Truthuhn, die in den Steilwänden nistenden Veilchenschwalben und Buntfalken (S.72) sowie die Kulturfolger Haussperling, Haustaube und Star.

Im Gebiet unterwegs

Von den beiden Panoramastraßen, die dem Südrand des Canyon de Chelly bzw. dem Nordrand des Canyon del Muerto folgen, bieten sich zahlreiche schöne Ausblicke:

❑ Auf dem South Rim Drive ① (58 km hin und zurück) stehen 7 Aussichtspunkte zur Wahl, die alle einen Stopp lohnen.

Die eingeschleppten Tamarisken zählen mittlerweile zur typischen Flußbegleitvegetation; sie blühen in hellem Pink.

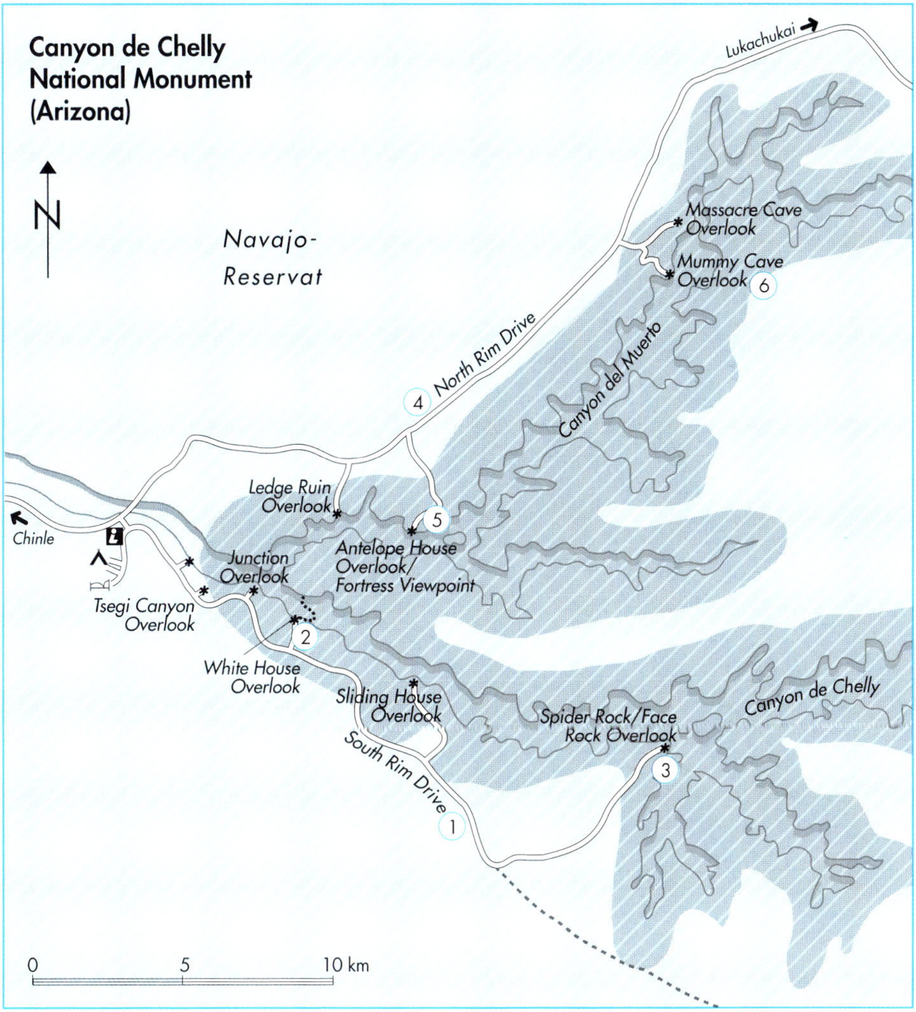

Dabei ist vom **White House Ruin Overlook** der einzige in Eigenregie erlaubte Abstieg in den Canyon de Chelly möglich; hier führt der **White House Trail** ② zu den bekannten gleichnamigen Anasazi-Ruinen (2 km einfach, Höhenunterschied 200 m). Die asphaltierte Straße endet am Parkplatz beim Aussichtspunkt **Spider Rock** ③, dem vielfotografierten, 245 m hohen Wahrzeichen des National Monument.

❑ Auf dem <u>North Rim Drive</u> ④ (54 km hin und zurück) wurden 4 Aussichtspunkte eingerichtet. Besonders schön ist der Blick auf die Anasazi-Ruinen beim **Antelope House Overlook** ⑤. Direkt daneben liegt der **Fortress Viewpoint**, von dem aus ein einzelner, festungsartiger Sandsteinblock zu sehen ist, auf den sich die Navajo im Falle eines Angriffs zurückziehen konnten. Sehr eindrucksvoll sind auch die Ruinen der **Mummy Cave** ⑥. Sie gelten als die weit-

»Sacred Datura«, ein Stechapfel, gehört zur Familie der Nachtschattengewächse; alle Teile sind giftig.

Wermutsträucher sind im trockenen Südwesten weit verbreitet; hier die häufigste Art, der »Tall Sagebrush«.

Die rundlichen Krötenechsen zählen zu den Leguanen.

läufigsten des Canyons und waren von 300–1300 n. Chr. durchgehend bewohnt.
In die Canyons selbst dürfen Besucher – mit Ausnahme des White House Trail – nur unter Begleitung eines Navajo-Führers vordringen. Dazu kann man sein eigenes Fahrzeug (nur Allrad!) benutzen oder sich ein Pferd mieten. Außerdem gibt es von den Navajo organisierte **Ganztagestouren** (sie starten um 9.00 Uhr) und **Halbtagestouren** (Start um 9.00 und 14.00 Uhr) – jeweils von der Thunderbird Lodge. Diese Ausflüge sind sehr interessant, da man viel über die heutige Lebensweise dieses Indianerstammes erfährt und gleichzeitig die überwältigende Schönheit der Canyons mit ihren Ruinen, ihren Felsenmalereien und -gravuren kennenlernt.

Praktische Tips

Anreise
Vom Westen über die US-191 bis Chinle, von hier 5 km zum National Monument; von Osten über die Highways 12 und 64.

Klima/Reisezeit
Nicht allzu heiße Sommer mit Tagestemperaturen um 30 °C und häufigen Wärmegewittern; kalte schneereiche Winter. Beste Reisezeit: Frühjahr (die Canyons mit frischem Grün und Wasser) bis Herbst. Hauptbesuchszeit: Mai.

Unterkunft
Im National Monument: 1 Campingplatz, Thunderbird Lodge (Tel. (520) 674-5841). Außerhalb des Monument: Holiday Inn und Canyon de Chelly Motel in Chinle.

Adresse
P.O. Box 588, Chinle, AZ 86503, Tel. (602) 674-5500.

12 Mesa-Verde-Nationalpark

Canyons und Plateaus des Mesa-Verde-Tafelbergs; besonders schöne Ruinen von mehrstöckigen Klippensiedlungen, Grubenhäusern und anderen Wohnanlagen der Anasazi-Indianer; Prairiefalken, Allenkolibris und Kieferntangaren.

Der 208 km² große Nationalpark liegt im Südwesten Colorados, nur wenige Kilometer vom Städtchen Cortez entfernt. Er umfaßt den nördlichen Teil eines leicht nach Süden gekippten Tafelberges, der abrupt aus der Ebene aufsteigt. Wegen seiner dichten Pflanzendecke erhielt er den Namen Mesa Verde (= »Grüner Tisch«). Am Aufbau des stattlichen Berges sind 4 verschiedene Sedimentgesteine beteiligt, die in der mittleren Kreide abgelagert wurden. Damals zog sich ein riesiger Meeresarm durch diese Region, der erst mit den großen Hebungen zu Beginn des Tertiärs (vor 65 Mio. Jahren) wieder verschwand. Die oberste und damit jüngste Schicht bildet der Cliff-House-Sandstein. In ihm liegen die meisten der sensationellen Klippensiedlungen der Anasazi-Indianer (s.S.30), für die Mesa Verde Berühmtheit erlangte. 1888 von Farmern entdeckt, kamen die sehenswerten Ruinen bereits 1906 unter Nationalpark-Schutz und wurden schließlich 1978 von der UNESCO zum Weltkulturerbe erklärt.
Tiefe Canyons zerteilen die Oberfläche des Mesa-Verde-Tafelberges in viele kleinere Plateaus, von denen zwei, die **Chapin**

Der Cliff Palace, die größte und bekannteste Klippensiedlung der Anasazi im Nationalpark, hat über 200 Räume.

Maultierhirsche sind im gesamten Westen verbreitet und besiedeln fast jeden Lebensraum.

Mesa und die **Wetherill Mesa**, den Kern des Schutzgebietes bilden. Hier lebten die Anasazi von etwa 550–1300 n.Chr., zu erst in Grubenhäusern auf den Plateaus, später in Lehm- und Steinhäusern. Ab etwa 1200 n.Chr. begann dann ihr Umzug in die Steilwände der Canyons, wo sie in größeren Gesteinsnischen, den sogenannten Alkoven, mehrstöckige Wohnkomplexe errichteten. Diese werden im Englischen als »cliff dwellings« bezeichnet. Insgesamt liegen etwa 600 solcher Klippensiedlungen innerhalb des Parks; zu den bekanntesten zählen der Cliff Palace, der mehr als 200 Räume besitzt, das kaum weniger große Long House, das Spruce Tree House und das Balcony House.

Pflanzen und Tiere

Die dominierende Vegetationszone im Park ist die Nußkiefer-/Wacholder-Zone (s.S.19), an die sich in höheren Lagen die Übergangszone und z.T. auch die Montane Zone anschließt. Hier wachsen Gelbkiefern (S.145), Gambel-Eichen und Douglasien. Zu den häufigeren Büschen zählen die weißblühende Texanische Felsenbirne sowie Bergmahagoni und »Serviceberries« aus der Familie der Rosengewächse. Den größten Anteil an der Vegetation aber haben Nußkiefern und Utah-Wacholder. Sie dringen von den kleineren Plateaus bis in die Canyons vor, wo sie zusammen mit »Bitterbrush«, »Oregon Grapes« und anderen Sträuchern dieser Zone vorkommen. Entlang der Straßen und auf steinigen Hängen siedeln Kugelmalven (S.44), verschiedene Arten von Nachtkerzen (S.39), »Sand-loving Lupines«, die gelben »Perky Sues« und der aus Europa eingeschleppte Bocksbart.
Von den im gesamten trockenen Südwesten verbreiteten Tierarten (s.S.23) treten vor allem Maultierhirsche und verschiedene Hörnchen in Erscheinung, darunter Rothörnchen, Goldmantel- und Felsenziesel sowie das kleine Colorado-Chipmunk. Bemerkenswert in der Vogelwelt sind die verschiedenen Spechte mit Gold- und Dunenspecht (s.81) als häufigste Arten, der seltene Präriefalke (S.98), der auch im Park brütet, und einige interessante Sommergäste wie Schwarzkinnkolibri (S.48) und Allenkolibri. Wesentlich unauffälliger präsentieren sich die kleinen Schlicht- und Gambelmeisen (S.155) sowie die gelblich braunen Weibchen der farbenprächtigen Kieferntangaren.
Die Reptilien sind u.a. mit Halsbandleguan (S.95) und Präriеklapperschlange (s.S.71) vertreten.

Im Gebiet unterwegs

Eine 24 km lange Panoramastraße führt vom Parkeingang am Fuß des Tafelberges über dessen Nordrand bis zum 2452 m hoch gelegenen Far-View-Besucherzentrum. An der Strecke liegen 3 Aussichtspunkte, von denen der **Park Point** ① sicher der attraktivste ist. Hier erreicht der Tafelberg seinen mit 2621 m höchsten Punkt. Über einen kurzen Fußweg gelangt man hier zum Fire Lookout, einem kleinen Rundbau, in dem Ranger in trockenen Sommern Feuerwache halten.

Beim **Far-View-Besucherzentrum** ② spaltet sich die Panoramastraße in 2 Arme auf. Der linke führt als Ruins Road zur Chapin Mesa, der rechte zur Wetherill Mesa. Für die zweite Strecke gelten einige Einschränkungen betreffs Fahrzeuglänge (bis max. 7,5 m) und Öffnungszeiten; aktuelle Informationen erhält man im Besucherzentrum. Hier werden auch die kostenlosen **Tickets für die Führungen durch das Balcony House und den Cliff Palace** ausgegeben, die nicht mehr in Eigenregie besucht werden dürfen. Da ihre Zahl begrenzt ist, lohnt es sich, früh da zu sein.

Chapin Mesa: Über die Ruins Road erreicht man zunächst das sehenswerte **Chapin-Mesa-Museum** und das benachbarte **Spruce Tree House** ③, die drittgrößte Klippensiedlung im Park. Hier beginnen sowohl der knapp 3,5 km lange **Spruce Canyon Trail** (Rundweg), der die Landschaft der Canyons erschließt, als auch der 5 km lange **Petroglyph Point Trail**, der unter dem Klippenrand nach Süden führt und über das Plateau zurückkehrt; er bietet Ausblicke und einige schöne, in den schwarzen Wüstenlack geritzte Petroglyphen der Anasazi-Indianer.

Auf der westlichen Schleife der Ruins Road lohnt sich der kurze Fußmarsch zum Aussichtspunkt beim **Square Tower House** ④; der Weg beginnt am gleichnamigen Parkplatz. Vom **Sun Temple** ⑤ blickt man auf den Cliff Palace in der gegenüberliegenden Steilklippe. Das beste Licht bietet hier der späte Nachmittag.

Die östliche Schleife der Ruins Road führt zum **Cliff Palace** ⑥ und zum **Balcony House** ⑦. Die 1-stündigen Führungen beginnen alle 30 Minuten an den jeweiligen Parkplätzen (Tickets!). Während der Tour durch das Balcony House müssen viele Stufen und einige Leitern bezwungen werden; deshalb hier auf Handfreiheit achten!

Die anschließende Wanderung auf dem kurzen **Soda Canyon Overlook Trail**, bietet einen schönen Blick auf das Balcony House.

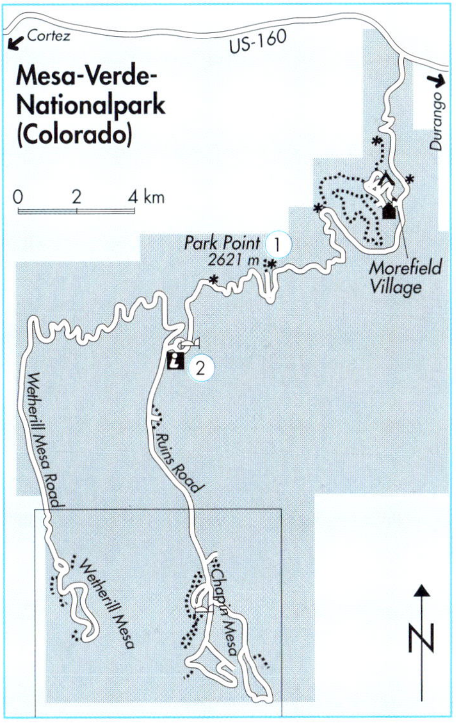

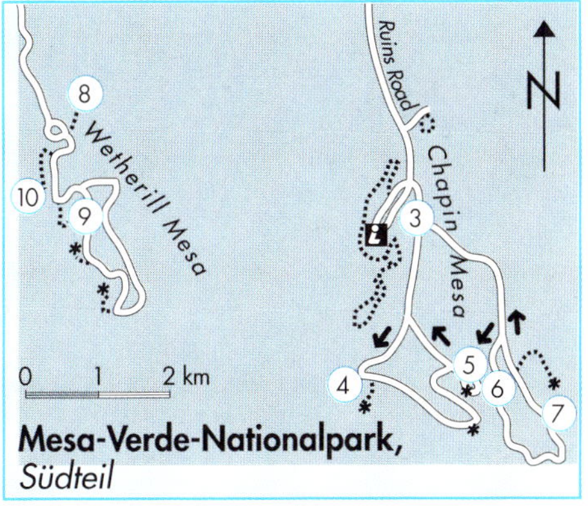

Wetherill Mesa: Die streckenweise sehr kurvenreiche Wetherill Mesa Road endet an einem großen Parkplatz. Von hier aus kann man das **Step House** ⑧ in Eigenregie besuchen, wo es neben einer Klippensiedlung auch ältere Grubenhäuser und Petro-

glyphen zu sehen gibt. Ansonsten besorgen kostenlose, offene »Mini-Trains« den weiteren Transport; sie fahren ab 10.00 Uhr alle 30 Minuten. Auf der Strecke liegen u.a. der **Kodak House Overlook**, der **Long House Overlook** (jeweils kurze Fußwege) und der Startpunkt für die 1-stündige Führung zum **Long House** ⑨, der mit etwa 150 Räumen zweitgrößten Wohnanlage des Parks (2,4 km hin und zurück, Anmeldung vor Ort, Start alle Stunde). Eine weitere 2-stündige Führung wird zur **Nordenskjöld's Ruin No. 16** ⑩ angeboten; sie beginnt am Informationskiosk am Parkplatz.

Praktische Tips

Anreise

Von Norden über US-666 und US-160, von Süden über US-160/666 und US-160. ACHTUNG: Obwohl ganzjährig geöffnet,

Der immergrüne Utah-Wacholder ist die wohl häufigste Baumart des trockenen Südwestens.

◁ Blick auf den leicht gekippten Tafelberg Mesa Verde.

Der »Rabbitbrush« kommt in vielen Arten and Varietäten ▷ im Südwesten vor; er blüht erst im späten Sommer.

ist der Park wegen seiner Höhenlage im Winter nur beschränkt zugänglich; die Wetherill Mesa und auch die meisten Besuchspunkte auf der Chapin Mesa sind dann geschlossen.

Klima/Reisezeit
Tagestemperaturen im Sommer bis 30 °C, im Winter um 4 °C; 450 mm Jahresniederschlag, als Sommergewitter oder als Schnee. Beste Reisezeit: Mai bis Oktober.

Unterkunft
Im Nationalpark: Far View Lodge und Morefield Campground, beide geöffnet von Mitte April bis Mitte Oktober, Reservierungen unter Tel. (303) 529-4421. Weitere Unterkünfte in Cortez, Mancos, Dolores und Durango.

Adresse
➯ P.O. Box 8, Mesa Verde, CO 81330, Tel. (303) 529-4461 und (303) 529-4475.

Nußkiefern haben nur sehr kleine Zapfen.

Blick in die Umgebung

Im weiteren Umkreis um Mesa Verde findet sich noch eine ganze Reihe anderer schöner Anasazi-Ruinen, so im **Hovenweep National Monument** (70 km westlich Cortez über Country Road G) oder auf dem Gebiet der **Ute Mountain Ute Indian Reservation**, die im Rahmen geführter Touren besucht werden kann. Diese beginnen bei den Tribal Park Headquarters an der US-160/666 südlich Cortez. Absolut empfehlenswert ist auch ein Abstecher zu dem interessant gestalteten **Anasazi Heritage Centre** an der CO-184 bei Dolores; in seiner Nähe liegen weitere Ruinen.

Die »Broom Groundsel« ist eine von vielen, sehr ähnlichen *Senecio*-Arten des Südwestens; sie blüht ab Juli.

13 Carlsbad-Caverns-Nationalpark

Weitgefächertes System gewaltiger Tropfsteinhöhlen in einem fossilen Riff; Riesenkolonie von Guano-Fledermäusen und Beobachtung ihres abendlichen Ausflugs; Pflanzen- und Tiergemeinschaften der Chihuahua Desert.

Die riesigen Tropfsteinhöhlen der **Carlsbad Caverns** bildeten sich in den östlichen Ausläufern der Guadalupe Mountains New Mexicos, die im angrenzenden Texas ihren höchsten Punkt mit 2667 m erreichen.

Tropfsteinformation in den Carlsbad Caverns; in der Hall of Giants erreichen einige Stalagmiten bis 18 m Höhe.

Noch im Perm (vor 280–240 Mio Jahren) befand sich an der Stelle dieses mächtigen Kalksteingebirges eine flache Meeresbucht, die sich über den gesamten Nordwesten von Texas und den Südosten von New Mexico erstreckte. Das warme, tropische Meer wimmelte von kalkabscheidenden Algen, Kalkschwämmen, Muscheln und Moostierchen, deren Schalen und Skelette sich langsam zu einem mehrere hundert Meter hohen und 650 km langen Riff aufbauten. Nach dem Rückzug des Meeres verschwand dieses Riff dann allmählich unter Ablagerungen aller Art. Erst die vor 12 Mio. Jahren einsetzende Hebung mit nachfolgender Erosion der Deckschichten brachte Teile davon wieder an die Oberfläche – darunter die heutigen Guadalupe Mountains.
Kaum waren die ersten Teile dieses fossilen Riffs exponiert, drang Regenwasser in Risse und Spalten, löste den Kalkstein und schuf so immer größere, zunächst wassergefüllte Hohlräume. Durch die fortschreitende Hebung des Gebietes, kombiniert mit mehreren Absenkungen des Grundwasserspiegels fielen diese schließlich trocken. Seitdem schmückt das ständig nachsickernde, mit gelöstem Kalkstein beladene Wasser die Höhlen aus. Unzählige Tropfen lagerten ihre Fracht in Form von winzigen Kristallen ab und schufen so eine große Vielfalt phantastischer Formen, von denen Stalaktiten und Stalagmiten nur eine Variante darstellen.
Nach der Entdeckung der Höhlen im Jahre 1883 nahm man deren Schönheit zunächst nicht wahr, sondern interessierte sich mehr für die meterdicken Schichten von Fledermaus-Exkrementen auf dem Höhlenboden. Insgesamt wurden etwa 100000 Tonnen dieses »Guano« abgebaut und als wertvoller Naturdünger vermarktet. Erst in den 1920er Jahren wuchs auch

Der Ausflug der Fledermäuse der Carlsbad Caverns – ein unvergeßliches Schauspiel

Guano-Fledermäuse sind in den USA weit verbreitet. Die Gesamtpopulation dieser »Mexican Free-tailed Bats« wird auf 100 Mio. Tiere geschätzt. Im Südwesten leben sie den Sommer über in großen Kolonien in Höhlen, während sie den Winter im wärmeren Mexiko verbringen. In den Carlsbad Caverns versammeln sich ab Anfang April mehrere 100000 dieser nur 14 g leichten Winzlinge und beziehen die etwas abseits gelegene Bat Cave; dort bleiben sie bis Ende Oktober. In dichten Trauben hängen sie kopfüber von der Decke, wobei bis zu 3000 Tiere pro m^2 gezählt wurden. In der Geborgenheit der Höhle bringen die Muttertiere im Juni auch ihre Jungen zur Welt, die sie 4–5 Wochen lang säugen.
All dies kann der Besucher nicht sehen, da die Bat Cave für Besichtigungen gesperrt ist. Wohl aber schlägt der allabendliche Ausflug der Guano-Fledermäuse jedermann in seinen Bann. Ein nicht enden wollender Strom der kleinen Leiber – zwischen 5000 und 10000 pro Minute – schraubt sich dann spiralenförmig in den klaren Abendhimmel, formiert sich zu einzelnen Schwärmen und zieht südöstlich in Richtung Pecos-Fluß und Black River Valley davon. Dort jagen diese erstaunlichen Tiere die ganze Nacht über nach Mücken, Motten, Käfern und ähnlichen fliegenden Leckerbissen, wobei sich ihr Echopeilungssystem als sehr wirksam erweist. Es wurde nämlich errechnet, daß 250000 Guano-Fledermäuse während eines einzigen nächtlichen Jagdausfluges mindestens 1/2 Tonne Insekten vertilgen! Kurz vor Sonnenaufgang kehren die »Nachtschwärmer« dann wieder in ihr Tagesquartier zurück und schießen aus großer Höhe zielsicher auf den Höhleneingang zu.
Bis in die 1930er Jahre muß der Auszug der Guano-Fledermäuse aus den Carlsbad Caverns noch viel riesigere, ja kaum faßbare Dimensionen gehabt haben, denn damals betrug die Gesamtzahl der Tiere 8–9 Millionen! Der starke Rückgang ist auf den Einsatz von DDT und anderen Giften zurückzuführen, die in den 1960er und 1970er Jahren massiv gegen Insekten versprüht wurden. Ihren absoluten Tiefstand erreichte die hiesige Population Mitte der 1980er Jahre mit nur noch 300000 Individuen. Erst mit dem Verbot des DDT konnte sich der Bestand langsam erholen und nähert sich heute wieder der 1-Millionen-Grenze.

das wissenschaftliche und touristische Interesse an den Carlsbad Caverns, das zuerst zur Gründung eines National Monument und schließlich 1930 zur Einrichtung des Nationalparks führte. Die Größe des gesamten Höhlensystems ist bis heute noch nicht genau bekannt, ebensowenig wie die der anderen 70 Höhlen, die innerhalb der Grenzen des Parks liegen.

Pflanzen und Tiere

Über der Erde bestimmen die Pflanzen der Chihuahua Desert das Bild (s.S.28), darunter die »Soaptree Yucca« (S.111), die Staatsblume New Mexicos, die »Lechuguilla«-Agave, die buschigen »Cane Chollas« und der Ocotillo mit seinen peitschenartigen Trieben. In den höheren Lagen vermischen sich die Arten der

Trockenzone und der Nußkiefer-/Wacholder-Zone (s.S.19), wobei die Wacholder hier durch den »One-Seed Juniper« vertreten sind. Dazu kommen »Texas Madrones« und die Texas-Walnuß. Entlang der Flußbetten wachsen Wüstenweiden (S.118), an Wegerändern siedeln »Desert Verbenas«.

Bei den Tieren gilt die größte Aufmerksamkeit den Guano-Fledermäusen. Erstaunen rufen aber oft auch Waschbären (S.53) und Weißfußmäuse hervor, die sich als Kulturfolger bis in den unterirdischen Lunchraum der Carlsbad Caverns vorwagen. Die Höhleneingänge dienen Höhlenschwalben als Wohnraum, die dort ihre Schlammnester an die Decke kleben. Ansonsten lassen sich tagsüber manchmal Maultierhirsche (S.102), Felsenziesel und Texas-Klapperschlangen (s.S.71) beobachten, und auch einige Vogelarten zeigen sich; so der rotköpfige Truthahngeier (S.136) oder der aus Mexiko stammende Schmalschnabelkardinal. Die übrigen typischen Tierarten der Trockengebiete (s.S.23) trifft man meist erst in der Dämmerung an.

Im Gebiet unterwegs

Das Besucherzentrum des Nationalparks und der Eingang zu den Höhlen liegen auf einem kleinen Plateau. Auf der 11 km langen Anfahrt von White's City wird zunächst der untere Teil des Walnut Canyon durchfahren. Nahe dem Besucherzentrum zweigt dann der **Walnut Canyon Desert Drive** ① ab. Diese Einbahn-Piste führt in einer 15 km weiten Schleife durch den oberen Walnut Canyon wieder zur Park-

Die Schmuck-Dosenschildkröte kommt innerhalb der USA nur im Bereich der Chihuahua Desert vor.

◁ Blick auf die Zufahrtsstraße zu den Carlsbad Caverns und den unteren Walnut Canyon; im Vordergrund ein Ocotillo.

»Texas Madrones« zählen zu den Erdbeerbäumen ▷ (Gattung *Arbutus*).

straße hinunter. Die typische Vegetation der Chihuahua und viele geologische Besonderheiten werden in einer Broschüre genauer erklärt. Für große Campingfahrzeuge ist die enge und kurvenreiche Piste allerdings nicht geeignet!

Der **Höhlenbesuch** ② erfolgt vom Besucherzentrum aus. Die Wege sind gut ausgebaut und beleuchtet, Informationen über die Sehenswürdigkeiten entlang der Strecke erhält man über Walkman und Kopfhörer, deren Benutzungsgebühr mit dem Eintrittspreis abgegolten ist. Auf eigene Faust sind 2 Touren möglich:

- ❑ Die **Blue Tour**: Zugang gewährt der natürliche Höhleneingang; nach steilem Abstieg führt der Weg dann durch mehrere schöne Höhlen, darunter der Big Room, der die enormen Ausmaße von 540 m Länge, 330 m Breite und 77 m Höhe aufweist. Die Tour endet nach 5 km im 225 m tief gelegenen Lunchraum. Von hier wird man mit Aufzügen zur Erdoberfläche zurückgebracht.
- ❑ Die **Red Tour**: Sie beschränkt sich auf den Besuch des Big Room, den man per Aufzug erreicht. Die gesamte Wegstrecke beträgt 2 km.

Auf einer geführten Tour kann außerdem der **King's Palace** besichtigt werden. Er besteht aus 4 mit außerordentlich schönen Kalksteinformationen geschmückten Kammern. Die Gruppen sind auf 75 Personen begrenzt, die Führungen dauern etwa $1^1/_2$ Stunden. Reservierungen nimmt das Besucherzentrum entgegen.

Bei allen Höhlenbesuchen sind folgende Punkte zu beachten:

- ❑ Kein Zugang zur Blue Tour nach 14.00 Uhr, zur Red Tour nach 15.30 Uhr oder zum King's Palace nach 15.00 Uhr.

Die »Desert Verbena« ist bei Schmetterlingen sehr begehrt.

Beim Anblick eines blühenden Ocotillo wird klar, warum er im Deutschen auch »Kerzenstrauch« genannt wird.

Cave ④. Beide Gebiete erreicht man über die NM-418, die südlich White's City von der US-62/180 abzweigt. Die New Cave ist weitgehend natürlich gehalten, ohne ausgebaute Wege und Elektrizität und vermittelt daher ein ganz anderes Höhlenerlebnis. Für die geführten Touren (Reservierung beim Besucherzentrum) sind Taschenlampen und gute Schuhe nötig; außerdem muß ein steiler Aufstieg zum Höhleneingang bewältigt werden.

- ❑ Die Temperatur in den Höhlen liegt konstant bei kühlen 13,3 °C.
- ❑ Die empfindlichen Tropfsteinformationen sind schnell zerstört. Deshalb auf dem Weg bleiben, keine Tropfsteine berühren und nicht rauchen!

Die **Beobachtung des Fledermaus-Ausfluges** (s.S.107) geschieht vom Amphitheater beim Höhleneingang aus. Das Schauspiel beginnt gegen Sonnenuntergang und dauert 1–1,5 Stunden. Die größten Fledermaus-Zahlen werden allerdings erst im Spätsommer und Herbst erreicht, wenn die Jungtiere mit ausfliegen. Dann ist rechtzeitiges Erscheinen anzuraten, da der Besucherandrang groß ist! ACHTUNG: Fotografieren mit Blitz ist nicht erlaubt!
Im Westen des Nationalparks sind weitere Unternehmungen möglich; so ein Besuch der **Rattlesnake Springs** ③ oder der **New**

Die Blütenstände der »Faxon Yucca« sind besonders groß; die Pflanze selbst kann einige Meter hoch werden.

Praktische Tips

Anreise
Von El Paso oder Carlsbad auf der US-62/180 bis White's City.

Klima/Reisezeit
Bis über 35 °C heiße Sommertage mit häufigen Gewittern; Gesamtniederschlag etwa 400 mm/Jahr. Beste Reisezeit: Ganzjährig, für die Fledermäuse April bis Oktober.

Unterkunft
Keine Unterkünfte im Park; Motels und Campingplätze in White's City und Carlsbad. Einfacher Campingplatz auch im Guadalupe-Mountains-Nationalpark.

Adresse
3225 National Parks Highway, Carlsbad, NM 88220, Tel. (505) 785-2232.

Blick in die Umgebung

50 km westlich von White's City liegt der **Guadalupe-Mountains-Nationalpark**. Hier ist das ehemalige Riff besonders mächtig und die 610 m aufragende graue Steilklippe des El Capitan nicht zu übersehen. Aktivitätszentren im Park sind Pine Springs und der gesondert anzufahrende McKittrick Canyon. In beiden Gebieten gibt es ein Besucherzentrum, das Ausgangspunkt meist längerer Wanderungen ist. Sehr beliebt ist der **McKittrick Canyon Trail**, vor allem zur Laubfärbung im Herbst.

14 Big-Bend-Nationalpark

Flußlandschaft des Rio Grande; bis 450 m tiefe Kalksteinschluchten; kühle Enklave der Chisos Mountains; Pflanzengemeinschaften der Chihuahua Desert; rund 70 Kakteenarten; Halsbandpekaris, Weißwedelhirsche und Rennkuckucke.

Wo der sagenumwobene Rio Grande eine seiner größten Schleifen zieht, breitet sich der 3000 km^2 große Big-Bend-Nationalpark aus. Hier, im Südwesten von Texas, dehnt sich eine großartige Landschaft. Jenseits des Flusses liegt bereits Mexiko, diesseits ein von Bergketten umrahmtes Plateau, aus dem die steilen Gipfel der vulkanischen Chisos Mountains aufragen. Ansonsten herrscht jedoch Kalkstein vor, in den der Rio Grande 3 bis zu 450 m tiefe Canyons geschnitten hat: den Santa Elena, den Mariscal und den Boquillas. Der »Große Fluß«, der an seinem Oberlauf so oft gestaut ist, daß er manchmal kaum noch das nordwestlich gelegene El Paso erreicht, wird kurz vor dem Big Bend noch einmal vom mexikanischen Rio Conchos aufgefüllt und zeigt seine ganze Kraft vor allem nach heftigen Regenfällen.
Die phantastische Mondlandschaft erscheint wie ein riesiges geologisches Puzzle aus flachen Tafelbergen, eigentümlich erodierten Felstürmen, steilwinkligen Verwerfungen und weiten Geröllebenen. Nimmt man dazu noch die Trockenflußbetten, die Dünenfelder und bunten Badlands, so offenbart sich ein Land, »wo die Regenbögen auf den Regen warten, und der Große Fluß in einer Steinschachtel verwahrt wird, wo Wasser bergan läuft, und die Berge in der Luft schweben...«. So empfand vor über einem Jahrhundert ein mexikanischer Cowboy, und so empfinden viele noch heute. Einige heiße Quellen und verlassene Quecksilber-Minen, Flugsaurier-Fossilien, Petroglyphen der frühen Jäger- und Sammlervölker und – letztendlich – die Geschichten vom Kampfgeist der Mescalero-Apachen und der Comanchen, die dieses Land einst beherrschten, vervollständigen das chaotische Bild, das sich letztlich doch zu einem harmonischen Ganzen zusammenfügt.

Pflanzen und Tiere

Big Bend ist Teil der Chihuahua. Unter den typischen Pflanzen dieser Halbwüste (s.S.28) fallen zunächst die zahlreichen Yuccas auf. Neben den weiter verbreiteten »Torrey« und »Soaptree Yuccas« sind dies vor allem die baumartig verzweigten, bis

Aus den Wurzeln der »Soaptree Yucca« gewannen die Indianer eine Art Seife; die Pflanze blüht im Mai/Juni.

Gelbblühender Trompetenbaum (Familie Bignoniaceae).

Blühende »Long-spined Pricklypear« im Boquillas Canyon.

»Tree Chollas« sind im gesamten Gebiet des Big Bend häufig; sie können 2-3 m hoch werden.

6 m hohen »Giant Dagger Yuccas«, die innerhalb der USA nur hier vorkommen. Die häufigste der rund 70 Kakteenarten des Parks ist die »Engelmann's Pricklypear« (S.24). Wie die »Tree Cholla«, die » Long-spined Pricklypear« und der feingliedrige »Christmas Cactus« zählt sie zu den Opuntien. »Rainbow« und »Strawberry Cactus« dagegen vertreten die Igelsäulenkakteen; beide Arten blühen rosa.
Blüten erscheinen im Big Bend im Frühjahr und nach heftigen Sommerregen. Dann zeigen »Chisos Bluebonnets«, eine Lupinenart, der gern von Kolibris besuchte Gelbblühende Trompetenbaum, verschiedene Eisenkräuter und Gelbe Schönnesseln ihre leuchtenden Farben.
In den höheren Lagen der Chisos Mountains geht der Trockenbusch allmählich in das lockere Waldland der Nußkiefer-/Wacholder-Zone über (s.S.19). Zusammen mit Mexikanischen Nußkiefern und »Alligator Junipers« gedeihen hier die rotstämmigen »Texas Madrones« (S.109) und verschiedene Eichenarten. Auch die »Century Plant« kommt vor; es ist dies der einzige Standort dieser mächtigen Agavenart in den USA. Das charakteristische Artenspektrum der Flußbegleitvegetation wird an den Ufern des Rio Grande von breiten Schilfgürteln ergänzt.
Wegen der großen Hitze sind Tiere meist nur in der Dämmerung zu beobachten, darunter Maultierhirsche (S.102), Audubonkaninchen (S.75) und Halsbandpekaris als häufigste der klassischen Säugetiere der Trockengebiete (s.S.23). In den Chisos Mountains leben außerdem Weißwedelhirsche, Schwarzbären (S.152) und Pumas (S.78). Vor allem aber fällt der Vogelreichtum auf. Die Liste des Parks verzeichnet über 400 Arten, von denen jedoch nur rund 100 hier brüten. Die übrigen besuchen das Gebiet während des Frühlings- und Herbstzugs oder sie kommen als Wintergäste. Ganzjährige Zentren der Vogelaktivität sind das Chisos Basin und die Uferzonen des Rio Grande; hier kann man

Der Rennkuckuck – »2-foot Dandy of the Desert«

Für Indianer und Mexikaner ist er ein Glückbringer, New Mexico hat ihn zum Staatsvogel erhoben und auch in Film und Fernsehen hat er Karriere gemacht: Roadie Roadrunner, der Rennkuckuck. Häufig sieht man diesen Erdkuckuck auf dem Bildschirm auf der Flucht vor dem Kojoten – ein Bild, das nicht ganz der Wahrheit entspricht, denn nur höchst selten würde ein Kojote einen Rennkuckuck als Beute betrachten. Er wäre für ihn zu schnell. Dieser langschwänzige, etwa elstergroße Vogel kann zwar fliegen, verläßt sich aber eher auf seine flinken Beine. Mit ihnen wird er bis zu 30 km/h schnell und kann dabei unglaublich halsbrecherische Haken schlagen.

Der Rennkuckuck ist in den Trockengebieten des Südens zu Hause. Hier verfolgt er Insekten, Spinnen, Skorpione, kleine Nagetiere, und seine Lieblingsbeute, die Eidechsen. Interessant ist seine Jagdtechnik. Auf Bewegungssehen programmiert, kann er stillsitzende Tiere nicht erkennen. Deshalb versucht er, die auf Baumstämmen oder Felsen ruhenden Eidechsen durch Flügelschlagen aufzuschrecken, um sie dann nach kurzer Verfolgungsjagd zu fangen. Selbst mit den gefährlichen Klapperschlangen (s.S.71) legt er sich an. Trifft er auf eine, so kreist er sie ein, stößt immer wieder nach dem Kopf der Schlange und weicht deren Gegenangriffen geschickt aus. Schließlich beendet ein kräftiger Schnabelhieb das Leben der ermatteten Schlange, und sie verschwindet in einem Stück – Kopf voran – im Magen des Vogels. Verdaut wird jegliche Beute komplett. Haare, Knochen und Schuppen, alles wird aufgelöst, was andere Vögel als unverdauliches Gewölle ausspucken. Übrig bleibt ein weißer Kotballen, sauber verpackt in ein Häutchen.

Anders als manche seiner Verwandten ist der Rennkuckuck kein Brutparasit. Er baut sein Nest in einem Baum oder Strauch und brütet seine 4–6 Eier selbst aus. Sind die Jungen flügge, nutzen auch sie als erstes ihre schnellen Beine, d.h. sie fliegen nicht aus – sie »rennen aus«. Rennkuckucke können 5 Jahre alt werden, wenn sie sich in Acht nehmen vor ihren Feinden: den Greifvögeln, Rotluchsen, verwilderten Katzen, schnellen Autos und schießwütigen Menschen.

◁ Der Rio Grande im Bereich des Santa Elena Canyon.

neben Purpurtyrannen und verschiedenen Stärling-Arten auch Gürtelfischer (S.36), die agilen Rennkuckucke und Azurbischofe beobachten. In den Sommermonaten tauchen die winzigen Luziferkolibris auf, die innerhalb der USA nur im Big Bend zu finden sind.

◁ Unauffällig, aber allgegenwärtig: die Carolinataube.

Blick auf den mächtigen Felsblock der Casa Grande vom ▷ Lost Mine Trail aus.

Die für die südwestlichen Trockengebiete repräsentativen Reptilien (s.S.25) kommen auch in der Chihuahua vor. Häufig sind z.B. die schnellen Rennechsen (S.55) oder die rundlichen Krötenechsen (S.100), hier vertreten durch die »Texas Horned Lizard«. Von den spezielleren Arten (s.S.29) wird man vielleicht den Großen Taubleguan (S.23) zu Gesicht bekommen, der seinen schwarzweiß gebänderten Schwanz beim Rennen über den Rücken krümmt. Eine weitere Besonderheit ist der Big-Bend-Mosquitofisch. Dieser winzige lebendgebärende Zahnkärpfling fasziniert die Biologen, denn er kommt nur in einem einzigen Quelltümpel beim Rio Grande Village vor und hat damit eines der kleinsten Verbreitungsgebiete der Welt.

Im Gebiet unterwegs

Erster Anlaufpunkt im Nationalpark ist das zentral gelegene **Besucherzentrum** ① bei **Panther Junction**. Hier werden der empfehlenswerte Big Bend Road Guide und andere Literatur verkauft, eine Liste der Veranstalter von Schlauchbootfahrten steht zur Verfügung, und der **Panther Path** stellt einige häufigere Pflanzen der Chihuahua vor. Die weiteren Besuchspunkte konzentrieren sich auf 3 Regionen:
<u>Chisos Mountains Basin:</u> Umrahmt von den Felsklippen der Chisos Mountains bietet dieses hochgelegene Becken eine angenehm kühle Alternative zu den heißen Ebenen. Die Zufahrt erfolgt über den Basin Drive. Vom höchsten Punkt dieser Panoramastraße, dem Panther Pass, startet der als Naturlehrpfad angelegte **Lost Mine Trail** ②.

Unterwegs auf dem Grapevine Hills Trail. ▷

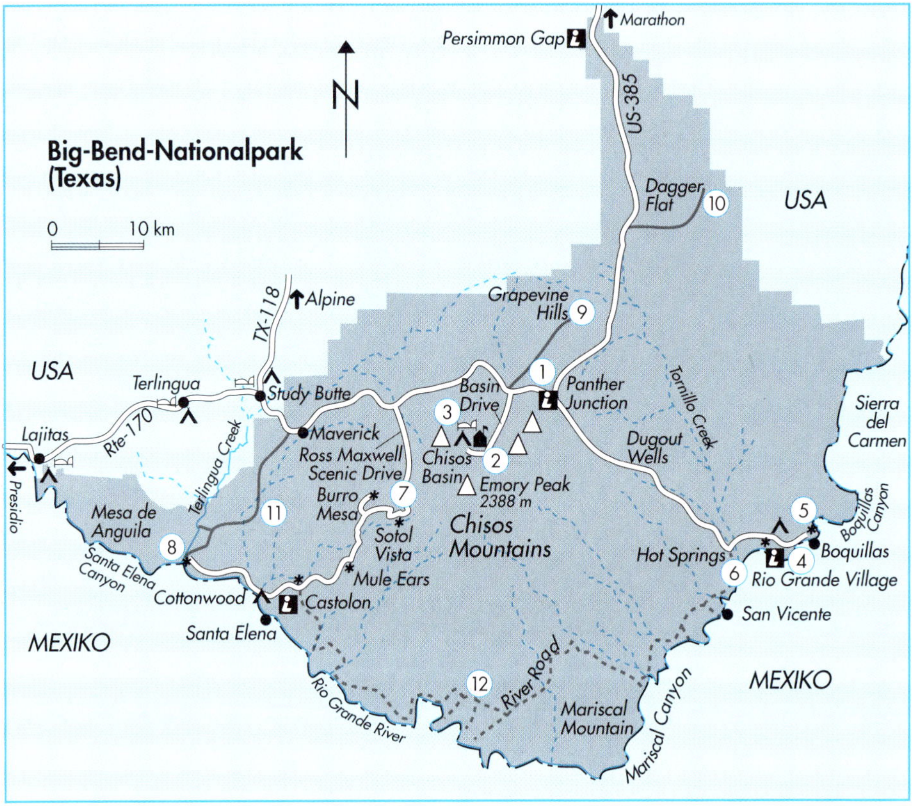

Neben schönen Ausblicken auf den Felsblock Casa Grande (2233 m) und die übrigen umgebenden Berge, ist dies eine der besten Gelegenheiten, Pflanzen und Tiere der Chisos kennenzulernen (7,5 km hin und zurück). Im Becken selbst beeindruckt der Blick durch den tiefen Felseinschnitt des **Window** ③, besonders beim Sonnenuntergang. Zugang vermitteln zwei Wege, die beide am Chisos Basin Trailhead nahe der Lodge beginnen: Der kurze **Window View Trail** (500 m hin und zurück) und der anstrengendere, aber sehr lohnende **Window Trail** (8 km hin und zurück, 800 m Höhenunterschied).

Rio Grande Village: Intensives Grün bestimmt diesen vogelreichen Ort direkt am Rio Grande. Startpunkt für den attraktiven **Rio Grande Village Nature Trail** ④ ist der Campingplatz (bei Platz Nummer 18). Der 1,2 km lange Rundweg führt durch teils dichte Flußbegleitvegetation und passiert auch den berühmten Quelltümpel des Big-Bend-Mosquitofisches. Eine Stichstraße führt vom Rio Grande Village zu den Kalkklippen des **Boquillas Canyon** ⑤. Dort folgt ein Pfad für etwa 1 km dem Rio Grande. Der Ausflug kann mit einem Kurzbesuch der Ortschaft Boquillas in Mexiko verbunden werden; hierzu läßt man sich am internationalen Grenzübergang über den Fluß bringen und setzt seinen Weg zu Fuß oder auf Eselsrücken fort. Ein schönes Erlebnis ist auch das Bad in den warmen Quellen der **Hot Springs** ⑥. Diese ehemaligen Bäder liegen direkt am Rio Grande, etwa

Der schwarz-braun gezeichnete Kaktuszaunkönig erreicht knapp Amselgröße; er bewohnt die südlichen Halbwüsten.

3 km von der Parkstraße entfernt. Die zuführende Piste erlaubt jedoch keine breiten Campingfahrzeuge!

Castolon: Die ehemalige Siedlung liegt im Westen des Parks am Rio Grande. Bereits während der Anfahrt auf dem **Ross Maxwell Scenic Drive** ⑦ verführt die äußerst fotogene Landschaft zu vielen Stopps, so z.B. an den Aussichtspunkten **Blue Creek Ranch, Sotol Vista** oder **Mule Ears**. Bei letzteren, 1193 m hohen »Eselsohren« handelt es sich um ehemalige vulkanische Schlotfüllungen. Bei der **Burro Mesa**, die man über eine Abzweigung nach 3 km Fahrt erreicht, lohnt es, die etwa 800 m in den Canyon bis zu einem »trockenen Wasserfall« zu laufen. Um den **Tuff Canyon** und noch ausgeprägter am **Cerro Castellan** erscheint die Landschaft wie ein vulkanisches Versuchsfeld; es wechseln weiße Tuffschichten mit braunroter bis schwarzer Basaltlava, die zu scharfkantigen Blöcken zersprungen ist. Der **Santa Elena Canyon** ⑧ liegt 13 km westlich Castolon. Ein Naturlehrpfad, der **Santa Elena Canyon Nature Trail**, dringt in diese wohl bekannteste Schlucht des Rio Grande ein (2,7 km hin und zurück, kurzfristiges Waten im Wasser).

ACHTUNG: Wegen Wanderfalkenbrut kann der Canyon im Frühjahr für Wochen geschlossen sein!

Andere lohnende Besuchspunkte und Unternehmungen:

- ❑ Fahrt zu den **Grapevine Hills** ⑨ über eine 10 km lange Piste, die westlich der Panther Junction von der Parkstraße abzweigt. Hier erschließt der **Grapevine Hills Trail** (3,5 km hin und zurück) eine photogene Ansammlung stark erodierter Reste einer 75 Mio. Jahre alten pilzförmigen Magmaintrusion.
- ❑ Die Senke **Dagger Flat** ⑩ ist der Hauptstandort der imposanten »Giant Dagger Yuccas« und anderer interessanter Pflanzen der Chihuahua. Sie können auf dem **Dagger Flat Auto Trail**, einer 11 km langen Piste besucht werden. Hierzu biegt man 20 km nördlich von Panther Junction von der Parkstraße ab.
- ❑ Eine Fahrt auf der **Old Maverick Road** ⑪ vom Santa Elena Canyon nach Maverick eröffnet weitere faszinierende Blicke auf Badlands, Trockenflußbetten und die Chisos Mountains. Auch andere Pisten im »backcountry«, z.B. die beliebte **River Road** ⑫, bieten großartige Eindrücke. Sie erfordern jedoch ein Allradfahrzeug und genaue Vorab-Informationen.
- ❑ Schließlich gehört auch eine **Flußfahrt** durch die Canyons des Rio Grande zum Programm eines Big-Bend-Besuchs. Veranstalter in Lajitas, Terlingua und Study Butte offerieren verschiedene

Halsbandpekaris kommen innerhalb der USA nur im Bereich der Chihuahua und der Sonora Desert vor.

Wüstenweiden wachsen an Trockenflußbetten, wegen ihrer schönen Blüten nutzt man sie aber auch als Zierstrauch.

Touren. Will man den Fluß selbst befahren, ist hierfür die Erlaubnis des Nationalparks (erhältlich im Besucherzentrum) sowie einige Erfahrung nötig, denn die tückischen Stromschnellen sind nicht so leicht zu bewältigen.

Der Lerchenstärling dringt von Osten in die Chihuahua vor.

Praktische Tips

Anreise
Von Westen (El Paso) über die I-10, US-90, und TX-118 nach Study Butte am Parkeingang. Der Streckenabschnitt Alpine–Study Butte ist landschaftlich überaus reizvoll. Von Osten (San Antonio) über die US-90 und US-385.

Klima/Reisezeit
Juni bis September sind die heißesten Monate mit Temperaturen um 40 °C. Häufige Gewitter bringen dann Niederschläge (in den Ebenen bis 250 mm, in den Chisos Mountains bis 500 mm/Jahr). Im Winter gelegentliche Schneefälle in den höheren Lagen. Beste Reisezeit: Frühjahr und Herbst; Hauptbesuchsmonat ist der April.

Unterkunft
Im Nationalpark: Chisos Mountain Lodge, Tel. (915) 477-2291 (Vorreservierung vor allem im Frühjahr empfohlen!) und 3 Campingplätze, davon 1 (Rio Grande) mit Anschlüssen für Campingfahrzeuge; dazu der Stillwell RV Park 10 km vom Nordeingang. Weiter Unterkünfte in den kleineren Ortschaften der Umgebung (Study Butte, Terlingua, Lajitas) sowie in Marathon 70 km nördlich des Parks.

Adresse
TX 79834, Tel. (915) 477-2251.

Annakolibris werden nur 9-10 cm groß; entlang der Pazifikküste wandern sie weit nach Norden.

15 Saguaro-Nationalpark und Organ Pipe Cactus National Monument

Typische Lebensgemeinschaften der Sonora Desert mit Saguaros und Orgelpfeifenkakteen, Halsbandpekaris, Nasenbären und Rennkuckucken, Rabengeiern, Wüstenschildkröten und Gila-Krustenechsen, Arizona-Korallenschlangen und Taranteln.

Die Sonora, die mit 300000 km^2 drittgrößte der 4 nordamerikanischen Halbwüsten, liegt zu 2 Dritteln in Mexiko; in den USA fallen Südwest-Arizona und Südost-Kalifornien in ihren Bereich. Die Sonora ist die artenreichste Halbwüste mit der größten Vielfalt an Lebensräumen. Dies gilt besonders für das Arizona Upland rund um Phoenix und Tucson, wo zwischen Dezember und März Winterregen und zwischen Juli und September heftige Sommergewitter Niederschläge bringen. Deren Menge nimmt entsprechend dem Anstieg des Geländes in Richtung Osten stetig zu: Beträgt der durchschnittliche Jahresniederschlag im 800 m hoch gelegenen Tucson noch 275 mm, so steigt er in den über 2600 m hohen Rincon Mountains östlich Tucson auf 700 mm an!
Von den 2 beschriebenen Schutzgebieten liegt der Saguaro-Nationalpark in diesem östlichsten und feuchtesten Teil der Sonora, das Organ Pipe Cactus National Monument nimmt dagegen eine Übergangsstellung zwischen dem Arizona Upland und der angrenzenden, trockenheißen Senke des Lower Colorado Valley ein.

Im Westteil des Saguaro-Nationalparks in der Nähe des Arizona Sonora Desert Museum; junge Saguaros dominieren.

Der Saguaro öffnet seine weißen Blüten im Mai/Juni.

Pflanzen und Tiere

Rund 2500 Pflanzenarten sind aus der Sonora bekannt. Besonders breit ist die Palette der Kakteen: Sie reicht vom winzigen Angelhakenkaktus (S.59) bis zum tonnenschweren Saguaro, vom selteneren Faßkaktus bis zu den häufigen »Teddybear Chollas« (S.130), »Chainfruit Chollas« und »Buckhorn Chollas«. Orgelpfeifen- und Senita-Kakteen sind hauptsächlich in der mexikanischen Sonora verbreitet; in den USA kommen sie nur im Organ Pipe Cactus National Monument vor. Die Kakteen blühen zwischen April und Juni, aber schon ab Februar sorgen Blumen für eine berauschende Farbenfülle: Lupinen erblühen in Blau, der Bartfaden »Parry's Penstemon« in Rot, »Owl´s Clover« in Violett, Mexikanischer Goldmohn in Gelb, »Desert Lily« und »Desert Chicory« in Weiß. Ansonsten beherrschen die typischen Trockensträucher (s.S.19) die tieferen Lagen des Arizona Upland. Entlang der Trockenflußbetten wachsen Mesquite-Sträucher, »Paloverdes« und »Catclaw«-Akazien. »Brittlebushes« und Ocotillos (S.109) besiedeln mehr die steinigen Hänge. Der »Desert Ironwood«, ein Baum, dessen schweres Holz im Wasser sinkt, hat im Westteil des Saguaro-Nationalparks seine östlichste Verbreitung. Alle diese Gehölze sind auf vielfältige Weise an ihren harten Lebensraum angepaßt (s.S.22).
Der Ostteil des Saguaro-Nationalparks reicht bis in die höchsten Bereiche der Rincon Mountains und zeigt deren typische Zonierung. Auf den Trockenbusch und einen breiten Grasgürtel folgt die Nußkiefer-/Wacholder-Zone (s.S.19) mit der Mexikanischen Nußkiefer und dem »Alligator Juniper«; zu diesen Charakterbäumen gesellen sich einige Eichenarten, Bergmahagoni und Bärentrauben (S.142). Jenseits der Gambel-Eichen und Gelbkiefern (S.145) der Übergangszone wird dann stellenweise noch die Montane Zone erreicht (s.S.18), so z.B. an der Nordseite des Mica Mountain (2641 m) oder des Rincon Peak (2585 m).
Morgendliche oder abendliche Streifzüge bieten die besten Chancen, die Tiere der Sonora zu sehen (s. S.23 und S.28). Bereits bei den Campingplätzen trifft man auf die Buschratte »Desert Woodrat«, Rundschwanzziesel (S.22) und Weißschwanz-Antilopenziesel (S.129). Vor allem aber fallen die Vögel auf; so der Kaktuszaunkönig (S.117), Arizonas Staatsvogel, der wie die Krummschnabel-Spottdrossel sein kugelförmiges Nest in die stacheligen Opuntien baut. Helmwachteln (S.133) gehen oft in Familiengruppen auf Nahrungssuche,

Buschratten sind unermüdliche Sammler; die Eingänge ihrer Wohnhöhlen verbarrikadieren sie oft mit Kaktusstacheln.

Der Saguaro – Symbol der Sonora

Saguaros sind die größten Kakteen der Vereinigten Staaten. Ein ausgereiftes Exemplar kann über 15 m Höhe und gut 8 Tonnen (!) Gewicht erreichen. Sie sind die Charakterpflanzen des trockenen Hochlandes rund um Phoenix und Tucson, das der Halbwüste der Sonora (s.S.28) zugerechnet wird. Hier wachsen sie am besten auf dem lockeren Gestein von Schwemmfächern; ihr flaches, weitreichendes Wurzelsystem kann einen Durchmesser von 20 m erreichen.
Ein Saguaro, der die oben genannten Dimensionen besitzt, hat ein langes, beschwerlichen Leben hinter sich. Es beginnt mit den großen, wachsartigen weißen Blüten, die der Kaktus im Mai und Juni treibt, und die zur Staatsblume Arizonas erkoren wurden. Sie öffnen sich nur für eine Nacht und werden von Insekten, Fledermäusen und Vögeln bestäubt. Jeder Saguaro produziert durchschnittlich 10 Mio. punktgroße Samen pro Saison, wobei auf jede der rotfleischigen Früchte ca. 2000 kommen. Haben einige dieser Millionen Samen die Halsbandpekaris (S.117), Füchse, Nager, Vögel und Insekten überlebt, welche die reifen Früchten verzehren, keimen sie aus. Aber nun lauern weitere Gefahren. Neben Freßfeinden bedrohen sie extreme Hitze, Wind und Frost und bringen sie zum Absterben, wenn sie nicht den Schutz von anderen Pflanzen wie Mesquite-Sträuchern (S.126) oder »Paloverdes« (S.123) finden. Unter diesen »Ammenbäumen« wachsen sie dann langsam heran, treiben ihre ersten Blüten und Seitenarme mit etwa 50 Jahren und 2 m Größe und werden vermutlich über 200 Jahre alt – sofern nicht vorher Windbruch, Blitzschlag oder Krankheit ihrem Leben ein Ende setzen.
Ähnlich den »Josuah Trees« der Mojave Desert (s.S.128) sind die Saguaros Zentren des Lebens in der Sonora. Vor allem Vögel verwandeln die Riesen schnell in »mehrstöckige Apartmenthäuser«. Gilaspecht (S.123) und Goldspecht hämmern jeden Frühling neue Nisthöhlen in die Kakteenstämme, die nach ihrem Auszug von mindestens 20 anderen Vogelarten besetzt werden, darunter Elfenkauz und Kreischeule, Kaktuszaunkönig (S.117), Buntfalke (S.72), Arkansastyrann, Purpurschwalbe und mehr und mehr auch Stare und Haussperlinge. In den Astgabeln nisten Rotschwanzbussard (S.56) und Wüstenbussard, Weißflügeltaube und Virginia-Uhu (S.150). Sogar umgefallene Kakteen finden noch Verwendung und dienen u.a. der kleinen Kaktusmaus als Unterschlupf.
Für die Papago-Indianer waren die Saguaros einst eine äußerst wichtige Pflanze. Mit der Reife ihrer Früchte feierten sie den Beginn eines neuen Jahres, das Fruchtfleisch verarbeiteten sie zu Marmelade, Sirup und einer Art Zeremonialwein, und die verholzten Stützrippen dienten zum Bau von Hütten und Zäunen.
Seit der Besiedlung durch die Weißen haben Arizonas Riesenkakteen jedoch stark gelitten. Zu viel Vieh zertrampelte den Boden und zerstörte Samen, Jungpflanzen und deren Schutzbäume. Viele Saguarobestände sind deshalb überaltert. Zudem werden die Kakteen außerhalb der Schutzgebiete immer noch von Sammlern ausgegraben, als Zielscheiben benutzt oder müssen Siedlungs- und Straßenbauprojekten weichen. Weiterreichendere Schutzmaßnahmen als bisher sind nötig, soll das Symbol der Sonora nicht eines Tages nur noch auf dem Staatswappen Arizonas zu finden sein!

Typische Landschaft entlang des Ajo Mountains Drive im Organ Pipe Cactus National Monument.

Orgelpfeifenkakteen kommen innerhalb der USA nur im Organ Pipe Cactus National Monument vor.

Die mexikanischen Krummschnabel-Spottdrosseln bauen ihre Nester gerne im Schutz von Feigenkakteen.

Diese »Chainfruit Cholla« steht am Puerto Blanco Drive; ihre Früchte hängen kettenförmig aneinander (s. kleines Bild).

Der Gilaspecht hat eine Vorliebe für große Saguaros, in denen er seine Nisthöhlen anlegt; im Bild ein Männchen.

Der Name »Paloverde« heißt übersetzt »grüner Stock«; er bezieht sich auf die grüne Rinde vieler *Cercidium*-Arten.

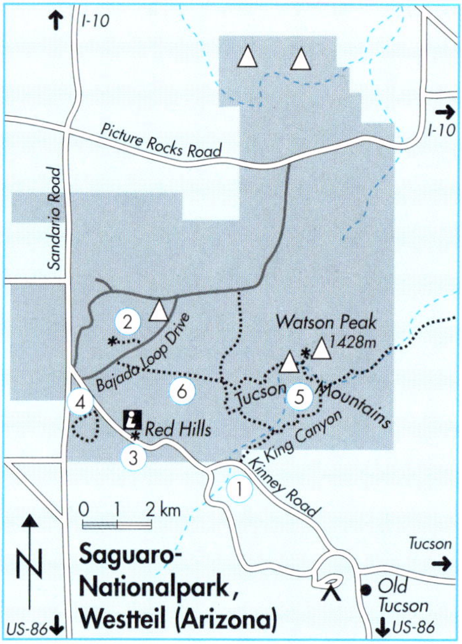

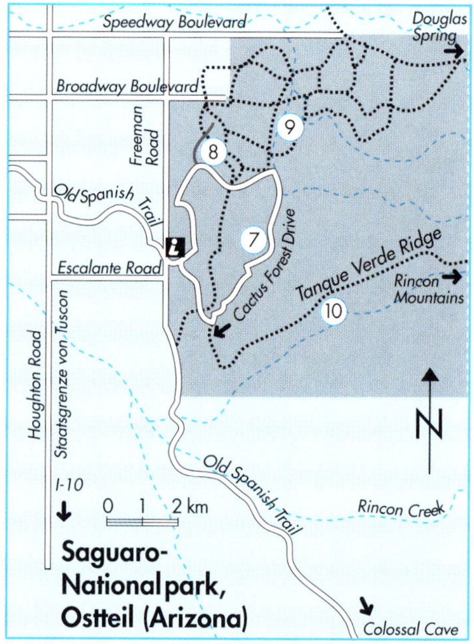

der Rennkuckuck (s.S.113) eher allein. Gut zu beobachten sind auch der schwarze Trauerseidenschnäpper, der winzige Costakolibri, der im Organ Pipes Cactus National Monument häufige Rabengeier sowie die »Bewohner« der Saguaros (s. S.121). Graubrusthäher beschränken sich dagegen auf die Wälder der höheren Lagen; hier sind auch Nasenbär und Weißwedelhirsch zu Hause.

Von den Reptilien sei die Gila-Krustenechse erwähnt, eine der zwei einzigen giftigen Echsenarten der Welt. Der Biß dieses normalerweise wenig angriffslustigen Tieres überträgt ein Gift, das beim Menschen nervenschädigend wirkt, aber nur selten zu ernsten Komplikationen führt. Anders ist es bei den 6 Klapperschlangen-Arten, die in der Sonora heimisch sind (s.S.71). Zusammen mit der grellbunten Arizona-Korallenschlange gehören sie zu den gefürchtetsten Giftschlangen der USA. In beinahe ebenso schlechtem Ruf stehen die häufigen Taranteln und die Skorpione (s. S.92). Harmlos sind dagegen die Gottesanbeterin »Praying Mantis«, die sich unauffällig grün in der Vegetation versteckt, sowie die zahllosen Schmetterlingsarten, deren außergewöhnlichste der Monarchfalter ist.

Im Gebiet unterwegs

Der Saguaro-Nationalpark besteht aus 2 Teilgebieten, zwischen denen sich die Stadt Tucson ausbreitet:
Saguaro-West (Tucson Mountains Section) ist flächenmäßig kleiner und tiefer gelegen; dieser Teil zeichnet sich durch ausgedehnte Bestände von Saguaros aus. Vor der Einfahrt ins Schutzgebiet passiert man von Tucson her kommend das **Arizona Sonora Desert Museum** ①, dessen Besuch auf keinen Fall versäumt werden sollte. Es ist auf die Pflanzen- und Tierwelt der Sonora spezialisiert, die informativ und natürlich präsentiert werden.
Die Parkstraße und die 10 km lange Einbahnpiste **Bajada Loop Drive** ② durchqueren die Kakteenwälder und versprechen vor allem am Spätnachmittag ein stimmungsvolles Erlebnis. Zu Fuß kann man die Lebensgemeinschaften der Sonora auf den kurzen Lehrpfaden **Cactus Garden Trail** ③ und **Desert Discovery Nature Trail** ④ erforschen, die beide in der Nähe des Red-Hills-Informationszentrums angelegt wurden. Für längere Wanderungen eignen sich der **King Canyon Trail** ⑤ (5,5 km einfach, Startpunkt beim Arizona Sonora Desert Museum) und der **Hugh Norris Trail** ⑥, der am Bajada Loop Drive beginnt (8 km einfach); beide führen zum 1428 m hohen Gipfel des Watson Peak.
Saguaro-Ost (Rincon Mountain Section) ist 3mal so groß wie der Westteil und reicht bis zu den höchsten Gipfeln der Rincon Mountains. Am einfachsten zu besichtigen ist das Gebiet um das Besucherzentrum. Hier windet sich der **Cactus Forest Drive** ⑦ über 13 km als Einbahnstraße durch den von Saguaros dominierten Trockenbusch (kein Einlaß nach Sonnenuntergang). Der **Desert Ecology Trail** ⑧ und andere Wege zweigen von ihm ab. Ebenso bietet das etwas verwirrende **Wegenetz nördlich der Straße** ⑨ viele Wandermöglichkeiten (Karten beim Besucherzentrum). In die Rincon Mountains führt der **Tanque Verde Ridge Trail** ⑩. Hierfür müssen aber mindestens 3–4 Tage einkalkuliert und zuvor die nötige Ausrüstung und eine Campingerlaubnis besorgt werden.

Die beige-braun gemusterten Wüstenleguane kommen innerhalb der USA nur in der Sonora und der Mojave vor.

Das Organ Pipe Cactus National Monument grenzt im Westen an das Cabeza Prieta National Wildlife Refuge, im Osten an das Reservat der Papago-Indianer und im Süden an Mexiko. Es läßt sich auf 2 Rundstraßen gut kennenlernen. Beide sind Einbahnstraßen, nicht asphaltiert, bisweilen eng, kurvig und deshalb für große Wohnmobile nicht geeignet. Genügend Wasser sollte mitgenommen werden, ebenso die im Besucherzentrum erhältlichen Informationshefte. Der **Ajo Mountain Drive** ⑪ windet sich 33 km am Fuß der Ajo Mountains entlang. Man fährt ihn am besten am Spätnachmittag, wenn die ausgefallenen Felsformationen vom Sonnenlicht vergoldet werden. Der **Puerto Blanco Drive** ⑫ geht über 85 km, erfordert einen halben Tag Zeit und umrundet die Puerto Blanco Mountains. Ein Abstecher ins **Senita Basin** ⑬ führt zum einzigen Standort der Senita-Kakteen in den USA.
Schöne Kakteenbestände liegen auch entlang der Stichstraße zum **Alamo Canyon** ⑭. Für Wanderungen und Tierbeobachtungen empfehlen sich die Wege um den **Campingplatz** und das **Besucherzentrum** ⑮, z. B. der **Campground Perimeter Trail** (1,6 km) und der **Desert View Nature Trail** (2 km, Rundweg). Letzterer befaßt sich auch mit Trockenpflanzen, die im Leben der Papa-

Die »Screwbean Mesquite« ist leicht an ihren holzigen, spiralig aufgerollten Schoten zu erkennen.

Der »normale« Mesquite-Strauch hat lange, gerade Schoten.

Monarchfalter fliegen alljährlich im Herbst vom östlichen Nordamerika bis nach Mexiko, um dort zu überwintern.

go-Indianer eine Rolle spielen. Direkt beim Besucherzentrum gibt der **Visitor Center Nature Trail** eine kurze Einführung in die Pflanzen der Sonora.

Praktische Tips

Anreise

Saguaro-Nationalpark: Zum Westteil von Tucson auf der Kinney Road oder nördlich der Stadt von der I-10 (Ausfahrt Cortaro); zum Ostteil von Tucson über den Old Spanish Trail.

Organ Pipe Cactus National Monument: Von Phoenix die I-10 und AZ-85 über Gila Bend und Ajo; von Tucson die AZ 85 und AZ-86.

Klima/Reisezeit

Sommertemperaturen über 45°C, im Winter 15–25°C. Beste Reisezeit: Oktober bis Mai (die Blüte beginnt im Februar).

Unterkunft

Saguaro-Nationalpark: Außer den einfachen »backcountry«-Campingplätzen in Saguaro-Ost nur außerhalb des Schutzgebietes; 1 Campingplatz südlich von Saguaro-West, weitere Campingplätze und Motels in Tucson.

Organ Pipe Cactus National Monument:
1 Campingplatz; dazu Motels in Lukeville, Why, Ajo und Sonoyta (Mexiko).

Adressen

- Saguaro-Ost (Hauptquartier und Besucherzentrum): 3693 South Old Spanish Trail, Tuscon, AZ 85730-5699, Tel. (602) 296-8516;
- Saguaro-West (Informationszentrum): Tel. (602) 883-6366;
- Organ Pipe Cactus National Monument: Route 1, P.O. Box 100, Ajo, AZ 85321, Tel. (602) 387-6849.

16 Joshua-Tree-Nationalpark

Zu ausgefallenen Formen verwitterter Monazit; Übergangszone von Mojave und Sonora mit Pflanzen und Tieren beider Halbwüsten; schattige Quelloasen; große Bestände von »Joshua Trees« und Kalifornischen Fächerpalmen; Wüstenschildkröten.

225 km östlich von Los Angeles gelegen, ist Joshua Tree, neben dem Death Valley (s.S.134) und der Mojave National Preserve (s.S.178), das bedeutendste Schutzgebiet im Einflußbereich der Mojave Desert. Zunächst ein National Monument, erhielt es 1994 Nationalpark-Status im Rahmen des Gesetzes zum Schutz der kalifornischen Wüsten (California Desert Bill, s.S.31). Gleichzeitig wurde seine Fläche beträchtlich vergrößert; sie beträgt heute über 3200 km^2.

Abgesehen von der Vegetation sind im Joshua Tree die großartigen Gesteinsformationen besonders fesselnd. Im Westteil des Parks ragen überall lachsfarbene Felsen empor, die die Verwitterung zu allen erdenklichen Formen gestaltete. Da findet man z.B. Zyklopen, den Schädelfelsen (Skull Rock) oder den gespaltenen Stein (Split Rock). Sie lassen sich auf unterschiedliche Weise kennenlernen: Beim Wandern auf stillen, gewundenen Pfaden, beim Klettern oder beim Erforschen der Umgebung der Campingplätze, die ausgesprochene Abenteuerspielplätze darstel-

Die höchsten und ältesten »Joshua Trees« stehen auf den Covington Flats im äußersten Nordwesten des Parks.

Der »Joshua Tree«, ein »Baum« des Lebens

Wie der Saguarokaktus für die Sonora, so ist der »Joshua Tree« das Symbol für die Mojave Desert (s.S.27). Schon die Mormonen, die 1851 durch diese Halbwüste zogen, waren von dem bizarren Gewächs beeindruckt und sahen in ihm den biblischen Führer Joshua, der ihnen mit seinen weit ausgestreckten Armen den Weg ins Gelobte Land wies. So erhielt die Pflanze mit der wissenschaftlichen Bezeichnung *Yucca brevifolia* auch ihren allgemein gebräuchlichen englischen Namen »Joshua Tree« oder zu deutsch: Josuabaum.

»Joshua Trees« wachsen am besten auf sandigem Boden in Höhen von 600–1800 m. Sie sind winterfest und zäh und blühen von Februar bis Ende April, allerdings nicht in jedem Jahr. Ihr maximales Alter kann nur geschätzt werden, da das Holz keine Wachstumsringe ausbildet. Als Anhaltspunkt dient die extrem niedrige Größenzunahme von durchschnittlich 1,5 cm pro Jahr. 10 m große Exemplare wären somit zwischen 600 und 700 Jahren alt.

In ihrem Lebensraum spielen »Joshua Trees« eine zentrale Rolle; viele Tiere sind von ihnen abhängig. Blüten und Samen dienen Weißschwanz-Antilopenzieseln (S.129) als Nahrung, und die zu den Buschratten zählenden »Desert Woodrats« (S.120) sammeln die harten Blattspitzen, um damit ihren Bau in eine uneinnehmbare Festung zu verwandeln. Darüber hinaus nutzen mindestens 25 Vogelarten die Riesen-Yuccas: Scott-Trupiale bauen hier ihre Kugelnester, Rotschwanzbussarde (S.56) nutzen sie zum Nestbau und als Warte, und die Wohnhöhlen der Goldspechte sind auch für die Kreischeule ein beliebter Nistplatz. Louisianawürger hingegen haben andere Interessen; sie spießen ihre Beute – meist Insekten, aber auch Eidechsen und kleine Nagetiere – auf die Blattenden und lassen sie dort als Fleischtopf hängen. Selbst abgestorbene »Joshua Trees« sind noch ein wichtiger Quell des Lebens, den das Totholz wird schnell von Termiten und anderen Insekten besiedelt. Von diesen lebt wiederum die heimliche Yucca-Nachtechse.

Doch auch »Joshua Trees« sind abhängig – von einem kleinen Insekt, der Yucca-Motte. Diese Motte befruchtet die Blüten, wobei sie den Pollen nicht etwa zufällig überträgt, sondern ihn gezielt auf den Narben deponiert! Sie tut das, um die Nahrung für ihren Nachwuchs zu sichern. Denn nach der Ablage des Pollens legt sie ihre Eier in die Fruchtknoten, und die geschlüpften Larven fressen die sich entwickelnden Yucca-Samen, bevor sie sich nach außen bohren. Allerdings belegt die Motte immer nur eine gewisse Zahl der von ihr befruchteten Blütenstände mit Eiern, so daß genügend andere zur Fortpflanzung kommen. Es ist dies ein schönes Beispiel einer gegenseitigen Vorteilsnahme oder Symbiose, denn ohne die Motte reift kein Samen, und ohne Samen haben die Larven der Motte keine Nahrung.

Aber noch nicht genug der Faszination: manchmal greift eine Schlupfwespe in diese Symbiose ein. Mit ihrem Legestachel plaziert sie ihre Eier zielgenau in den Körper der Yucca-Mottenlarven im Fruchtknoten, die dann den eigenen Larven als Nahrung dienen. Als Parasit muß auch sie darauf achten, ihren Wirt nicht in seinem Fortbestand zu gefährden, und tritt deshalb nie in großen Mengen auf.

len. Ihre Entstehung verdankt diese seltsame Felslandschaft dem gleichen Prozeß wie die Sierra Nevada (s.S.154), allerdings in viel kleinerem Außmaß. Monazit, eine Art Granit, erhärtete hier als magmatischer Tiefengesteinskörper in den oberen Schichten der Erdkruste, wurde später gehoben und schließlich von der Erosion freigelegt.

Weißschwanz-Antilopenziesel bewohnen Trockengebiete.

Pflanzen und Tiere

Ökologisch gesehen ist Joshua Tree sehr interessant, denn es liegt im Grenzbereich der Mojave und der Sonora Desert. Das Ergebnis ist eine vielfältige Pflanzen- und Tierwelt, in der sowohl die für alle südwestlichenTrockengebiete typischen Arten (s.S.19) als auch die Charakterarten der zwei Halbwüsten vertreten sind (s.S.27/28). In den bergigen, niederschlagsreicheren Höhen des westlichen Parkteils dominieren die Pflanzen der Mojave, allen voran die »Joshua Trees«. Diese größte Yucca-Art Nordamerikas bildet hier regelrechte »Wälder«. Gegen sie nehmen sich die Mojave-Yuccas und die im felsigen Gelände beheimateten »Parry Nolina«-Agaven eher bescheiden aus. Zur Blütezeit von März bis Mai sorgen viele Blumen für bunte Farbkleckse.

Den Ostteil des Parks nimmt neben den Pinto Mountains vor allem das nur wenige hundert Meter hoch gelegene Pinto Basin ein. Mit Niederschlägen von kaum 100 mm/Jahr ist dies der Lebensraum der Kreosotbüsche (S.139), der Ocotillos (S.109), »Teddybear Chollas« und »Brittlebushes«. Während der Blütezeit, die hier schon im Februar beginnt, schmücken sich letztere mit auffälligen gelben Blüten. Dies gilt ebenso für den sonst völlig unscheinbaren »Desert Senna«-Busch.

Doch noch mehr hat Joshua Tree zu bieten: Wo Grundwasser an die Oberfläche dringt, liegen im Park verstreut kleine Oasen. Sie werden von Kalifornischen Fächerpalmen besiedelt, der einzigen Palmenart der westlichen USA. Die bekannteste Oase ist Cottonwood Spring, die am leichtesten zu erreichende Fourtynine Palms (s. unten).

Von den weiter verbreiteten Tieren des Südwestens (s.S.23) sind Weißschwanz-Antilopenziesel häufige Campingplatzbesucher. Die »Desert Woodrat«, eine Buschratte (S.120), bevorzugt dagegen die Nähe von »Joshua Trees« oder Kakteen, in deren Schutz sie ihre Baue anlegen. Häufige Vögel sind Helmwachtel (S.133), Rennkuckuck (s.S.113), Buschhäher (S.82), im Pinto Basin der Kaktuszaunkönig (S.117) und in den Felsmassiven der Buntfalke (S.72). Außerdem besteht im Joshua Tree die Möglichkeit, eine der seltenen Wüstenschildkröten (S.31) zu entdecken.

Weit verbreitet im Südwesten: der Kalifornische Eselhase.

»Teddybear Chollas« und der gelbblühende Busch »Desert Senna«; aufgenommen bei den Cholla Cactus Gardens. ▷

▽ Ein »Golden Bush« in seiner ganzen Pracht.

△ Mojave-Astern zeigen ihre großen Blüten im Fühjahr; sie sind auch außerhalb der Mojave verbreitet.

Blütenstand der schmalblättrigen »Parry Nolina«-Agave ▷.

▽ Eine weitere Attraktion von Joshua Tree sind ausgefallene Gesteinsformationen wie hier beim Jumbo Rock Campground. Sie bestehen aus lachsfarbenem Monazit, einem granitähnlichen Tiefengestein.

Im Gebiet unterwegs

Westteil: Bereits am **Oasis-Besucherzentrum** ① bei Twentynine Palms kann man sich im Museum und den Desert Gardens mit den Lebensgemeinschaften des Parks vertraut machen und die notwendige Literatur erwerben, z.B. den »Road Guide to Joshua Tree National Park«. Nicht weit entfernt liegt die **Fourtynine Palms Oasis** ②, ein nur zu Fuß erreichbarer, mit Kalifornischen Fächerpalmen bestandener Canyon. Startpunkt des 2,5 km langen, bisweilen steilen Pfades zur »Oase« ist der Parkplatz am Ende der Canyon Road, die 6 km west-

Häufig im Joshua-Tree-Nationalpark: die Mojave-Yucca.

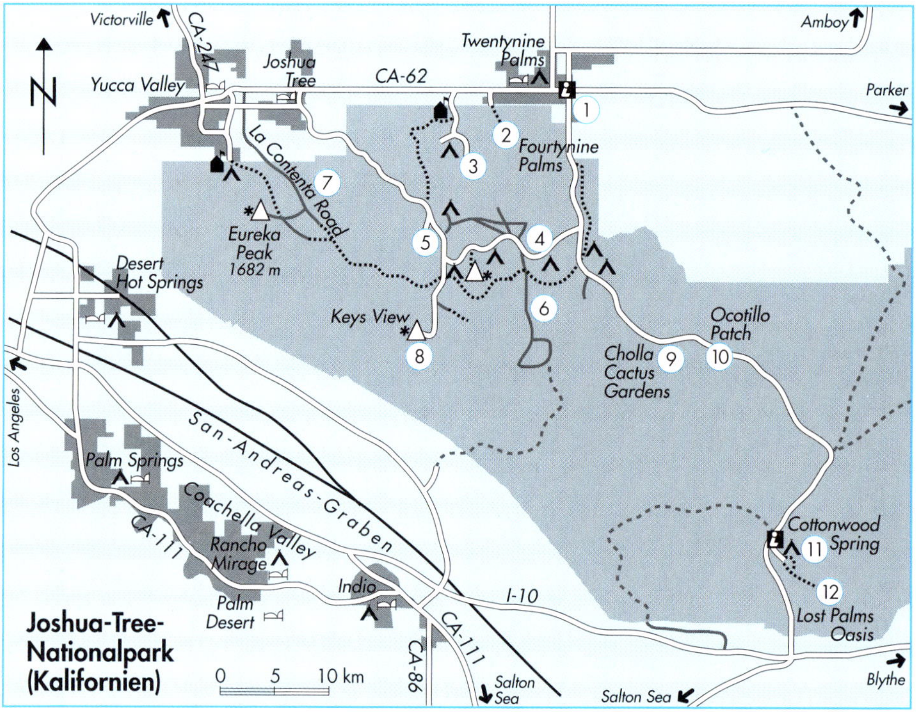

lich Twentynine Palms von der CA-62 abzweigt. Noch etwas weiter westlich auf der CA-62 trifft man auf den Zubringer zum **Indian Cove Campground** ③, der sehr malerisch zwischen zerklüfteten Felsen liegt. Die Gegend eignet sich hervorragend für Streifzüge; auf dem 1 km langen Rundweg werden gelegentlich sogar Wüstenschildkröten beobachtet!

Vom Oasis-Besucherzentrum führt die **Park Road** zu weiteren beliebten Felsformationen. Dort wurden leichte, teils als Lehrpfade gehaltene Wege angelegt. Die schönsten sind der **Skull Rock Nature Trail** ④, ein 2,7 km langer Rundweg durch das Felsgewirr beim Jumbo Rocks Campground, und der **Hidden Valley Trail** ⑤ beim gleichnamigen Campingplatz, der über 1,5 km durch einen reizvollen Steingarten führt; hier war einst ein beliebter Aufenthaltsort der Indianer.

Mit dem Auto kann die 29 km lange **Geology Tour Road** ⑥ befahren werden. Attraktionen sind ausgefallene Felsen und Spuren menschlicher Aktivitäten (Minenreste, ehemalige Viehweiden, indianische Felsritzungen); ein Begleitheft erklärt das Wesentliche. Start- und Endpunkt der Piste: das Queens Valley nahe dem Jumbo Rocks Campground.

Ausgedehnte »Joshua Tree«-Bestände liegen im Queens Valley, im Lost Horse Valley und auf dem Weg zum Keys View (s. unten). Die ältesten und größten Exemplare findet man aber auf den **Covington Flats** ⑦ im Westen, zu denen eine nur wenig befahrene Piste (La Contenta Road) westlich der Ortschaft Joshua Tree abzweigt. Hier, auf über 1500 m Höhe, ist man meist alleine mit den Riesen und kann sie noch blühen sehen, wenn ihre Artgenossen im Tal bereits Samen tragen. Es lohnt, bis zum

1682 m hohen Eureka Peak vorzudringen und dort den schönen Panoramablick zu genießen. »Singleleaf Pinyons«, Wacholder, »Blackbrush« (S.58) und Bärentrauben (S.142) zeigen, daß man sich hier in der Nußkiefer-/Wacholder-Zone befindet (s.S.19).

Zum Besuchsprogramm des Nationalparks gehört unbedingt auch der Aussichtspunkt **Keys View** ⑧ in den Little San Bernardino Mountains. Nicht nur der Blick auf die umliegenden, teils über 3000 m hohen Berge sind ein Erlebnis, sondern auch das Bewußtsein, an einem der gefährlichsten Orte der USA zu stehen. Denn direkt unterhalb des Steilhangs verläuft das Coachella Valley und in ihm der San-Andreas-Graben, jene Verwerfungszone also, die Kalifornien immer wieder verheerende Erdbeben beschert (s.S.12).

Ostteil: Auf dem Weg nach Cottonwood bietet sich ein Stopp mit Rundgang durch den ausgedehnten Bestand der »Teddybear Chollas« bei den **Cholla Cactus Gardens** ⑨ an. Später rücken die Ocotillos des **Ocotillo Patch** ⑩ ins Bild. Nahe beim Cottonwood-Besucherzentrum liegt **Cottonwood Spring** ⑪. Hier quellen pro Stunde bis zu 120 l Frischwasser an die Oberfläche – Lebensgrundlage der Kalifornischen Fächerpalmen, die hier von Bergleuten um 1900 gepflanzt wurden. Schließlich kann von Cottonwood Spring aus noch die **Lost Palms Oasis** ⑫ besucht werden, das mit 110 Exemplaren größte Vorkommen der Kalifornischen Fächerpalme im Nationalpark. Sie wachsen in einem tiefen Canyon. Der Weg dorthin ist jedoch lang, heiß und beschwerlich (6,5 km einfach!).

Praktische Tips

Anreise
Über die I-10 zum Südeingang bei Cottonwood Springs; über die CA-62 zum Nordeingang bei Twentynine Palms oder Joshua Tree.

Helmwachteln gehen gerne in Gruppen auf Nahrungssuche; sie besiedeln weite Teile des trockenen Südwestens.

Klima/Reisezeit
Heiße trockene Sommer (bis 40 °C im Pinto Basin) und mäßig kühle Winter. Gelegentliche Sommergewitter. Beste Reisezeit: Frühling (Blüte) und Herbst.

Unterkunft
Im Park: 9 teils sehr malerisch gelegene Campingplätze. Der Cottonwood Campground ist zu reservieren über MISTIX (s. S.188). Weitere Unterkünfte in Twentynine Palms, Joshua Tree, Yucca Valley, Desert Hot Springs, Palm Springs und Indio.

Adresse
74485 National Park Drive, Twentynine Palms, CA 92277, Tel. (619) 367-7511.

Blick in die Umgebung

Salton Sea, der 72 m unter dem Meeresspiegel gelegene, größte See Kalifoniens, entstand durch einen Unglücksfall. Während der Arbeit an einem Bewässerungskanal im Jahre 1905 brach ein Damm, und das vom Colorado River umgeleitete Wasser füllte die breite Senke südlich von Coachella auf. Heute ist der See ein Paradies für Vögel. Fast 380 Arten wurden gezählt, darunter viele Zugvögel. Sie können in der **Salton Sea State Recreation Area** und in der **Salton Sea National Wildlife Refuge** beobachtet werden. Beide Schutzgebiete liegen am Ostufer.

17 Death-Valley-Nationalpark

Sanddünen, weiße Salzkrusten und bunte Badlands; riesige Schwemmfächer, Vulkankrater und »wandernde Steine«; heißester und tiefster Punkt der USA; alle 6 Vegetationszonen der Trockengebiete; Rennkuckuck und Chuckwalla.

»Öde und lebensfeindlich« – dies ist der erste Eindruck der Besucher des kalifornischen Death Valley, und die Statistik verstärkt dieses Gefühl. Temperaturen bis 56,7 °C (gemessen im Juli 1913) und ein Niederschlag von kaum mehr als 50 mm pro Jahr scheinen zu bestätigen, daß der Name für diesen Ort richtig gewählt wurde. Dabei verbirgt sich hinter diesen Extremen eine unglaubliche Vielfalt von Landschaften, Tieren und Pflanzen, die selbst im Tal des Todes zum Leben erblühen.
Geologisch gesehen handelt es sich beim Death Valley um einen jungen Grabenbruch. Begleitet von Vulkanismus begann der Boden des heutigen Tals vor etwa 5 Mio. Jahren bis weit unter Meereshöhe abzusacken, während das angrenzende Land nach oben stieg. Insgesamt betrug die Vertikalbewegung an den Bruchlinien mindestens 6000 m, was erahnen läßt, in welchem Ausmaß die beteiligten Gesteinsschichten verbogen, zerbrochen und durcheinandergeworfen wurden. Verwitterung und Erosion tun seitdem ihr Werk und formen die Landschaft dieses abflußlosen Tals. Frost zersprengte das Gestein, Regenwasser riß die Bruchstücke mit sich fort und lagerte sie in weiten Schwemmfächern ab. Seen, die noch zu den Eiszeiten den Talboden bedeckten, hinterließen Sand, den der Wind zu Dünen zusammentrug. Im Laufe der Zeit häufte sich der gesamte Erosionsschutt zu einer fast 3000 m mächtigen Schicht auf. Trotzdem kann dieser Zuwachs mit der fortschreitenden Absenkung des Talbodens kaum Schritt halten, so daß sich das Profil des heute bereits -86 m tiefen Death Valley eher noch vertieft.
Nomadisierende Indianervölker streiften bereits vor Jahrtausenden durch das Death-Valley-Gebiet, aber erst Mitte des 19. Jh. kamen die ersten Weißen ins Tal. Funde von Silber, Gold, Kupfer, Blei und Borax brachten einen vorübergehenden Bergbauboom, der in den 1920er Jahren vom Tourismus abgelöst wurde, als bei Furnace Creek die ersten Unterkünfte entstanden. Als beliebter Überwinterungsplatz erhielt das Death Valley 1933 den Status eines National Monument, 1994 wurde es zum Nationalpark aufgewertet. Dieser ist mit rund 13000 km² derzeit der größte der USA (ohne Alaska).

◁ Das Badwater-Schild markiert den mit -86 m tiefsten Punkt der USA; er liegt in einer großen Salzpfanne.

Der Blick vom Zabriskie Point auf die Badlands rund um den Mt. Beacon lohnt sich vor allem bei Sonnenaufgang. ▷

Die rotköpfigen Truthahngeier sind im Südwesten allgegenwärtig; ihre Flügelspannweite beträgt fast 2 m.

Pflanzen und Tiere

Neben all den farbigen Gesteinen erscheint die Pflanzenwelt des Death Valley zunächst wenig interessant. Doch auch hier herrscht, dem weitgespannten Höhenprofil von fast 3500 m entsprechend, eine erstaunliche Vielfalt, denn der Nationalpark umschließt alle 6 (!) Vegetationszonen der Trockengebiete (s.S.18). So ganz bewußt wird man sich dieser Tatsache erst auf einer Fahrt in die umgebenden Bergketten, z.B. auf der Wildrose Road (s.unten). Im Tal selbst finden sich neben den weiter verbreiteten Arten der Trockenzone (s.S.19) auch viele Gewächse der Mojave Desert (s.S.27), in deren Einflußbereich das Death Valley liegt.

In den heißesten Regionen der Talsohle und auf den Schwemmfächern können sich allerdings nur wenige Spezialisten halten, allen voran der unverwüstliche Kreosotbusch und der »Desert Holly Saltbush«, die beide oft vom parasitisch lebenden Teufelszwirn überzogen sind. Nach einem der seltenen Frühlingsregen wandelt sich plötzlich das Bild. Blüten tauchen dann wie aus dem Nichts auf, so die hübschen Gauklerblumen »Bigelow's Monkeyflower«, »Purple Mats«, »Desert Goldpoppies«, ein Goldmohn, und die zu den Schönnesseln zählenden »Desert Rocknettles«. Sogar eine Orchidee, die »Stream Orchid«, erscheint jetzt an feuchten, geschützten Stellen!

Ab 1200–1300 m Höhe rücken dann als Leitpflanzen der Nußkiefer-/Wacholder-Zone (s.S.19) »Singleleaf Pinyons« und Utah-Wacholder (S.104) ins Bild. Im Frühjahr erscheinen die Blüten der »Beavertail«-Kakteen, der Mojave-Astern (S.130), der »Desert Indian Paintbrushes« und der Nachtkerzenart »Golden Evening Primrose«. Zwischen »Blackbrushes« (S.58) blühen die schönen »Desert Mariposas« aus der Familie der Liliengewächse. Es folgen die Übergangszone, die Montane Zone und schließlich die Subalpine und die Arktisch-alpine Zone, die in den höchsten Gipfeln der fast 3400 m hohen Panamint Range erreicht wird. Hier krallen sich Nevada-Zirbelkiefern und Great-Basin-Borstenkiefern (S.143) in die Hänge, und während unten im Tal das Leben im Hitzeschlaf dahindämmert, bleibt der Schnee hier bis in den Sommer liegen.

Die große Hitze bewirkt, daß die meisten Tiere im Death Valley erst in der Dämmerung oder nachts aktiv sind. So gehört die Beobachtung eines Kalifornischen Eselhasen (S.129) oder gar eines Dickhornschafes (S.61) in den Felswänden untertags eher zu den Ausnahmen. Das gilt auch für die Vögel, obwohl im Park 350 Arten beobachtet wurden, darunter der Rennkuckuck (s.S.113), der Kolkrabe und viele andere typische Arten der Trockengebiete (s.S.25). Sogar Reptilien machen sich rar. Nur gelegentlich kreuzt eine der rosa gefärbten »Coachwhip«-Schlangen die Straße, die Gehörnte Klapperschlange (s.S.71) verrät sich allenfalls durch ihre Spuren im Sand, und selten zeigt sich ein Chuckwalla zwischen den Felsen. Das bemerkenswerte an dieser dunkel gefärbten Echse: Bei Gefahr bläst sie sich auf und verkeilt sich so regelrecht im Gestein.

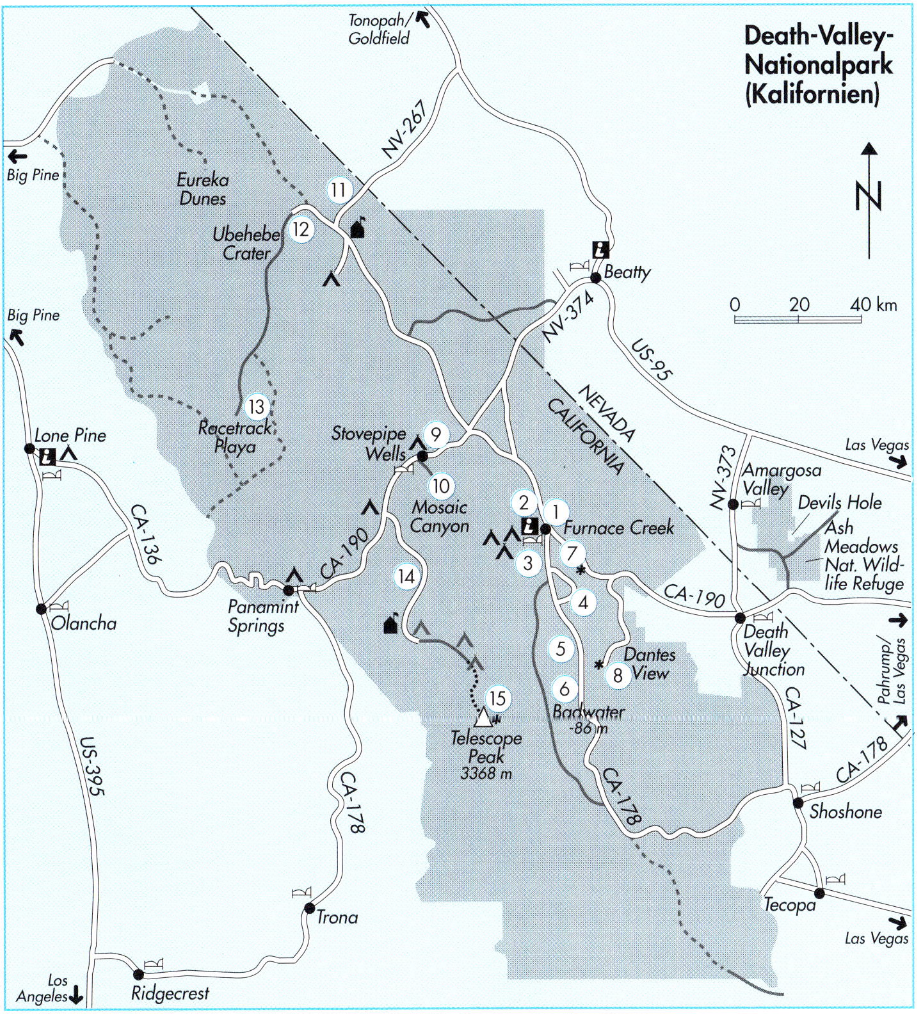

Im Gebiet unterwegs

All die Sehenswürdigkeiten des Death Valley zu besuchen, erfordert mehr als nur eine kurze Stipvisite. Zudem sollte klar sein: In der Gluthitze ab Mai sind tagsüber schon kurze Wanderungen eine Tortur und man rettet sich zwangsläufig ins klimatisierte Auto! Körperliche Aktivitäten sind dann nur am frühen Morgen anzuraten!

Ausgangspunkte für alle Unternehmungen sind die beiden touristischen Zentren Furnace Creek und Stovepipe Wells.

Furnace Creek: Direkt neben der Furnace Creek Ranch liegt das interessante **Besucherzentrum** ① des Nationalparks mit angeschlossenem Museum. Etwa 2 km nördlich davon findet man Reste der alten **Harmony Borax Works** ②. Sie stammen aus dem Jahr 1883.

Weitere Besuchspunkte reihen sich entlang der CA-178 in Richtung Badwater. So der **Golden Canyon** ③, der sich über 1,5 km durch farbige Badlands windet und zu Fuß erschlossen werden kann. Oder der **Artists Drive** ④: Auf dieser Rundfahrt (14,5 km, Einbahnstraße!) stehen farbige Gesteine im Mittelpunkt, besonders bei der **Artists Palette**. Sie entstanden, als aufsteigendes heißes Grundwasser die Mineralien des hier anstehenden Tuffs und anderer Vulkangesteine chemisch veränderte. Nach dem Abstecher zu der dicken, scharfkantigen Salzkruste des **Devils Golfcourse** ⑤ erreicht man schließlich **Badwater** ⑥. Eine Tafel markiert hier die tiefste Stelle Amerikas: -86 m! Sie liegt in einer 500 km^2 großen weißen Salzpfanne – dem kläglichen Überrest eines riesigen eiszeitlichen Sees.

Auch von der CA-190 aus können verschiedene interessante Punkte angefahren werden, z.B. die zerfurchten Badlands bei **Zabriskie Point** ⑦, nur 7 km von Furnace Creek. Ein besonderes Erlebnis ist hier der Sonnenaufgang. **Dantes View** ⑧ liegt in den Black Mountains auf 1669 m Höhe, 21 km von der CA-190 entfernt. Hier hat man den besten Blick über das Tal.

<u>Stovepipe Wells:</u> Besuchermagnet Nr. 1 sind die **Sanddünen** ⑨ östlich der Ansied-

Der parasitische lebende Teufelszwirn aus der Familie der Windengewächse erobert gerade einen Kreosotbusch.

◁ Mit seiner scharfkantigen Salzkruste wäre Devils Golf Course wirklich ein »teuflischer Golfplatz«.

Schräg einfallendes Sonnenlicht läßt die Konturen der ▷ Sanddünen bei Stovepipe Wells klar hervortreten.

lung. Der feine, gelbbraune Sand zeigt bei niedrigem Sonnenstand die schönsten Muster. Der enge, südlich Stovepipe Wells liegende **Mosaic Canyon** ⑩ dagegen fasziniert mit seinen Marmorwänden, die von den gelegentlich hier duchschießenden Wassermassen glatt geschliffen wurden.
Etwa 58 km sind es von Stovepipe Wells bis zu **Scottys Castle** ⑪ im Norden des Death Valley. Ein reicher Geschäftsmann erbaute dieses »Schloß« in den 1920er Jahren. Führungen 9.00–17.00 Uhr täglich,Tickets vor Ort. Nicht weit davon liegt der **Ubehebe Crater** ⑫, ein 150 m tiefes, 800 m durchmessendes »Loch«, das vor etwa 1000 Jahren durch eine Wasserdampfexplosion entstand. Ausgelöst wurde sie durch den Kontakt von aufsteigendem Magma mit dem Grundwasser.
Am Ubehebe Crater endet die asphaltierte Straße. Wer noch ein Abenteuer sucht, dem sei die **Racetrack Playa** ⑬ empfohlen (44 km einfach). Auf dem ausgetrockneten Boden dieser Salzpfanne hinterlassen »wandernde« Felsen deutliche Gleitspuren. Bis heute ist der Mechanismus dieses Prozesses nicht geklärt. Nur wenige Besucher wagen sich bis hierher, da die schlechte Piste ein Auto mit Bodenfreiheit, besser ein Allradfahrzeug erfordert. Vor allem im Frühjahr lohnt es sich jedoch, zumindest bis in die Hügel südlich des Ubehebe Crater vorzudringen, um hier die blühende Vegetation zu genießen.
Empfehlenswert ist auch die Fahrt in die Panamint Range auf der **Wildrose Road** ⑭, die 13 km westlich Stovepipe Wells von der CA-190 abzweigt. Man passiert fast alle Vegetationszonen, und im Frühjahr

Der »Beavertail Cactus« zählt zu den Feigenkakteen.

Blüten und Fruchtstände des Kreosotbusches, einem der zähesten Trockensträucher des Südwestens.

Die »Desert Rocknettle« öffnet ihre blaßgelben Blüten im Frühjahr; eine Berührung kann zu Hautrötungen führen.

begeistert die Blütenpracht. Die Straße wird schließlich zur Piste, ist ab den alten Kohlemeilern (Charcoal Kilns) kaum mehr mit normalen Autos zu bewältigen und endet nach 50 km am Mahogany Flat Campground. Von hier aus kann dann noch der **Telescope Peak** ⑮, der mit 3368 m höchste Berg im Park, bestiegen werden (11 km einfach).

Praktische Tips

Anreise

Vom Westen (Lone Pine) über CA-136 und CA-190 (landschaftlich äußerst interessante Strecke); vom Osten (Las Vegas) über US-95, NV-373 und CA-190 nach Furnace Creek. Alternativ und abwechslungsreicher: Die NV-160, NV-372 bzw. CA-178 nach Shoshone, dann weiter die CA-178 über Badwater nach Furnace Creek.

Klima/Reisezeit:

ACHTUNG: Im Death Valley herrschen Sommertemperaturen bis 50 °C (!), im Frühjahr und Herbst dagegen »nur« 20–30 °C. Frühjahrsblüte im Tal ab Mitte Februar, im Gebirge ab Anfang April. Beste Reisezeit: Oktober bis April.

Unterkunft

Im Park: Furnace Creek Ranch und Furnace Creek Inn (letzteres geschlossen 15. Mai bis 15. Oktober) und eine Lodge in Stovepipe Wells; Reservierung über Fred Harvey Inc., P.O. Box 187, Death Valley, CA 92328, Tel. (619) 786-2345. 10 Campingplätze, 3 auch im Sommer geöffnet, darunter Furnace Creek (zwischen Oktober und April Reservierung über MISTIX, Adresse s.S.188). Weitere Unterkünfte in den Orten der Umgebung, darunter 1 Motel in Panamint Springs, Tel. (702) 482-7680.

Adresse

Death Valley, CA 92328,
Tel. (619) 786-2331.

Blick in die Umgebung

Bei der Anfahrt über die US-95 / NV-373 kann ein Abstecher zur **Ash Mountain National Wildlife Refuge** eingeplant werden. Hierzu biegt man kurz vor der Staatsgrenze von Kalifornien auf den **Spring Meadows Drive** ab; nach 5 km ist dann das Schutzgebiet erreicht. Kristallklare Quelltümpel bilden hier eine Oase für Pflanzen und Tiere. In diesem Bereich liegt auch das noch zum Death-Valley-Nationalpark gehörende **Devils Hole**. Hier lebt in einem eingezäunten, kaum sichtbaren Felstümpel die gesamte Population des »Devils Hole Pupfish«, eines winzigen Zahnkärpflings.

Das düstere Chuckwalla, eine Leguanart, wird 20 cm lang.

18 Östliche Sierra Nevada

Kalktuff und Wasservögel am Mono Lake; Vulkanlandschaft um den Mammoth Mountain; älteste Bäume der Welt in den White Mountains; Felslabyrinth der Alabama Hills; Lebensgemeinschaften des Hochgebirges und der Trockengebiete.

Viele versteckte Naturjuwelen hat der Osten Kaliforniens zu bieten. Auf engem Raum laufen hier drei verschiedene landschaftliche und ökologische Großräume zusammen: Die über 4000 m hohe Sierra Nevada mit ihren schneebedeckten Gipfeln, die Ebenen und Bergrücken der Great Basin Desert und schließlich die Halbwüste der Mojave. Das Herzstück dieses als »Eastern Sierra« bezeichneten Landstrichs erstreckt sich über fast 200 km; vom Yosemite-Nationalpark im Norden bis zum Mt. Whitney bei Lone Pine im Süden.
Die Hebung des Sierra-Nevada-Tiefengesteinskörpers (s. S.154) wirkte sich auch auf das östlich angrenzende Gebiet aus. Parallel schob sich dort die White-Inyo-Bergkette auf über 4000 m Höhe auf. Zwischen den beiden Hochgebirgen aber sackte das Terrain zu einem tiefen Grabenbruch ab. Ausgeprägter Vulkanismus begleitete diesen Prozeß und hinterließ all die Krater, Schlackenkegel, Lavaströme und Thermalgebiete der sogenannten Mammoth-Mono-Vulkanregion. Zwischen dem Mono Lake und dem Ort Bishop gelegen, gilt diese als einer der gefährlichsten Unruheherde der gesamten USA, die – häufige Erdbeben deuten es an – jederzeit wieder aktiv werden könnte.
Neben dem Feuer wirkte Eis maßgeblich an der Gestaltung der Landschaft mit. Mächtige Gletscher lagerten Gesteinsschutt in Moränen ab, und ablaufendes Schmelzwasser ließ eine Kette von Seen entstehen, die einst bis zum Death Valley reichte. Mit Ausnahme des Mono Lake und des weiter südlich liegenden Owens Lake trockneten sie alle gegen Ende der letzten Eiszeit aus. Der Owens Lake ist mittlerweile allerdings auch kein See mehr, denn er wurde durch hemmungslosen Wasserentzug in diesem Jahrhundert vom Menschen zur Wüste gemacht.

Pflanzen und Tiere

Die enormen Höhendifferenzen und der von der Sierra Nevada ausgeübte Regenschatteneffekt wirken sich dramatisch auf Klima und Vegetation aus. Während die Hochlagen des Gebirges über 1500 mm Jahresniederschlag erhalten, stehen den östlich davon liegenden Landstrichen

Die sechseckigen »Teufelspfosten« des Devils Postpile National Monument bestehen aus Basalt.

In der South Tufa Area des Mono Lake stehen die schönsten Kalktuffsäulen; im Hintergrund die Sierra Nevada.

Bärentrauben (Gattung *Arctostaphylos*) sind Heidekrautgewächse. Die häufigste Art ist »Greenleaf Manzanita« mit becherförmigen Blüten (links) und rotem Stamm (rechts). Sie kommt in der Übergangszone der Trockengebiete und im Chaparral vor.

Knorrige Great-Basin-Borstenkiefern im Ancient Bristlecone Pine Forest; die ältesten sind über 4700 Jahre alt.

Die süß duftende »Desert Peach« aus der Familie der Rosaceae ist in der östlichen Sierra Nevada häufig.

»Rose Penstemon« ist der auffälligste Bartfaden der Sierra Nevada; er gehört zur Familie der Braunwurzgewächse.

kaum 300 mm zur Verfügung. Halbwüste und Hochgebirge liegen dicht beieinander und tragen mit ihren jeweils typischen Lebensräumen zum breiten Spektrum von Pflanzen- und Tierarten bei.
In den oberen Osthängen der Sierra Nevada dominieren Nadelwälder (s.S.16) mit der Jeffrey-Kiefer als häufigster Art. Die auffälligsten Bäume sind aber Amerikanische Zitterpappeln (S.80) – zumindest während der Laubfärbung im Herbst. Die einzelnen Vegetationszonen sind hier wegen des Regenschatteneffekts nach oben verschoben, und die Trockenpflanzengemeinschaften ziehen sich bis auf gut 1500 m Höhe hinauf. Sie beherrschen auch das Tal zwischen der Sierra Nevada und der White-Inyo-Bergkette. Unter die für die Great Basin Desert typischen »Shadscale«- und Wermutstrauch-Gemeinschaften (S.100) mischen sich »Desert Peach«, » Rabbitbrush« (S.105) und andere Trockensträucher (s.S.19). Im Frühjahr öffnen »Mule Ears« und der Bartfaden »Rose Penstemon« ihre Blüten. Im Süden macht sich mit dem Erscheinen des Kreosotbusches (S.139) schon der Einfluß der Mojave Desert bemerkbar.
Die mittleren Lagen der White-Inyo-Bergkette werden von den Pflanzen der Nußkiefer-/Wacholder-Zone (s.S.19 ff.) eingenommen, wobei die Nußkiefern hier durch die »Singleleaf Pinyon« vertreten sind. Berühmt aber wurde das Gebirge vor allem für eine botanische Kostbarkeit, die in viel größeren Höhen wächst: Die Great-Basin-Borstenkiefern, die ältesten Lebewesen der Welt. Mit ihnen sind bisweilen Nevada-Zirbelkiefern vergesellschaftet.
Wie bei den Pflanzen, so findet man auch in der Tierwelt eine Mischung von Hochgebirgsbewohnern (s.S.17) und weit verbreiteten Trockenspezialisten (s.S.23). In diesem Raum leben Schwarzbären (S.152) und Maultierhirsche (S.102) neben Kojoten (S.25) und Kalifornischen Eselhasen (S.129), Dickhornschafe (S.61) neben Gabelböcken (S.91). Bei den Vögeln reicht die Spanne von den Hähern, Meisen und Kleibern der höchsten Nadelwälder bis zum Beifußhuhn der Wermutstrauch-Steppe. Viele der 300 vorkommenden Vogelarten besuchen nur zur sommerlichen Brutzeit die »Eastern Sierra«, darunter Kaliforniermöwen.
Der Einfluß der Trockengebiete, und hier vor allem der Mojave, wird bei den Repti-

lien deutlich: Ob Wüsten-Krötenechse (S.100), Seitenfleckenleguan, Halsbandleguan (S.95) oder Chuckwalla (S.140) – sie alle konzentrieren sich in den wärmsten südlichen Gebieten der Region, z.B. im trockenen Owens-Tal.

Im Gebiet unterwegs

Durch die »Eastern Sierra« zieht sich als Hauptverkehrsader die US-395; sie gewährt Zugang zu einigen interessanten Gebieten:

Mono Lake Tufa State Reserve ①. Malerisch bei der Ortschaft Lee Vining gelegen, begeistert der Mono Lake durch seine vielgestaltigen Steinsäulen, die so eindrucksvoll aus dem Wasser ragen. Sie bestehen aus Kalktuff (»tufa«), der beim Kontakt kalkhaltigen Quellwassers mit dem salzigen Seewasser ausgefällt wurde – und zwar in einer Zeit, als der Spiegel des Sees noch wesentlich höher lag als heute. Denn nachdem man 1941 begonnen hatte, die Zuflüsse des Mono Lake für die Wasserversorgung von Los Angeles zu nutzen, fiel der Pegel allmählich um 12 m! Die schönsten Formen der nunmehr exponierten seltsamen Kalktürme liegen in der **South Tufa Area** am südlichen Seeufer.

Bis zu 50000 Kaliforniermöwen (oder 85 % der Gesamtpopulation) brüten Jahr für Jahr am Mono Lake. Auch ungeheuere Mengen von Zugvögeln machen auf dem See Station; so versammeln sich hier im Spätsommer und Herbst ca. 150000 Wilson- und Odinshühnchen und rund 800000 Schwarzhalstaucher. Sie alle leben von zwei ständigen Seebewohnern: den zahllosen »Brine Shrimps«, einem winzigen Krebs, und den Myriaden von Salzfliegen und deren Larven. Seit es 1994 nach jahrelangen Auseinandersetzungen endlich gelang, die Wasserentnahme aus den Zuflüssen des Sees zu stoppen, scheint dessen Zukunft nun gesichert; der Wasserspiegel soll jetzt sogar wieder angehoben

Gelbkiefern sind die typischen Bäume der Übergangszone der Trockengebiete; kennzeichnend ist die rotgelbe Rinde.

Die Gattung der Strumpfbandnattern ist sehr artenreich.

werden. Die aktuellsten Informationen hat das sehr interessante neue Besucherzentrum nördlich von Lee Vining.
Südlich des Mono Lake bestimmen die Mono Craters die Landschaft. Der jüngste dieser Vulkankrater, der unmittelbar am See liegende **Panum Crater**, wird auf ein Alter von nur 640 Jahren geschätzt. Er produzierte u.a. große Mengen von vulkanischem Glas oder Obsidian und kann besucht werden.

Devils Postpile National Monument ②. 20 km südlich von Lee Vining ragt der meist schneebedeckte Vulkangipfel des erst 40000 Jahre alten, über 3300 m hohen Mammoth Mountain empor. An seinen Hängen entstand ein großes Skizentrum, von dem sich eine enge Straße in das tiefer in der Sierra Nevada gelegene Devils Postpile National Monument windet. Dessen Hauptattraktion sind eine Reihe 6-eckiger, bis 20 m hoher Basaltsäulen, die »Teufelspfosten«. Sie entstanden bei der Abkühlung eines mächtigen Lavastromes vor 100000 Jahren. Daneben kann man zu einem Wasserfall (Rainbow Falls) wandern, der 30 m über eine Lavaschwelle stürzt. Das Monument ist meist November bis Mai geschlossen; im Sommer transportieren Pendelbusse die Besucher. Diese starten beim Skizentrum.
Ganz in der Nähe lohnen die idyllischen, 2600–2700 m hoch gelegenen **Mammoth Lakes** einen Abstecher; man erreicht sie von der gleichnamigen Ortschaft aus. Auskünfte über alle Attraktionen dieser Region geben die Touristeninformation in Mammoth Lakes und das Besucherzentrum des Mammoth Ranger District.

Die braune Dachsammer mit ihrer auffällig schwarz-weißen Kopfzeichnung kommt in vielen Lebensräumen vor.

Ancient Bristlecone Pine Forest ③. In den oberen Felsregionen der White Mountains östlich von Bishop stehen Bäume, die schon zur Zeit der ägyptischen Pharaonen gelebt haben: Es sind die Great-Basin-Borstenkiefern, deren ältestes Exemplar bereits 4700 Jahre überschritten hat und damit den Altersrekord aller Bäume hält ! Vom Wind zerzaust und zu den unglaublichsten Formen verdreht, krallen sich diese Methusalems in den felsigen Untergrund. Sie wachsen extrem langsam, und manchmal verrät nur ein einziger begrünter Ast oder Zweig ihren zähen Lebenswillen. Abgestorbene Exemplare bleiben noch lange stehen, konserviert durch ihr hartes, harzreiches Holz. Ihre Jahresringe geben Aufschluß über die klimatischen Bedingungen vergangener Jahrtausende.
Ausgangspunkt des Besuchs ist Big Pine an der US-395. Von hier führt eine enge Straße hinauf zur **Schulman Grove**, wo am kleinen Informationszentrum Fußwege zu den Borstenkiefern beginnen. Über eine holperige Piste erreicht man schließlich den höchsten anfahrbaren Punkt des Gebirges, die **Patriarch Grove**. Dort wachsen weitere Borstenkiefern.

Mt. Whitney Portal Road ④. Als eine der wenigen Stichstraßen führt die Mt. Whitney Portal Road vom Städtchen Lone Pine

Die Zapfen der Great-Basin-Borstenkiefer werden bis 8 cm lang; die Nadeln wachsen, wie bei allen Kiefern, in Bündeln.

in die unüberwindliche Mauer der Sierra Nevada. Unterwegs passiert sie die imposanten rosabraunen Granithügel der **Alabama Hills** (S.10), die von der Verwitterung zu ungewöhnlichen Formen zerkleinert wurden. Das gerne von der Filmindustrie genutzte Felslabyrinth liegt direkt vor der Kulisse des höchsten Berges, des Mt. Whitney (4418 m). Die Straße schraubt sich in Spitzkehren bis zum Fuß dieses Berges und endet dort in einem Feriengebiet.

Owens Lake ⑤. Südlich von Lone Pine hat sich menschliche Unvernunft ein Denkmal gesetzt. Noch bis ins 20. Jh. lag hier der Owens Lake, ein tiefblauer See von 285 km² Fläche und 10 m Tiefe, ähnlich dem Mono Lake. Auf ihm verkehrten sogar Schiffe, die Silber aus den Minen in den Inyo Mountains transportierten. Die sich ausbreitende Landwirtschaft und der Durst von Los Angeles machte dem See aber schnell den Garaus. Ohne Kontrolle wurde das Wasser abgeleitet. Das Resultat: Bereits um 1920 war der Owens Lake zu einem graubraunem Becken ausgetrocknet - ein Schicksal, das dem Mono Lake in letzter Sekunde erspart blieb.

Praktische Tips

Anreise: Siehe oben.

Klima/Reisezeit
Je nach Höhe trocken oder feuchter mit großen Temperaturschwankungen. Im Sommer bis nahe 40 °C im Tal, gelegentliche Wärmegewitter; im Winter kalt mit viel Schnee in den höheren Lagen. Beste Reisezeit: Frühsommer und Herbst.

Unterkunft
Motels in den Orten an der US-395; Campingplätze in allen Besuchsgebieten.

Adressen

- Mono Lake Information Center, P.O. Box 29, Lee Vining, CA 93541, Tel. (619) 647-6595;
- Mammoth Lakes Visitors Bureau, P.O. Box 48, Mammoth Lakes, CA 93546, Tel. (619) 934-8006 oder 1-800 367-6572 (innerhalb der USA);
- Inyo National Forest Visitor Center, White Mountain District, 98 N. Main, Bishop, CA 93514, Tel. (619) 873-4207;
- Chamber of Commerce, 126 S. Main, P. O. Box 749, Lone Pine, CA 93545, Tel. (619) 876-4444.

Blick in die Umgebung

Weitere Ziele in der Östlichen Sierra Nevada lohnen einen Abstecher; so die 3 Seen des **June-Lake-**Erholungsgebietes südlich Lee Vining, der **Convict Lake** etwa 15 km südlich Mammoth Lakes oder das **Onion Valley**, ein malerisches Hochgebirgstal bei Independence. Liebhaber von Geisterstädten sei **Bodie** empfohlen. Die ehemalige Goldgräbersiedlung etwa 45 km nördlich Lee Vining hatte um die Jahrhundertwende 10000 Einwohner und 65 Saloons! Viele der Gebäude samt Inneneinrichtung sind erhalten und heute in einem State Historical Park geschützt, der auch ein kleines Museum einschließt.

19 Yosemite- Nationalpark

Seenreiche Hochgebirgslandschaft der Sierra Nevada; gletschergeformte Schönheit des Yosemite Valley; grandiose Wasserfälle, darunter die höchsten der USA; reiche Bergwiesenblüte im Frühsommer; Schwarzbären und Wanderfalken.

Der kalifornische Yosemite-Nationalpark gehört zu den bekanntesten Schutzgebieten der USA. Und das mit Recht, denn – jenseits aller Kommerzialisierung – erwartet den Besucher hier eine einmalig schöne Gebirgslandschaft. Nadelwälder wechseln mit blumenreichen Wiesen, nackter Fels mit kristallklaren Seen, und überall sind die Spuren der mächtigen Gletscher zu sehen, die noch vor wenigen Jahrtausenden die Sierra Nevada (s.S.154) bedeckten.

Im Mittelpunkt des Parks steht das Yosemite Valley, das 11 km lange und 1,5 km breite »Unvergleichliche Tal«, wie es der Naturphilosoph John Muir einst nannte. Gletscher hobelten es zu einer U-förmigen Wanne aus, die von mächtigen Granitdomen überragt wird, darunter der 2695 m hohe Half Dome. Aus ehemals sanft abfallenden Hängen formten die Eismassen so steile Klippen wie die 1000 m senkrecht ansteigende Wand des El Capitan; Nebentäler, in denen sich kleinere Gletscher bewegten, wurden zu Hängetälern. Aus ihnen stürzen sich die höchsten Wasserfälle der USA, die Upper und Lower Yosemite Falls mit zusammen 740 m Fallhöhe. Während ihrer Vorstöße häuften die Gletscher 700 m Schutt auf den früheren Talboden. Endmoränen stauten zudem das ablaufende Schmelzwasser zu einem riesigen See, dem Lake Yosemite, der erst mit dem Klimawechsel am Ende der Eiszeiten allmählich verlandete.

1851 von den Weißen entdeckt, wurde das Yosemite Valley bereits 13 Jahre später unter Schutz gestellt. 1890 folgte die Gründung des Nationalparks; 1984 wurde das 3084 km² große Gebiet von der UNESCO zum Weltnaturerbe erklärt. Die imposante Landschaft inspirierte unzählige Maler und Fotografen wie den berühmten Ansel Adams und schlug schon 1954 über 1 Million Besucher in ihren Bann. Mittlerweile kommen mehr als 4 Millionen pro Jahr, und in dem häufig von Verkehrsstaus geplagten Tal entstand eine regelrechte Stadt mit allen Bequemlichkeiten.

◁ Der Vernal Fall erreicht seine volle Stärke im Mai/Juni.

Mit einer Fallhöhe von zusammen 740 m sind die Upper ▷ und Lower Yosemite Falls die höchsten Wasserfälle der USA.

»Pacific Dogwood«, ein Hartriegel, ist in den mittleren Lagen der Sierra Nevada häufig; er blüht im Mai/Juni.

Pflanzen und Tiere

Von 600 m bis zur Spitze des 3998 m hohen Mt. Lyell zeigt der Nationalpark einen nahezu kompletten Querschnitt der typischen Lebensräume der Sierra Nevada: Die unteren Lagen der Westhänge nimmt der Chaparral (s.S.14) ein. Im 1200 m hoch gelegenen Yosemite Valley bilden Gelbkiefern (S.145), Kalifornische Schwarzeichen und Rauchzedern einen lockeren Mischwald, der von dem Hartriegel »Pacific Dogwood« aufgelockert wird. Dieser meist nur wenige Meter hohe Baum ist gut an seinen schattigen Standort angepaßt und vollbringt die maximale Photosyntheseleistung auch noch bei geringem Lichteinfall. Großblättriger Ahorn, Kalifornische Balsampappeln und Weiden säumen den Merced River. Außerhalb des Tals dominieren Nadelwälder (s.S.17), in denen auch kleinere Bestände von Mammutbäumen (s.S.159) wachsen. Bergwiesen wie die an der Tioga Road gelegenen Tuolumne Meadows schmücken sich im Sommer mit den bunten Blüten des »Indian Paintbrush« (S.87), des Läusekrautes »Elephant Heads« und der Götterblume »Jeffrey Shooting Star«.

Der Virginia-Uhu besiedelt die Wälder des Parks bis zur Baumgrenze, dringt aber auch in andere Lebensräume vor.

Unter den fast 80 Säuger- und 250 Vogelarten des Parks befinden sich viele der für die gesamte Sierra Nevada typischen Tiere (s.S.17). Maultierhirsche (S.102), Eichelspechte und die als Campingplatz-Räuber bekannten Diademhäher (S.86) sind die häufigsten Talbewohner. Am Merced River lassen sich manchmal Grauwasseramseln oder Gürtelfischer (S.36) beobachten. In den Hochlagen sind Chickaree-Hörnchen und Streifenhörnchen (S.44) zu Hause. Wie der Kiefernhäher (S.18) ernten sie gerne die Samen der Weißstämmigen Zirbelkiefern. Ihre Nahrungsdepots werden gelegentlich von den im Park häufigen Schwarzbären geplündert.
Aber auch seltenere Tiere finden im Nationalpark einen Lebensraum. Nach Jahren der Abwesenheit werden z.B. Wanderfalken wieder beobachtet. 1995 wurden 5 Brutpaare gezählt; sie favorisieren die Klippen von El Capitan und Glacier Point. Steinadler (S.43) kreisen über den Felsmassiven, während der Virginia-Uhu die dichten Wälder bevorzugt. Die zur Jahrhundertwende ausgerotteten Dickhornschafe (S.61) wurden 1986 wieder angesiedelt; sie leben heute im Osten des Parks. Ebenso spielen Pumas (S.78) eine wichtige Rolle, auf deren Speisezettel u. a. auch Maultierhirsche stehen.

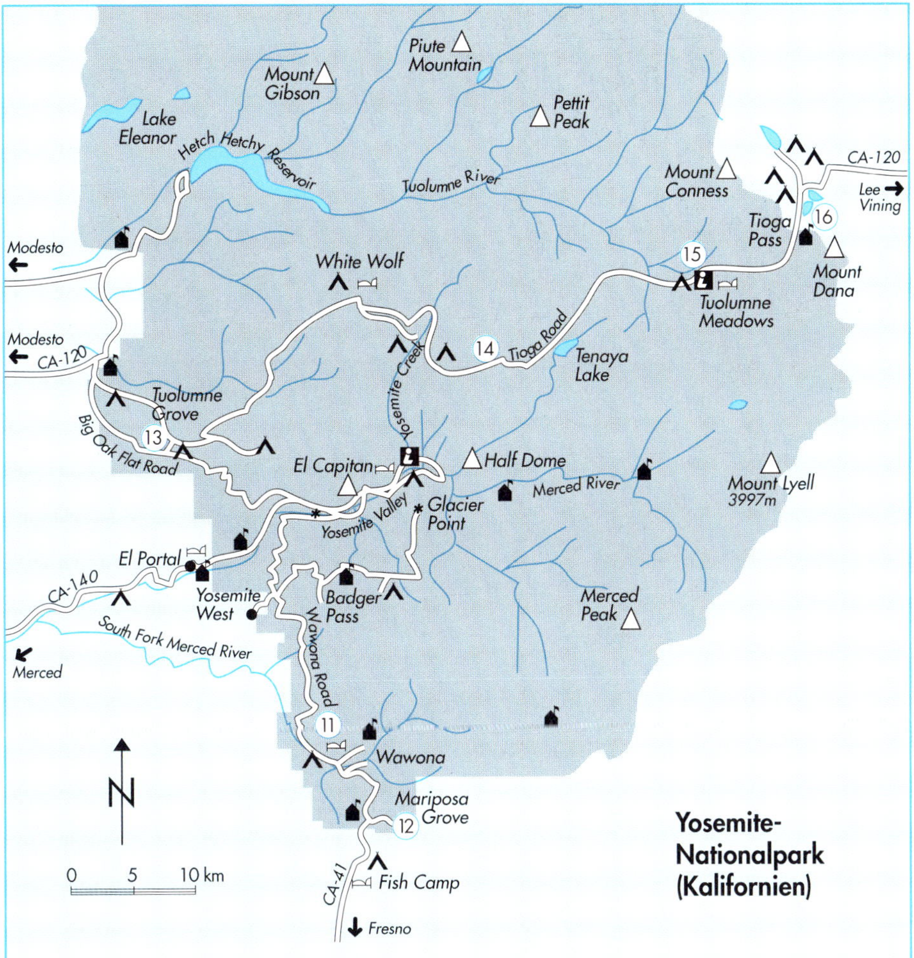
Yosemite-Nationalpark (Kalifornien)
Piute Mountain
Mount Gibson
Pettit Peak
Lake Eleanor
Hetch Hetchy Reservoir
Tuolumne River
Mount Conness
CA-120
Lee Vining
Tioga Pass
16
Mount Dana
15
Tuolumne Meadows
Modesto
White Wolf
Modesto
CA-120
14
Tioga Road
Tenaya Lake
Yosemite Creek
Tuolumne Grove
13
Big Oak Flat Road
El Capitan
Half Dome
Merced River
Mount Lyell 3997m
Yosemite Valley
Glacier Point
El Portal
CA-140
Yosemite West
Badger Pass
Merced Peak
South Fork Merced River
Merced
Wawona Road
11
Wawona
Mariposa Grove
12
Fish Camp
CA-41
Fresno
0 5 10 km

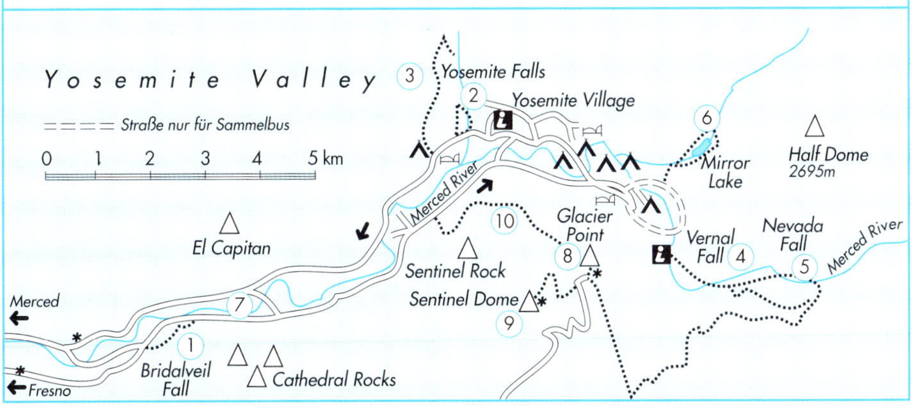
Yosemite Valley
Straße nur für Sammelbus
0 1 2 3 4 5 km
3
Yosemite Falls
2
Yosemite Village
6
Mirror Lake
Half Dome 2695m
Merced River
10
Glacier Point
Vernal Fall
4
Nevada Fall
5
Merced River
El Capitan
Sentinel Rock
8
Sentinel Dome
9
Merced
7
1
Bridalveil Fall
Cathedral Rocks
Fresno

Blick über das Yosemite Valley vom Tunnel Viewpoint aus; er liegt am Ostende des Wawona-Tunnels.

Schwarzbären sind im Park sehr häufig. Hier ist deshalb besondere Vorsicht angebracht, besonders beim Campen!

Der zarte »Jeffrey Shooting Star« bringt Farbtupfer in die sommerlichen Bergwiesen an der Tioga Road.

Im Gebiet unterwegs

Ob zu Fuß, per Auto oder Bus, mit Fahrrad, Pferd und Kutsche oder auch auf Skiern im Winter unterwegs – die Möglichkeiten für Aktivitäten im Yosemite sind nahezu unbegrenzt. Zentraler Anlaufpunkt ist das Yosemite Valley mit seinen Unterkünften, dem Valley-Besucherzentrum und Museen. Um den Autoverkehr zu reduzieren, wurden Fahrradwege und ein kostenfreier Sammelbus-Service eingerichtet, der im 10-Minuten-Rhythmus die wichtigsten Punkte im Tal anfährt. Auch die Zubringerbusse für Wandergebiete außerhalb des Tals (Glacier Point und Tioga Road) starten hier! Hilfreich für alle Unternehmungen ist der »Yosemite Road Guide«.

Die Wasserfälle, Hauptattraktion im Tal, zeigen sich zur Zeit der Schneeschmelze von April bis Juli in ihrer vollen Pracht. Dann ist Schutz vor Wasserspray angebracht! Zu den attraktivsten gehören der **Bridalveil Fall** ①, der sich 189 m herabstürzt (400 m vom Parkplatz), und die **Lower Yosemite Falls** ② (Rundweg 800 m). Der Besuch weiterer Fälle erfordert mehr körperlichen Einsatz: Die **Upper Yosemite Falls** ③ eine knapp 6 km lange (einfach!) Klettertour vom Sunnyside-Campingplatz mit fast 900 m Höhengewinn, der 97 m hohe **Vernal Fall** ④ einen 2,5 km langen (einfach) Anstieg über felsiges Terrain entlang des Merced River. Bis zu dem 181 m hohen **Nevada Fall** ⑤ sind es weitere steile 3 Kilometer (einfach). Zum Happy Isles Nature Center, dem Startpunkt dieser Wanderung, ist kein privater Autoverkehr erlaubt; man nimmt den Sammelbus bis Haltestelle 16. Außer den Wasserfällen hat das Tal aber auch andere Reize – trotz allen Rummels. Diese zeigen sich z.B. bei einem Spaziergang zum **Mirror Lake** ⑥ (3,0 km hin und zurück; 4,7 km zusätzlich für die Umrundung des Sees) oder auf den **El Capitan Meadows** ⑦ mit Blick auf den El Capitan und die Cathedral Rocks.

Der massive Granitblock des Half Dome vom Glacier Point aus gesehen; er ist das Wahrzeichen des Yosemite-Tals.

Außerhalb des Tals sollte man auf keinen Fall die folgenden Touren versäumen:

- Die Fahrt zum Glacier Point ⑧ mit dem klassischen Blick in das Yosemite Valley vom Wawona-Tunnel **(Tunnel View)** unterwegs. Am Glacier Point schaut man von 2200 m Höhe in das 1000 m tiefer liegende Tal; auch der markante Half Dome ist von hier besonders gut zu sehen. Eine Wanderung zum 2476 m hohen **Sentinel Dome** ⑨ wird mit einem 360°- Panorama belohnt (2 km einfach). Oder man steigt über den **Four Mile Trail** ⑩ (steil, 7,5 km) ins Tal ab.

Entlang der Tioga Road findet man viele eindrucksvolle Beispiele eisgeschliffener Granithügel und -hänge.

Die Sierra Nevada – ein Hochgebirge von Format

»Bergkette des Lichts« – so nannte der bekannte Naturforscher John Muir im letzten Jahrhundert das mächtige schneebedeckte Gebirge der Sierra Nevada, das den pazifischen Westen des Bundesstaates Kalifornien von den Halbwüsten im Osten trennt. Wie eine Mauer ragen die zackigen Gipfel in den meist blauen Himmel; inmitten einer Gruppe von Viertausendern befindet sich auch der höchste Berg der USA außerhalb Alaskas, der 4418 m hohe Mount Whitney.
Für den Verkehr bildet die Sierra Nevada ein oft unüberwindliches Hindernis, für viele Pflanzen und Tiere eine ökologische Insel und für das Klima eine markante Wetterscheide. Denn praktisch alle Feuchtigkeit der vom Pazifik herantreibenden Wolken bleibt an dieser Barriere hängen und sorgt in den höheren Lagen für nahezu 2000 mm Niederschlag pro Jahr und für eine mehrere Meter hohe Schneedecke im Winter. Von diesem Wasserreservoir profitieren nicht nur die Städte und die Landwirtschaft Mittel- und Süd-Kaliforniens, sondern auch eine artenreiche Tier-und Pflanzenwelt, zu der u.a. die gigantischen Mammutbäume (s.S.159) zählen. Zwei große Nationalparks, der Yosemite und der Sequoia-/Kings-Canyon schützen die wichtigsten Regionen dieses großartigen Hochgebirges.
Wie aber entstand die Sierra Nevada? Für die Beantwortung dieser Frage muß man weit in der Erdgeschichte zurückgehen, denn sie ist eng mit dem Prozeß der Kontinentalwanderung verknüpft (s.S.10). Vor nur 200 Mio. Jahren war das Gebiet der heutigen Gebirgskette noch eine ruhige, von marinen Sedimenten und vulkanischen Ablagerungen bedeckte Ebene. In der Tiefe begann es allerdings bereits gewaltig zu rumoren, denn hier hatte die Aufschmelzung der Farallon-Platte begonnen, und glutflüssige Gesteinsblasen drangen langsam bis in die oberen Erdschichten vor. Dort erstarrten sie, ohne die Oberfläche zu erreichen, als sogenannte magmatische Tiefengesteinskörper oder Plutone zu Granit. Aus etwa 100 dieser Plutone setzt sich die heutige Sierra Nevada zusammen.
Vor 80 Mio. Jahren war dieser Prozeß dann abgeschlossen. Spätere Hebungen, besonders während der letzten 20 Mio. Jahre, schoben das »unterirdische Gebirge« dann allmählich an die Oberfläche, Verwitterung und Erosion trugen die Deckschichten ab und griffen den Granit schließlich selbst an. Während die stärker emporgedrückte Ostseite heute die steilsten und höchsten Berge besitzt, fraßen sich auf der sanfter geneigten Westseite die Flüsse tief ins harte Gestein. Zurück blieb eine zackige Bergkette die im Spanischen treffend »Sierra« (Säge) genannt wird.
In den Eiszeiten erhielt die Sierra Nevada dann ihren vorerst letzten Schliff. Gletscher veränderten die Landschaft: Sie hobelten Becken aus, die sich später mit Bergseen füllten, weiteten schmale Canyons zu breiten U-förmigen Tälern und ließen den mitgeführten Gesteinsschutt als Moränenwälle zurück. Die ungeheueren Dimensionen dieser Vorgänge sind heute nur schwer vorstellbar. So schob sich z. B. auf dem Höhepunkt der Vereisung ein 1000 m dicker Gletscher durch das Yosemite-Tal, und auch bei Cedar Grove im Kings-Canyon-Nationalpark bildete sich eine 70 km lange Eiszunge.

- ❑ Den Besuch des historischen Wawona ⑪ im Süden. Kurz vor der Nationalparkgrenze bietet sich außerdem ein Abstecher zur **Mariposa Grove** ⑫ an, der vorzugsweise mit dem Sammelbus von Wawona aus erfolgen sollte. Hier wachsen rund 500 Mammutbäume, der größte Bestand im Park. Der mächtigste und älteste ist der 2700 Jahre alte »Grizzly Giant«. Man kann die Bäume zu Fuß besuchen (1,3 km zum Grizzly Giant) oder per »Elektro-Zug«, der zwischen Mitte Mai und Mitte Oktober im 20-Minuten-Rhythmus verkehrt.
- ❑ Den Abstecher zur Tuolumne Grove ⑬ an der **Old Big Oak Flat Road**, die von der Tioga Road als Einbahnstraße abzweigt. Hier finden sich weitere imposante Mammutbäume, die mit Muße betrachtet werden können.
- ❑ Die kontrastreiche Fahrt ins Hochgebirge auf der Tioga Road ⑭. Überall fallen Gletscherspuren auf: Becken, die sich zu tiefblauen Seen füllten **(Siesta Lake, Tenaya Lake)**, polierter Fels sowie Moränenschutt oder einzelne Felsblöcke (Findlinge). Bei den **Tuolumne Meadows** ⑮, einem zur Bergwiese verlandeten See mit Besucherzentrum, ergeben sich vielfältige Wandermöglichkeiten, z.B. zum **Lembert Dome** (1,6 km einfach, steil!) oder zum **Dog Lake** (2,5 km einfach). Am **Tioga Pass** ⑯, dem mit 3031 m höchsten Punkt der Straße, verläßt man schließlich den Nationalpark in Richtung der Ortschaft Lee Vining.

Praktische Tips

Anreise
Vom Westen über die CA-108/120 bzw. CA-140; vom Osten über die CA-120 (Tioga Pass Road, Oktober bis Juni geschlossen), vom Süden über die CA-41. ACHTUNG: Das Yosemite Valley ist an Sommerwochenenden oft hoffnunglos überfüllt und muß dann gesperrt werden. Bitte entsprechend planen!

Gambelmeisen sind allen Wäldern des Südwestens zu Hause; im Sommer ziehen sie in die höheren Lagen.

Klima/Reisezeit
Warme, trockene Sommer im Yosemite Valley (tagsüber bis 30°C, nachts unter 10°C), in den höheren Lagen entsprechend kühler; kalte, schneereiche Winter. Beste Reisezeit: Mai bis Oktober.

Unterkunft
Im Park: 4 Lodges im Yosemite Valley, 3 weitere in Tuolumne Meadows, Wawona und White Wolf (Reservierung über Yosemite Park and Curry Company, 5410 East Home, Fresno, CA 93727, Tel. (209) 252-4848). Mehrere Campingplätze, davon 6 im Yosemite Valley; alle außer Sunnyside können über MISTIX vorreserviert werden (Adresse s.S.188). Weitere Unterkünfte in Fishcamp, Oakhurst (CA-41), El Portal, Mariposa (CA-140), Buck Meadows, Groveland (CA-120) und Lee Vining (US-395). ACHTUNG: Zur Übernachtung ins Yosemite Valley **nur** mit Vorreservierung!

Adresse
P.O. Box 577, CA 95389,
Tel. (209) 372-0200.

20 Sequoia-/Kings-Canyon-Nationalpark

Sierra Nevada mit dem 4418 m hohen Mt. Whitney; mächtiger Canyon des Kings River; Chaparral-Vegetation der unteren Westhänge; Nadelwälder der mittleren Westhänge mit riesigen Mammutbäumen; Seen und Bergwiesen der Hochlagen.

Der Nationalpark-Zwilling in der kalifornischen Sierra Nevada (s.S.154) versammelt in seinen Grenzen gleich mehrere Superlative des Bundesstaates – ja, des ganzen Landes! So findet man hier einen fast kompletten Landschafts- und Vegetationsquerschnitt Mittelkaliforniens vom Chaparral bis zum Hochgebirge. Nur etwa 35 km Luftlinie trennen einen der tiefsten Canyons der Vereinigten Staaten, den Kings Canyon, vom höchsten Berg der »Lower Fortyeights«, dem Mt. Whitney . Und nicht zuletzt stehen hier auch noch die unvergleichlichen Mammutbäume, deretwegen wohl die meisten der heute 2,5 Mio. Besucher pro Jahr in den Nationalpark reisen.

1873 besuchte der Pionier John Muir das Gebiet und berichtete begeistert von seinen Naturschätzen. Ihm und einigen unermüdlichen Mitstreitern ist es zu verdanken, daß sie heute noch existieren, denn die Holzfäller standen bereits mit erhobener Axt vor den Toren. 1/3 aller Mammutbäume war damals bereits vernichtet, obwohl ihr Holz von weit minderer Qualität

Auf der Zufahrtsstraße zur Cedar Grove des Kings Canyon eröffnen sich viele dramatische Blicke.

ist als das der mit ihnen verwandten Küstensequoien (s.S.159). Die Gründung des Sequoia-Nationalparks im Jahre 1890 schob diesem Treiben einen Riegel vor. 1940 folgte der Kings-Canyon-Nationalpark; beide Parks zusammen bedecken eine Fläche von 3500 km^2.

Pflanzen und Tiere

Wie der Yosemite-Nationalpark (s.S.148), so bietet auch der Sequoia-/Kings-Canyon ein lückenloses Vegetationsprofil der Sierra Nevada, das sich von rund 500 m Höhe bis zum Gipfel des Mt. Whitney auf 4418 m spannt.
In den westlichen Vorgebirgen, den Foothills (500–1500 m), ist der **Chaparral** (s.S.14) sehr schön ausgeprägt. Beide Zufahrtsstraßen passieren im Frühling sein buntes Blumenmeer, das an feuchteren Stellen durch die Gauklerblume »Bush Monkeyflower« und das Liliengewächs »Ithuriels Spear« ergänzt wird. In der Cedar Grove des Kings Canyon wachsen außerdem die namensgebenden Rauchzedern, Gelbkiefern (S.145) und Kalifornische Schwarzeichen. Bärentrauben (S.142) und die Fiederspiere, ein niedriger, zu den Rosengewächsen zählender Busch, stellen den Unterwuchs, und »Harlequin Lupines« sorgen für Farbtupfer.
In den Westhängen erstreckt sich zwischen 1500 und 2500 m Höhe das **Reich der Mammutbäume**. 75 Groves (= Haine) sind aus der mittleren und südlichen Sierra Nevada bekannt, 33 davon liegen in den beiden Nationalparks. Ansonsten herrscht

◁ Nach Regenfällen verwandelt sich der South Fork Kings River in einen Strom; er schuf den tiefsten Canyon der USA.

Farbenfrohe Blüten der »Harlequin Lupine«. ▷

Die gelbe »Bush Monkeyflower« blüht im Chaparral.

von Bergwiesen aufgelockerter Nadelwald (s.S.16) vor, die Strauchschicht bilden der Hartriegel »Pacific Dogwood« (S.150) und die Alpenrose »Western Azalea« (S.163). Ab 2500 m aufwärts wechseln Bergseen und üppige Wiesen mit offenen Felsflächen ab, letztere nur spärlich bewachsen von windgepeitschten Fuchsschwanzkiefern (S.16) und Weißstämmigen Zirbelkiefern, die ab 3300 m alpinen Matten Platz machen. Sogar unter diesen rauhen Bedingungen erscheinen im kurzen Sommer viele attraktive Blumen; so an feuchten Stellen der Korbblütler »Bigelow's Sneezeweed« (S.17) und der »Alpine Laurel« (S.17), ein Berglorbeer. Zwischen den Granitblöcken leuchten die Primel »Sierra Primrose« und der »Alpine Phlox«.
Den größten Tierreichtum der Sierra Nevada beherbergen die Foothills. Im Chaparral sind Eicheln eine wichtige Nahrung, auf die Maultierhirsche (S.102), Schwarzbären (S.152) und viele Vögel angewiesen sind. Der Eichelspecht legt Wintervorräte aus Eicheln in eigens gezimmerten Baumhöhlen an, während der Buschhäher (S.82) als regelrechter Eichenpflanzer gilt. Dieser Vogel vergräbt viel mehr Eicheln als er verzehren kann und hilft so bei der Verjüngung des Waldes.
Eine ähnliche Rolle, die des »Sequoia-Pflanzers«, übernimmt in den Mammutbaum-Hainen das Chickaree-Hörnchen. Es sammelt, neben Samen der Zuckerkiefern (S.163) und anderer Kiefernarten, vor allem Zapfen der »Sequoias« als Wintervorrat, von denen es aber nur die saftigen Schuppen frißt. Die winzigen Samen werden dabei am Boden verstreut.
Die meisten Tiere der Hochlagen (s.S.17) sind dort nur im Sommer anzutreffen; eine Ausnahme bilden die ganzjährig aktiven Pfeifhasen. Als Wintervorrat tragen sie große Mengen von Heu in ihren Bau ein: Bis zum 300fachen ihres Eigengewichts von 100 g! Endemisch für die Sierra Nevada und einige benachbarte Bergketten ist der »Mountain Yellow-legged Frog«. Man trifft ihn bis in 3600 m Höhe!

Die kleinen Pfeifhasen oder Pikas bewohnen die höchsten Parkregionen; ihr lauter Pfiff ist jedem Wanderer vertraut.

Im Gebiet unterwegs

4 Teilregionen sind in den beiden Nationalparks für den Tourismus ausgebaut: Im Kings-Canyon-Nationalpark **Grant Grove** und **Cedar Grove**, im Sequoia-Nationalpark **Giant Forest** und **Mineral King**. Alle besitzen sie Besucherzentren (Mineral King nur eine Rangerstation) und Netze von Wanderwegen, zu denen erklärende Broschüren und Detailkarten angeboten werden.

Grant Grove ①: Am **General Grant Loop Trail** steht neben anderen Riesenbäumen der drittgrößte Mammutbaum der Parks, der General Grant Tree (0,8 km, Rund-

Kaliforniens »grünes Gold«

»Heureka, ich habs« soll der erste Goldsucher gerufen haben, der 1848 am Trinity River Nord-Kaliforniens fündig wurde. Zwei Jahre später benannte man danach das neu gegründete Hafenstädtchen Eureka an der Humboldt Bay. Doch das Flußgold erschöpfte sich schnell und man wandte sich einem ganz anderen Schatz zu – den hünenhaften »Redwoods« oder Küstensequoien. Diese Giganten gelten als lebendes Verbindungsglied zum Zeitalter der Dinosaurier.
Während ihre Vorfahren gegen Ende der Kreide (vor 145–65 Mio. Jahren) noch über die gesamte Nordhemisphäre verbreitet waren, ist die uralte Pflanzenfamilie heute mit nurmehr 3 Arten vertreten: Den Mammutbäumen, den ebenfalls in Kalifornien beheimateten riesigen Küstensequoien (S.181) und den kleineren chinesischen »Dawn Redwoods«.
Mit Rekordhöhen über 111 m werden Küstensequoien höher als ein 30-stöckiger Wolkenkratzer. Ihre Verwandten, die Mammutbäume, werden dagegen »nur« 80–90 m hoch, können dafür aber Stammdurchmesser von über 11 m und ein Gewicht von 1400 Tonnen (!) erreichen. Sie sind damit die größten Einzellebewesen der Erde. Küstensequoien erreichen ein Durchschnittsalter von 500–700 Jahren; der älteste unter ihnen wurde auf 2200 Jahre datiert. Diese Zahl bedeutet für die voluminösen Mammutbäume noch die Mitte des Lebens, denn für sie wurde ein maximales Alter von 3300 Jahren ermittelt. Wegen ihres flachen Wurzelsystems sind jedoch beide Baumarten sehr anfällig für Unterspülung und Sturm, so daß sie oft vor Erreichen ihres Maximalalters umkippen.
Küstensequoien und Mammutbäume pflanzen sich durch Samen fort, die kaum die Größe einer Haferflocke erreichen. Die Überlebensrate der Keimlinge ist minimal, denn viele Faktoren müssen zusammentreffen, um einem solchen Winzling das Fußfassen zu ermöglichen. Zu den wichtigsten gehört das Feuer, das den Wald vom Unterholz befreit und den Boden düngt; die Zapfen der Mammutbäume öffnen sich sogar erst nachdem sie vom Feuer erhitzt wurden. Die Bäume selbst schützen sich mit einer bis 30 cm dicken Rinde. Küstensequoien haben außerdem noch eine zweite Methode der Fortpflanzung parat: Sie sprossen aus schlafenden Knospen an der Stammbasis, die erst beim Tod des Mutterbaumes zum Leben erwachen.
Das Vorkommen der Küstensequoien ist auf einen knapp 50 km breiten Küstenstreifen Nord-Kaliforniens und Süd-Oregons beschränkt; ihre südlichsten Bestände finden sich im Muir Woods National Monument bei San Francisco (s.S.182). Mammutbäume dagegen gedeihen nur an den Westhängen der südlichen Sierra Nevada in Höhen von 1500–2400 m (s.S.154). In beiden Gebieten sorgen die vom Pazifik herantreibenden Wolken für ausreichende Niederschläge, wobei bei den Küstensequoien auch die sommerlichen Nebelbänke eine wichtige Rolle spielen. Allerdings: Von den urspünglichen »Redwood«-Wäldern überlebten nur etwa 4 % den jahrzehntelangen Raubbau, von den Mammutbäumen oder »Sequoias« entkamen 64 % der Axt – was sie vor allem ihrem spröderen Holz zu verdanken haben. Heute bemühen sich Verbände wie die 1918 gegründete »Save the Redwoods League« um die Bewahrung der letzten »Ewiggrünen«.

Einige der mächtigsten Mammutbäume des Giant Forest stehen am Congress Trail; hier die Senate Group.

weg). Andere empfehlenswerte Wege sind der **North Grove Loop Trail** (2,5 km, Rundweg) und der **Dead Giant Loop Trail** (3,5 km, Rundweg). Wer weiter wandern will, kann 10 km auf dem **Sunset Trail** zurücklegen. Dieser Pfad, der ca. 500 m Höhendifferenz aufweist, passiert Wasserfälle und den Sequoia Lake. Ein ehemaliges Abholzungsgebiet erschließt der **Big Stump Trail** nahe dem Parkeingang an der CA-180 (1,5 km, Rundweg). Auch im **Converse Basin** ② etwa 5 km nördlich Grants Grove leisteten Holzfäller ganze Arbeit.

Cedar Grove ③: Von 2000 m Höhe taucht die Zufahrtsstraße in vielen Kurven in den tiefen Kings Canyon ein, den der South Fork des Kings River eingeschnitten hat. Chaparral bestimmt das Bild und die Schlucht wird immer enger, bevor sie sich zu einem lieblichen, von hohen Felsendomen eingerahmten Tal, der Cedar Grove, öffnet. Hier, auf 1400 m Höhe, bieten sich vielfältige Ausflugsmöglichkeiten, z. B.:

- Eine 4 km lange Besichtigungsfahrt entlang des **Cedar Grove Motor Trail** mit einer beim Besucherzentrum erhältlichen Broschüre zur Geologie und Natur.
- Ein Spaziergang rund um die **Zumwalt Meadow** (2,5 km) oder **entlang des Flusses** von den Roaring River Falls zur Zumwalt Meadow (2,5 km einfach).
- Längere Wanderungen, z.B. zu den **Mist Falls** (13 km hin und zurück, Höhenunterschied 200 m).

Giant Forest ④: In diesem Gebiet stehen die wohl beeindruckendsten Mammutbäume, so auf dem **Congress Trail**, einem 3 km langen Rundweg. An seinem Beginn wächst der mächtigste Baum der Welt, der **General Sherman Tree**, der an seiner Basis mehr als 11 m Umfang hat! Im späteren Verlauf passiert man weitere Giganten wie den Chief Sequoyah Tree, den President

Die gewaltige Granitkuppel des Moro Rock liegt im Giant Forest; sie kann bestiegen werden.

Die »Snow Plant« besitzt kein Chlorophyll; ihre Nährstoffe bezieht sie von einem symbiontischen Wurzelpilz.

Cassingimpel bevorzugen die Nadelwälder der höheren Lagen und dringen sogar bis zur Baumgrenze vor.

Tree oder ganze Mammutbaumgruppen. Vom Congress Trail besteht die Möglichkeit, zum **Trail of the Sequoias/Circle Meadow Loop** abzubiegen; dies ist eine Rundwanderung über 10 km durch äußerst schönen, von Blumenwiesen aufgelockerten »Sequoia«-Wald.

Vom Giant Forest Village zweigt die Zufahrt zum **Moro Rock** ⑤ ab. Der Aufstieg zu diesem klotzigen Granitfelsen ist mühsam, von oben aber bietet sich ein ungehinderter Blick über die Bergwelt und das San Joaquin Valley im Westen. Schöner als die Anfahrt mit dem Auto ist der Anmarsch auf dem **Moro Rock/Soldiers Trail** (5 km einfach, einschließlich eines kurzen Abstechers zum **Hazelwood Nature Trail**).

Beeindruckende Tropfsteine aus Marmor findet man in der **Crystal Cave** ⑥. Dabei sind vom Giant Forest Village 20 km Anfahrt auf enger Straße und ein etwa 20-minütiger Abstieg zum Höhleneingang einzukalkulieren. Ranger führen stündlich Touren durch, Tickets gibt es im Lodgepole-Besucherzentrum im Giant Forest, nicht an der Höhle selbst!

Mineral King ⑦: Das am wenigsten besuchte Gebiet des Nationalparks liegt auf 2400 m Höhe und ist über eine kurvige Piste zu erreichen, die nördlich von Three Rivers von der CA-198 abzweigt. Früher wurde hier überall nach Silber gegraben; heute kann man in fast unberührter Bergwelt schöne Wanderungen zu versteckten Seen wie Eagle Lake, White Chief Lake oder Crystal Lake unternehmen. Diese erfordern jedoch alle mehrere Stunden Zeit und führen auf über 3000 m Höhe!

Die weiß blühende »Western Azalea«, eine Alpenrosenart.

Praktische Tips

Anreise

Zufahrt nur vom Westen. Zum Sequoia-Nationalpark (Giant Forest, Mineral King) über Visalia auf der CA-198; zum Kings-Canyon-Nationalpark (Grant Grove, Cedar Grove) über Fresno auf der CA-180. Im Park verbindet der Generals Highway die beiden Zufahrten.

Klima

Chaparral: trockene, heiße Sommer (tagsüber um 35°C) und feuchte Winter (um 15°C), 500–600 mm Jahresniederschlag zwischen November und April; höhere Zonen: Sommer trocken und je nach Höhenlage warm (bis 27° C im Mammutbaum-Gürtel) bis kühl (15°C im High Country). Jahresniederschlag 1000 bis 2000 mm in den höchsten Lagen, dort meist als Schnee. Beste Reisezeit: Im Chaparral Frühling und Herbst, im übrigen Gebiet Juni bis Oktober.

Unterkunft

In den Parks: 13 Campingplätze, meist von Mai bis Ende Oktober geöffnet, davon 7 im Kings-Canyon-Nationalpark (Grant Grove, Cedar Grove) und 6 im Sequoia-Nationalpark (Giant Forest, Mineral King und an der Parkstraße); für Lodgepole (Giant Forest) ist eine Reservierung über MISTIX (Adresse s.S.188) möglich.

Außerdem: Montecito Sequoia Lodge südlich Grant Grove am Generals Highway, Cabins in Silver City (Mineral King) und Lodges in Grant Grove, Cedar Grove und Giant Forest; die letzten 3 können vorgebucht werden bei: Sequoia and Kings Canyon Guest Services, P.O.Box 789, Three Rivers, CA 93271, Tel. (209) 561-3314.
Weitere Unterkünfte: Kings Canyon Lodge an der Straße zur Cedar Grove, sowie Motels und Campingplätze in Three Rivers, Visalia und Fresno.

Adresse

Park Hauptquartier: Three Rivers, CA 93271, Tel. (209) 565-3341; Lodgepole-Besucherzentrum (Giant Forest), Tel. (209) 565-3341-631.

Die Zuckerkiefer hat die größten Zapfen der USA: normal »nur« 30-40 cm lang, können sie im Extrem 65 cm erreichen!

Nebenreiseziele

N 1 Great-Basin-Nationalpark (Nevada)

Der 1986 gegründete Great-Basin-Nationalpark ging aus dem bereits 1922 errichteten Lehman Caves National Monument hervor. Die lange Anfahrt durch die endlosen Ebenen des Great Basin mag abschreckend wirken, lohnt aber durchaus die Mühe, denn der Park präsentiert sich sehr vielfältig. Innerhalb seiner Grenzen befindet sich auch der zweithöchste Berg Nevadas, der 3982 m hohe **Wheeler Peak**. Seine gipfelnahen Karseen und Eisfelder erinneren an die eiszeitliche Vergletscherung des Gebiets. Wie seine knapp 3500 m hohen Nachbarn gehört der Wheeler Peak zur Snake Range, einer imposanten Bergkette, die oft auch als »Insel in einem Meer von Wermutsträuchern« (S.100) beschrieben wird.

Die Snake Range bringt Abwechslung in die eher eintönige Vegetation der Great Basin Desert (s.S.27). Entlang der Flüsse wachsen Amerikanische Zitterpappeln (S.80) und Weiden, und auf die Nußkiefer-/Wacholder-Zone (s.S.19) der tieferen Lagen folgt ein Gürtel aus Gelbkiefern (S.145), Grautannen und Douglasien. An diesen wiederum schließen sich Engelmannsfichten und Nevada-Zirbelkiefern an. Die Krönung aber bilden die **Great-Basin-Borstenkiefern** (s.S.146). Bis zur Baumgrenze in ca. 3500 m Höhe recken diese bizarren Gehölze ihre Äste in den Himmel. Hier soll der älteste Baum dieser Erde gestanden haben, eine Borstenkiefer mit der Bezeichnung WPN-114 oder, einfacher, »Prometheus«. Er hatte laut wissenschaftlichen Untersuchungen ein unglaubliches Alter von 4900 Jahre erreicht, bevor er 1964 gefällt wurde.

Eine Panoramastraße, die sich bis auf 3000 m Höhe hinaufschraubt, und Wanderwege machen diese Attraktionen zugänglich. Eine davon sind die **Lehman**

Der Hauptfarbgeber für den lachsroten Sand der Coral Pink Sand Dunes bei Kanab ist das Eisenoxid Hämatit (N 3).

Eisen- und Manganoxide sorgen auch für die Farbenpracht der Gesteine des Cedar Breaks National Monument (N 2)).

Blick auf die Snake Range des Great-Basin-Nationalparks; im Vordergund Amerikanische Zitterpappeln.

Caves. Bereits 1885 entdeckt, können diese schön dekorierten Tropfsteinhöhlen heute im Rahmen von geführten Touren erkundet werden; diese beginnen am Besucherzentrum. Für Campingfreunde hält der Nationalpark 4 Zeltplätze bereit.
➩ Baker, NV 89311, Tel. (702) 234-7331.

N 2 Cedar Breaks National Monument (Utah)

Cedar Breaks, das ist der Bryce Canyon (s.S.39) im Kleinformat. Das 5 km durchmessende steinerne »Amphitheater« des Schutzgebietes hat die gleichen bizarren Felsskulpturen aufzuweisen – und ist kaum weniger eindrucksvoll. Dabei reicht die auffällig bunte Farbpalette dieses mehrere 100 m tiefen Halbrundes vom zarten Rosé über ein sattes Rot bis zu warmen Beige- und Gelbtönen.
Mit Höhen von 3000 – 3200 m liegt Cedar Breaks in der zweithöchsten, der Subalpinen Zone der Trockengebiete (s. S.18). Dies bedeutet eine kurze Besuchersaison (von Ende Mai bis Anfang Oktober) und damit auch eine nur kurze Aktivitätsphase für die Pflanzen- und Tiergemeinschaften. Entsprechend explodiert im Sommer das Leben. Auf den Bergwiesen mischen sich die Blüten der »Silvery Lupines«, »Indian Paintbrushes« (S.87), Akeleien, Bartfäden (S.143) und »Elkweeds«. Gelbbäuchige Murmeltiere (S.38), Pikas (S.158), Kiefernhäher (S.18) und Diademhäher (S.86) kommen vor, und Kolkraben nisten in den Felsen des »Amphitheaters«.
Da das Monument nur eine Fläche von 25 km^2 besitzt, ist es leicht überschaubar. Neben den 4 Aussichtspunkten des **Rim Drive** existieren zwei, je 3 km lange Fußwege, der Alpine Pond Trail und der Wasatch Ramparts Trail. Letzterer führt vom **Point Supreme** beim Besucherzentrum bis zum **Spectra Point**, und bietet neben einem wunderbaren Panorama auch eine Gruppe windgepeitschter Great-Basin-Borstenkiefern, die bis 1600 Jahre alt sein sollen. Nicht vergessen: Der Park liegt sehr hoch, deshalb langsam bewegen!
➩ P.O. Box 749, Cedar City, UT 84720, Tel. (801) 586-9451.

N 3 Coral Pink Sand Dunes State Park (Utah)

Verläßt man das Städtchen Kanab in Richtung Norden, so stößt man schon nach wenigen Kilometern auf die Abzweigung zur Hancock Road, die als gut ausgebaute Piste in den ältesten Teil dieses lachsroten Dünenfeldes führt. Hier haben sich die typischen Pflanzen der Nußkiefer-/Wacholder-Zone (s.S.19) bereits den Sand zurückerobert, aber auch Gelbkiefern (S.145), Gambel-Eichen und andere Arten der Übergangszone (s.S.18) konnten in dem hochgelegenen Gebiet Fuß fassen.
Die Hancock Road mündet schließlich in eine Asphaltstraße, an der sich dann linker Hand die jüngeren, noch kaum bewachsenen Dünen ausbreiten. Man nimmt an, daß ihre Entstehung vor 10000–15000 Jahren begann, wobei das Material aus dem roten Gestein der umliegenden Bergketten stammt. Verwitterung und Erosion verarbeiteten dieses zu feinkörnigem Sand, der dann vom Wind zusammengetragen und aufgehäuft wurde.
In diesem zweiten Dünenteil fallen vor allem die buschartig wachsenden »Mule Ears« und die geschwollenen Stengel der »Desert Trumpet« ins Auge. Tiere treten dagegen weniger in Erscheinung.
Beim Picknickplatz beginnt ein kurzer Naturlehrpfad, ansonsten sind die Dünen frei zugänglich und können in bestimmten Bereichen sogar mit »Sand Buggys« befahren werden. Der Park verfügt über einen Rangerposten und einen attraktiven Campingplatz.
➩ P.O. Box 95, Kanab, UT 84741-0095, Tel. (801) 874-2408.

N 4 Kodachrome Valley State Park (Utah)

Schon der Name weist auf etwas Besonderes hin, wobei die vielen hier belichteten Filme nichts mit dem Namen des Parks zu tun haben. Im Mittelpunkt dieses kleinen Schutzgebietes steht jedenfalls eine Gruppe schlanker, bis zu 57 m hoch aufragender Steinsäulen, die sogenannten »Sandröhren«. Sie stellen ein weltweit einmaliges Phänomen dar, denn während die umgebenden Felsen alle aus dem hier auffallend rot-weißen Entrada-Sandstein bestehen, stammt das zementartige Material der »sand pipes« aus viel größeren Tiefen. Nach den Theorien der Geologen läßt sich ihre Entstehung folgendermaßen erklären: Unter plötzlichem Druck – beispielsweise ausgelöst durch Gesteinsverschiebungen während eines Erdbebens – wurde Wasser in tiefere Schichten gedrückt, »verflüssigte« dort stellenweise das Gestein und preßte den so entstandenen zähen Brei in Spalten des aufliegenden, weichen Entrada-Sandsteins. Dort verhärtete er dann zu »Beton« und wurde schließlich von der Erosion freigelegt.
Wie auch immer – in jedem Fall leisten die »Sandröhren« einen maßgeblichen Beitrag zur landschaftlichen Gestaltung dieses reizvollen Parks, der nur wenige Kilometer abseits des betriebsamen Bryce Canyon (s.S.39) Entspannung und Ruhe verspricht. Inmitten der charakteristischen Vegetation der Nußkiefer-/Wacholder-Zone (s.S.19) gelegen, bietet er einige interessante Wanderwege, eine Rangerstation und einen hübschen Campingplatz.
Eine weitere Attraktion in der Nähe ist der imposante Doppelbogen **Grosvenor's Arch**, den man über die Cottonwood Canyon Road erreicht (17,5 km einfach). Diese Straße passiert den State Park und läuft in südöstlicher Richtung als mehr oder weniger gute Piste weiter.
➩ P.O. Box 238, Cannonville,
UT 84718-0238, Tel. (801) 679-8562.

N 5 Goblin Valley State Park (Utah)

Goblin bedeutet Kobold, und kein Name könnte besser passen für diese phantasieanregenden rundlichen Gesteinsfiguren, die den gleichnamigen State Park in allen Größen »bevölkern«. Zwergenhaften Gnomen gleich, wurden sie aus dem rotbraunen Entrada-Sandstein des Colorado-Plateaus herausgewittert, dem gleichen Sandstein also, aus dem beispielsweise auch die Steinbögen des Arches-Nationalparks bestehen (s.S.51).
Die große Mehrheit der sagenhaften Kobolde konzentriert sich in einem weiten Tal am Ende der Zufahrtsstraße. Von dort aus kann diese Märchenwelt auf beliebiger Wegstrecke durchwandert werden. Der nur 15 km^2 große State Park liegt nahe der Staatsstraße UT-24, etwa 55 km nördlich von Hanksville. Er verfügt über eine Rangerstation und einen Campingplatz.
➩ P.O. Box 637, Green River,
UT 84525-0637, Tel. (801) 564-3633.

N 6 Natural Bridges National Monument (Utah)

Drei mächtige Steinbrücken unterschiedlichen Alters und verschiedener Form sind das Markenzeichen dieses National Monument westlich Blanding im südöstlichen Utah. Sie entstanden durch die Erosionskraft des Wassers, das zahlreiche Schleifen ins Gestein schnitt, die im Laufe der Zeit immer ausgeprägter wurden. Schließlich durchbrach der Fluß die nurmehr dünnen Trennwände zwischen den Mäandern an drei Stellen. Stark von der Verwitterung angegriffen, ist die älteste Brücke des Monument, die Owachomo Bridge (S.174), auch seine dünnste. Es folgen die Sipapu Bridge und die jüngste und massivste Brücke, die Kachina Bridge.
Von der Parkstraße, dem **Bridge View Drive**, sind alle 3 Brücken auf kurzen Wegen zu erreichen. Das Monument bietet außer-

Der mächtige Doppelbogen Grosvenor's Arch liegt nicht weit vom Kodachrome Basin State Park bei Cannonville (N 4).

Die bis 57 m hohen »Sandröhren« des Kodachrome Valley State Park sind ein einzigartiges geologisches Phänomen (N 4).

Im Goblin Valley State Park bei Hanksville »lebt« eine faszinierende Gemeinschaft seltsamer Steinkobolde (N 5).

Blick auf das Independence Monument im Colorado National Monument; im Hintergrund das Tal des Colorado (N 8).

dem noch Ruinen der Anasazi-Indianer (s.S.30), deren Geschichte und Kultur im gut ausgestatteten Besucherzentrum erklärt ist. Fährt man vom Schutzgebiet in Richtung Mexican Hat im Süden, liegen weitere Attraktionen am Weg. Sehr spektakulär ist dabei der Abstieg der Staatsstraße UT-261 von der Cedar Mesa bei **Moki Dugway**. Hier eröffnet sich ein atemberaubender Blick über das Valley of the Gods (S.73), den Canyon des San Juan River und das Monument Valley im Hintergrund (s. S.70).

➩ P.O. Box 1, Lake Powell, UT 84533, Tel. (801) 259-5174.

N 7 Dinosaur National Monument (Utah/Colorado)

Der bekannteste Besuchspunkt dieses weiträumigen Schutzgebietes ist der **Dinosaur Quarry**. Im nordöstlichsten Zipfel Utahs gelegen, zählt der Steinbruch zu den weltweit ergiebigsten Fundstellen von Saurierfossilien des späten Jura (vor 210–145 Mio. Jahren). Neben den meterlangen Knochen riesiger pflanzenfressender Brontosaurier und räuberischer Allo saurier wurden hier auch winzige Zähne kaum hasengroßer »Mini-Dinos« gefunden. Insgesamt hat man bereits mehr als 350 Tonnen versteinerte Saurierknochen aus dem Fels herausgebrochen, mehrere hundert Skelettstücke blieben jedoch an ihrem ursprünglichen Platz. In ein Gebäude integriert steht diese Steinbruchwand zur Besichtigung offen.

Abseits dieses Brennpunktes empfiehlt sich eine Fahrt auf der **Cub Creek Road**. Über sie erreicht man die 2 Campingplätze, einige Felswände mit Gravuren der Fremont-Indianer (s.S.30) und attraktive Wanderwege wie den Desert Voices Nature Trail. Mit Höhen bis 2700 m erstreckt sich das Schutzgebiet über 3 Vegetationsstufen, wobei die tiefste, die Nußkiefer-/Wacholder-Zone dominiert (s.S.19). Hier leben Audubonkaninchen (S.75) und Weißschwanz-Präriehunde (S.39), Beifußhühner und Wiesenstärlinge.

Im Great Sand Dunes National Monument (Colorado) erheben sich die höchsten Sanddünen der USA.

In seinem Colorado-Teil hat das Monument noch mehr Interessantes zu bieten. Vom dortigen Besucherzentrum führt der **Harpers Corner Scenic Drive** über rund 50 spannende Kilometer bis an den Rand der über 780 m tief eingeschnittenen Canyons des Green und Yampa River. Die atemberaubendsten Ausblicke liegen am **Harpers Corner Trail** (1,5 km einfach), der auf eine vorspringende Felsnase hinausführt. Ein sehr informatives Begleitheft gibt weitere Tips. Mit einem Allradfahrzeug kann man auf der **Echo Park Road** bis in die Schluchten selbst vordringen. Eine andere Möglichkeit hierfür bieten Schlauchbootfahrten, die durch einige aufregende Stromschnellen führen.

➩ P.O. Box 210, Dinosaur, CO 81610, Tel. (303) 374-2216.

Nördlich des Monument, im Grenzgebiet von Utah und Wyoming, lockt die riesige **Flaming Gorge National Recreation Area** mit weiteren Schluchten in einem großartigen Landschaftspanorama.

N 8 Colorado National Monument (Colorado)

Unübersehbar überragen die hohen Klippen dieses Schutzgebietes die Stadt Grand Junction am Oberlauf des Colorado River und fordern damit einen Abstecher geradezu heraus. Aber nicht nur die grandiose Aussicht, die man von oben genießt, sondern auch einige Meisterstücke der Verwitterung und Erosion lohnen den Besuch. Hier, an seinem östlichen Rand, trumpft das Colorado-Plateau noch einmal auf und zeigt sich von seiner schönsten Seite: Gewaltige rote Steinmonumente mit beziehungsreichen Namen wie Window Rock, Balanced Rock, Independence Monument, Kissing Couple oder Coke Ovens begeistern mit ihren ausgefallenen Formen. Truthahngeier (S.136) und Rotschulterbussarde kreisen über den Felsabbrüchen, und sogar Steinadler (S.43) nutzen die kräftigen Aufwinde, um über ihr weites Revier zu streifen.

Die Besichtigung des Monument ist einfach, denn die Mehrzahl der sehenswerten Felsformationen ist von den vielen Aussichtspunkten entlang der Panoramastraße gut zu überblicken. Über 35 km schlängelt sich dieser spektakuläre **Rim Rock Drive** nach steilem Aufstieg durch den Park. Daneben existieren noch einige längere »backcountry trails«, die zu abgelegenen Canyons oder über das Plateau führen. Ein Besucherzentrum und ein Campingplatz erwarten den Reisenden.
➭ Fruita, CO 81521, Tel. (303) 858-3617.

N 9 Black Canyon of the Gunnison National Monument (Colorado)

Wie so viele andere Schluchten verdankt auch dieser »schwarze« Canyon seine Entstehung der geologischen Unrast des amerikanischen Westens, genauer gesagt des Colorado-Plateaus. Denn während im sogenannten Gunnison Uplift ein kleineres Gesteinspaket langsam auf über 2600 m Höhe emporgedrückt wurde, grub sich der das Gebiet durchströmende Gunnison River tief in das Gestein ein. Rund 2 Mio. Jahre arbeitet der Fluß nun schon an der Aushobelung seines Bettes, und das Ergebnis kann sich sehen lassen: Ein 739 m tiefer Canyon, der an der engsten Stelle nur 12 m breit ist! Seine senkrecht aufragenden Wände bestehen aus uralten, meist dunklen Gneisen, Schiefern und Graniten, und nur wenige Sonnenstrahlen dringen bis zum Canyonboden durch. Die Kombination aus Tiefe, Enge und dunklem Gestein macht einen Besuch des Black Canyon zu einem einmaligen, fast unheimlichen Erlebnis.
Die tiefsten und spektakulärsten 19 km des insgesamt 85 km langen Canyons liegen innerhalb der Grenzen des Monument. Die Besucheraktivität konzentriert sich am Südrand. Hier, nur 25 km von der Stadt Montrose entfernt, liegen das Besucherzentrum und ein Campingplatz. An der **Panoramastraße**, die entlang des Canyonrandes verläuft, reihen sich 12 Aussichtspunkte. Außerdem laden einige längere Wege zum Wandern ein, wobei man besonders auf Steinadler (S.43) und Wanderfalken achten sollte, die in den Felswänden nisten. Besonders schön ist ein Besuch des Gebietes im Herbst, wenn das bunte Laub der Gambel-Eichen und »Serviceberries« die Hänge vergoldet.
➭ 2233 E. Main, Suite A, Montrose, CO 81401, Tel. (303) 249-7036.

N 10 Great Sand Dunes National Monument (Colorado)

Zwei Gebirgsketten durchziehen den Süden Colorados abseits der Haupttouristenrouten: Die Sangre de Cristo Mountains und, westlich davon, die San Juan Mountains. Zwischen ihnen dehnt sich ein weiter, vom Rio Grande durchflossener Talkessel, das San Luis Valley. Schon aus der Entfernung fallen hier mächtige, gelbbraune Sandberge auf, die sich bis zu 210 m hoch auftürmen. Es sind die Great Sand Dunes, die höchsten Sanddünen Nordamerikas.
Wie aber kommt der Sand hierher? Die Lieferanten sind die beiden genannten Bergketten. Von dort schwemmten der Rio Grande und andere Flüsse das von der Verwitterung zu kleinen Körnern zermahlene Gestein ins Tal, wo es von den ständig wehenden Südwestwinden aufgenommen und schließlich am Fuße der Sangre-de-Cristo-Bergkette abgelagert wurde.
Auch in dieser extremen Umgebung gibt es Leben: »Indian Ricegrass« und die prächtigen »Prairie Sunflowers« besiedeln stellenweise den Sand, und Tiere verraten sich durch ihre Spuren. So z.B. die »Great Sand Dunes Tiger Beetles«, eine zu den Sandlaufkäfern gehörende endemische Käferart, die Känguruhratten, Kojoten (S.25), und andere, mehr am Rande der Dünen lebende Arten.

Die Dünen des White Sands National Monument (New Mexico) bestehen aus blendend weißem Gips (N 14).

Frei zugänglich, stellt das fast 90 km^2 umfassende Gebiet der Great Sand Dunes ein Paradies für Wanderer dar, die sich an seinem Farbenspiel und den stets wechselnden Formen erfreuen. An der Zufahrtstraße liegen das Besucherzentrum und ein Campingplatz; außerhalb dieses gut ausgebauten Fahrweges sind jedoch nur allradgetriebene Fahrzeuge zugelassen.
➩ 11999 Highway 150, Mosca, CO 81146, Tel. (719) 378-2312.

N 11 Bisti Badlands Wilderness Area (New Mexico)

Auffallende Pflanzen und Tiere wird man in diesem touristisch noch nicht erschlossenen Gebiet vergeblich suchen, aber für Liebhaber ausgefallener Landschaften sind die Bisti Badlands ein echter Geheimtip. Denn in diesem abgelegenen Teil des nordwestlichen New Mexico wird der Besucher mit einem Wunderwerk aus Gesteinsformen und -farben konfrontiert, das seinesgleichen sucht. Es entstand durch die Verwitterung bis 80 m dicker Schiefer- und Sandsteinschichten. Auch versteinertes Holz und andere Fossilien (darunter Dinosaurier!) wurden in diesem ehemaligen Schwemmland gefunden – ein Grund mehr, dem knapp 1600 ha großen Kern der Bistis den Status einer Wilderness Area zu verleihen.
Zu erreichen ist das Gebiet über eine 6 km lange Piste von der Staatsstraße NM-371 aus (Abzweigung 50 km südlich Farmington oder 65 km nördlich Thoreau an der I-40). Bis dato existiert kein ausgeschilderter Weg, aber die schönsten Ecken liegen nach etwa 3 km Fußweg östlich des Parkplatzes. Man folgt zunächst dem Zaun einer ehemaligen Mine und bewegt sich dann über einen Schwemmfächer auf die hohen Hügel im Hintergrund zu. Hier eröffnet sich eine Märchenwelt aus Formen und Farben, die man frei durchstreifen kann.
➩ Convention and Visitors Bureau, 203 W. Main-Suite 401, Farmington, NM 87401, Tel. (505) 327-5344.

In der Bisti Badlands Wilderness Area New Mexicos trifft man auf die ausgefallensten Erosionsformen.

Blick in den 739 m tiefen Black Canyon of the Gunnison von der Panoramastraße aus; er liegt bei Montrose in Colorado (N 9).

Die Owachomo Bridge ist die älteste der drei Brücken des Natural Bridges National Monument im Süden Utahs (N 6).

N 12 Chaco Culture National Historical Park (New Mexico)

Der Nordwesten New Mexicos ist altes Kulturland. Besonders die Gegend zwischen den Städten Farmington, Shiprock, Grants und Gallup war ein bedeutendes Siedlungsgebiet der Anasazi-Indianer (s. S.30). Es wird angenommen, daß einst bis zu 5000 Menschen in diesem trockenen Wüstenstrich lebten. Allein aus der unmittelbaren Umgebung des Chaco Canyon, der zwischen 900 und 1200 n.Chr. ein wichtiges religiöses und wirtschaftliches Zentrum der Anasazi war, sind etwa 400 Ruinen bekannt. Der Canyon selbst beherbergt 13 Wohnkomplexe, von denen der beeindruckendste, **Pueblo Bonito** (S.32), aus 600 Räumen besteht, die sich auf 4 Stockwerke verteilen. Pueblo Bonito gilt damit als größte prähistorische Siedlungsruine Nordamerikas.
Von dem exzellenten Besucherzentrum des Parks führt eine **Rundstraße** zu den verschiedenen Wohnanlagen im Canyon, die auf jeweils kurzen Wegen besichtigt werden können. Zum Verständnis sind die angebotenen Broschüren sehr hilfreich. Außerdem existieren einige Wanderwege, darunter der bei den Kin-Kletso-Ruinen beginnende Pfad entlang der nördlichen Felskante, der einen eindruckvollen Blick auf Pueblo Bonito gestattet (ca. 2 km hin und zurück, »permit« vom Besucherzentrum erforderlich!).
Chaco Canyon liegt auf halbem Wege zwischen Farmington und Grants und ist über die NM-57 zu erreichen, die von der NM-44 bei Nageezi bzw. von der NM-371 nördlich Crownpoint abzweigt. Außer dem Besucherzentrum und einem Campingplatz gibt es keine weiteren touristischen Einrichtungen.

➪ Star Route 4, P.O. Box 6.500, Bloomfield, NM.

Von der NM-44 ist 24 km südlich Bloomfield ist noch ein Abstecher zu den vielfarbigen Badlands der **Angel Peak National Recreation Area** möglich. Auch sie verfügt über einen einfachen Campingplatz.

N 13 El Malpais National Monument (New Mexico)

Malpais bedeutet »schlechtes Land«. Diese Bezeichnung wurde dem vulkanisch aktiven Gebiet südlich der Stadt Grants verliehen. Es ist gekennzeichnet durch Vulkane, Schlackenkegel, weite Felder aus Strick- und Blocklava und einem der längsten Systeme von Lavatunneln in Nordamerika. Das vulkanische Gestein ist sehr jung. Es wurde erst während der letzten 3 Mio. Jahre abgelagert, wobei die jüngsten Aktivitäten vor nur rund 700 Jahren auftraten. El Malpais selbst gilt als Anfangsglied einer vulkanisch aktiven Linie, die sich über den 3472 m hohen ehemaligen Schichtvulkan Mount Taylor nordöstlich von Grants bis zur riesigen Jemez Caldera westlich der Stadt Santa Fé und schließlich zum Capulin Volcano im Nordosten New Mexicos zieht.
In das 46000 ha große National Monument führen 2 Straßen:

- die NM-53 westlich Grants: Neben verschiedenen Lavaströmen und Lavahöhlen können hier die **Zuni Ice Cave** (eine vereiste Lavahöhle) und der Schlackenkegel **Bandera Volcano** besucht werden.
- die NM-117 östlich Grants: Schwarze Basaltlava und der **Ventana Arch**, New Mexicos größter Sandsteinbogen sind hier die Attraktionen. An der Strecke liegt das Besucherzentrum des Monument.

Informationen sind auch erhältlich beim El Malpais Information Center in Grants;
➩ 620 E. Santa Fé Street, Grants, NM 87020, Tel. (505) 285-5406.

N 14 White Sands National Monument (New Mexico)

Eine blendend weiße »Schneelandschaft« überrascht den Besucher im trockenen Süden New Mexicos nur 25 km südwestlich der Stadt Alamogordo. Über 600 km^2 dehnen sich hier die hohen Gipsdünen der »White Sands« – das größte Dünenfeld seiner Art auf der Erde. Der Gips stammt aus marinen Ablagerungen des Paläozoikums, die nach der Austrocknung des Meeres als stellenweise 150 m dicke Schicht zurückblieben. Er wird aus den umliegenden San Andres und Sacramento Mountains herausgewaschen und sammelt sich im Lake Lucero, dem tiefsten Punkt des weiten, abflußlosen Tularosa Basin. Winde übernehmen sodann den Transport, zerreiben den auskristallisierten Gips zu feinem Korn und häufen ihn übereinander. Da sie meist aus Südwesten wehen, wandern die so entstandenen Dünen mit einer Geschwindigkeit von etwa 10 m/Jahr nordostwärts.
Ins National Monument gelangt man über den 26 km langen **Heart of Sands Loop Drive**; er beginnt am Besucherzentrum. Der Zugang zu den Dünen ist hier unbeschränkt möglich, es existieren aber auch markierte Wege. So befaßt sich der kurze **Big Dune Nature Trail** an der Dünenfront vor allem mit der interessanten Vegetation, zu deren auffälligsten Vertretern die »Soaptree Yucca« (S.111) und die Melde »Four-wing Saltbush« gehören. Je weiter man in das Dünenfeld eindringt, desto kahler werden die Dünen. Sie erreichen jetzt 40 –50 m Höhe und erscheinen wie Wellen eines stillen, schneeweißen Meeres. Durch diesen Teil des Schutzgebietes führt der **Alkali Flat Trail** über anstrengende 7,2 km (hin und zurück)!
ACHTUNG: Das Monument wird gegen Sonnenuntergang geschlossen, außer bei Vollmond ! UND: White Sands ist vom Militärgebiet der White Sand Missile Range umgeben und wird deshalb gelegentlich für kurze Zeit wegen Raketentests gesperrt. Bitte den Aushang am Besucherzentrum beachten!
➩ P.O. Box 1086, Holloman AFB, NM 88330-1086, Tel. (505) 479-6124.

Flechtenbewachsene Steinsäulen überragen den Heart of the Rocks Trail im Chiricahua National Monument.

N 15 Chiricahua National Monument (Arizona)

Das 50 km^2 große Monument liegt nur etwa 80 km von der mexikanischen Grenze entfernt. Jahrhundertelang war das gebirgige Land des jetzigen Schutzgebietes die Heimat der Chiricahua-Apachen, die unter der Führung ihrer berühmten Häuptlinge Cochise und Geronimo den vordringenden Weißen erbitterten Widerstand leisteten. Heute stellt das einstmals schwer umkämpfte Felsenlabyrinth ein ruhiges, fast geheimnisvolles Refugium abseits der großen Touristenströme dar. Inmitten der Chihuahua Desert (s.S.28) gelegen, bilden die Chiricahua-Berge eine natürliche ökologische Insel. In ihr finden auch viele südlichere Tierarten Nahrung und Versteck, so z.B. das zu den Baumhörnchen zählende »Nayarit Squirrel«, der Südamerikanische Nasenbär oder der Kupfertrogon, ein dem mittelamerikanischen Quetzal verwandter, farbenprächtiger Vogel. Auch Halsbandpekaris (S.117) durchsuchen das Gelände nach Eicheln, Wurzeln und Kaktusfrüchten.

Die außergewöhnlichen Felsformationen selbst sind das Werk langandauernder Verwitterung und Erosion. Chiricahuas Gestein besteht aus zu Tuff verbackener Asche und Bimsstein, die vor 25 Mio. Jahren von Vulkanen ausgestossen wurden. Wasser und Wind weiteten dann die kreuz und quer verlaufenden Bruchlinien zu immer tieferen Spalten und schufen schließlich all die einzelnen, heute so faszinierenden Pfeiler und Säulen. Man kann sie auf verschiedenen Wegen erkunden, die alle an der Parkstraße, dem **Bonita Canyon Drive**, beginnen. So führt z.B. der **Heart of the Rocks Trail**, ein 11 km langer, anstrengender, aber äußerst schöner Weg zu den markantesten Felsgebilden; nicht minder

Der kleine Valley of Fire State Park nicht weit von Las Vegas macht seinem Namen alle Ehre.

interessant ist der kürzere **Echo Canyon Loop Trail**. Aber Vorsicht: Längere Wanderungen werden in der Sommerhitze zur Tortur! An touristischen Einrichtungen besitzt Chiricahua ein Besucherzentrum und einen Campingplatz.

➪ Dos Cabezas Route, P.O. Box 6500, Willcox, AZ 85646, Tel. (602) 824-3560.

N 16 Valley of Fire State Park (Nevada)

Das Feuer dieses Schutzgebietes östlich von Las Vegas »brennt« in seinen Gesteinen und begeistert vor allem die Fotografen. Sei es rot, rosa, ocker, gelb oder weiß – der Farbenvielfalt scheinen keine Grenzen gesetzt. Und auch nicht den Formen: Man findet steinerne Dünen mit ausgeprägter Kreuzschichtung, kunstvoll verwitterte Sandsteinskulpturen, Felsendome und -brücken und sogar versteinerte Baumstämme, als Relikte von Wäldern, die einst in diesem Gebiet wuchsen.

All dies deutet auf die wechselvolle erdgeschichtliche Entwicklung des Valley of Fire hin: Meere überschwemmten das Land und hinterließen mächtige Sedimentpakete, Flüsse luden ihre Fracht ab, der Wind schickte Dünen über ausgetrocknete Fluren. Schließlich würfelten großräumige Überschiebungen und Verwerfungen die Gesteine durcheinander und schufen das bunte Wirrwarr, das man heute entlang der **Panoramastraße** und zu Fuß bewundern kann. Lohnenswert ist auch ein Stopp am Besucherzentrum, in dem es u.a. Informationen über die Anasazi-Indianer gibt (s.S.30), die das Gebiet bis 1150 n. Chr. besiedelten. Sie hinterließen Petroglyphen im Wüstenlack (z.B. beim Atlatl Rock).

➪ P.O. Box 515, Overton, NV 89040, Tel. (702) 397-2088.

N 17 Mojave National Preserve (Kalifornien)

In diesem 1994 eingerichteten Schutzgebiet sind alle typischen Pflanzengesellschaften der Mojave Desert versammelt (s.S.27). Die Preserve läßt sich von den beiden Highways I-15 im Norden und I-40 im Süden leicht anfahren. Unterwegs im Gebiet sind dann teilweise Pisten zu bewältigen, die aber nur im nassen Zustand besondere Vorsicht erfordern.
Auf einer Nord-Süd-Durchquerung kreuzt man die verschiedenen Vegetationszonen, die sich zur Blütezeit im April und Mai von ihrer besten Seite zeigen. Während Kreosotbüsche (S.139) die trockenen Ebenen im Süden der Preserve bevorzugen, finden sich beispielsweise entlang der von der I-15 ausgehenden **Cima Road** ausgedehnte Bestände von »Joshua Trees« (s.S.128). Zweigt man dann südlich Cima zur **Cedar Canyon Road** und später zur **Black Canyon Road** ab, so wird die Nußkiefer-/Wacholder-Zone (s.S.19) durchfahren, die besonders schön bei dem 1800 m hoch gelegenen Midhills Campingplatz ausgeprägt ist. Ein weiterer Campingplatz und das kleine Besucherzentrum liegen südlich davon bei **Hole-in-the Wall**.
Eine attraktive Mischung aus Mojave-Yuccas (S.131), Kakteen und anderen Trockenpflanzen begleitet die Zufahrt zum **Mitchell Caverns State Park** im Süden der Preserve. Er liegt in den Providence Mountains und lädt zum Besuch der dortigen Tropfsteinhöhlen ein. Tickets zu den Touren (täglich zwischen Mai und Oktober) gibt es in dem kleinen Informationszentrum. Weitere attraktive Besuchspunkte sind die bis 200 m hohen **Sanddünen bei Kelso**; sie liegen 35 km nördlich der I-40 an der Kelbaker Road. Im weiteren Verlauf dieser Straße in Richtung Norden passiert man eine vor nur 800–1000 Jahren entstandene Gruppe von Schlackenkegeln, die **Cinder Cones**, und endet schließlich in Baker an der I-15. Von hier läßt sich das knapp 100 km westlich gelegene Barstow erreichen, wo das **California Desert Information Center** über Kaliforniens Trockengebiete informiert.
ACHTUNG: Sommerliche Tagestemperaturen über 40 °C sind keine Seltenheit.
UND: Im Preserve gibt es nur Campingplätze. Die nächstliegenden Motels finden sich in Baker und Nipton an der I-15 sowie in Ludlow und Needles an der I-40.
➪ c/o Lake Mead National Recreation Area, 601 Nevada Highway, Boulder City, NV 89005, Tel. (702) 293-8918.

N 18 Anza Borrego Desert State Park (Kalifornien)

Dieser mit 2400 km² größte State Park Kaliforniens liegt nur etwa 120 km östlich der Stadt San Diego. Er besteht im wesentlichen aus Wüste, hat aber auch über 2000 m hohe, bewaldete Berge zu bieten. Hauptbesuchspunkte sind die farbenprächtigen **Badlands am Font's Point** und einige von Kalifornischen Fächerpalmen beschattete Oasen, darunter der **Borrego Palm Canyon**. Hier überlebt unter anderem der winzige »Desert Pupfish«, der diesen Raum während der letzten Eiszeit besiedelte. Er kann Wassertemperaturen von fast 0 °C bis 42 °C ertragen und toleriert sowohl Süß- wie auch Salzwasser.
Die größte Attraktion von Anza Borrego ist aber die **Frühjahrsblüte**. Über den aktuellen Stand dieser »Wildflower Season« informiert die Spring Wildflower Hotline der Parkverwaltung (Tel. (619) 767-4684). Genügend Winterregen vorausgesetzt, beginnt die Blüte im allgemeinen Ende Februar. Anfangs überziehen sich Hänge und Ebenen mit bunten Teppichen von Sandverbenen, »Bigelow's Monkey Flowers«, »Brittlebushes« und vielen anderen Pflanzen. Ab Mitte April dann – wenn die Frühblüher bereits verschwunden sind – schmücken sich sie sonnigen Hänge mit den Blüten der Faßkakteen, der »Engelmann's Hedgehogs«, »Beavertails« (S.139)

und »Teddybear Chollas« (S.130). Bekannt für ihre Kakteenblüte sind die Cactus Gardens im Mason Valley an der Straße S-2. Höher in den Bergen fallen jetzt auch die hohen Blütenstände der »Parry Nolina«-Agaven (S.130) ins Auge, während bei den Carizo Badlands im Südosten Ocotillos (S.109) und Wüstenagaven (S.181) ihre blütenbesetzten Triebe in den Himmel recken. Im Sommer dörrt die Vegetation dann schnell aus, und Tagestemperaturen um 40 °C sind keine Seltenheit.
Als beliebtes Ausflugsziel ist Anza Borrego für Besucher gut ausgerüstet; nur zur Zeit der Frühjahrsblüte sollten Unterkünfte vorreserviert werden. Touristisches Zentrum ist Borrego Springs; hier gibt es Motels, Campingplätze und ein gutes Besucherzentrum. Das Straßennetz dient als Ausgangspunkt vieler Wanderwege.
➪ P.O. Box 299, Borrego Springs, CA 92004, Tel. (619) 767-5311.

N 19 Channel-Islands-Nationalpark (Kalifornien)

5 der 8 Inseln des Santa-Barbara-Kanals bei Los Angeles wurden 1980 zum Nationalpark erklärt: Anacapa, Santa Cruz, Santa Rosa und San Miguel im Norden sowie Santa Barbara im Süden. Parallel dazu entstand ein großes National Marine Sanctuary im Bereich des Archipels. Damit war der weiteren Ausbeutung dieser Kanalinseln endgültig Einhalt geboten und 6 verschiedene Robbenarten haben sich neben zahllosen Seevögeln das beinahe verlorene Paradies zurückerobert.
Dem Festland am nächsten und am häufigsten besucht ist **East Anacapa**; hier siedeln Westmöwen und im Frühjahr erscheinen die gelben Blüten des endemischen Sonnenblumenbaums »Giant Coreopsis«.
Westlich von Anacapa liegt **Santa Cruz**, die größte und höchste Insel des Parks. Rund 80 % der 750 bekannten Pflanzenarten der Kanalinseln kommen hier vor, darunter die endemische Santa-Cruz-Eiche. Auch der hiesige Buschhäher ist eine Besonderheit, wird er doch erheblich größer als der »normale« Buschhäher (S.82) des Festlands. Wie er, haben sich noch 9 weitere Landvogelarten in der Isolation der Kanalinseln zu eigenen Formen entwickelt.
Hügeliges Grasland und ein Sumpfgebiet charakterisieren **Santa Rosa**. Hier lebt der nur katzengroße, endemische Inselfuchs, ein naher Verwandter des Graufuchses.
Auf **San Miguel** finden sich ein durch Kalkkrusten konservierter fossiler Wald (»Caliche Forest«) sowie große Kolonien von Seehunden, Nördlichen See-Elefanten (S.182), Kalifornischen Seelöwen und Nördlichen Seebären, die am Point Bennet zur Fortpflanzung an Land kommen. Auch Guadalupe-Seebären und Stellers Seelöwen lassen sich sehen. Auf der vorgelagerten Prince Island nisten Taubenteisten, Einfarb-Wellenläufer, Lummen- und Aleutenalken. Die größte Kolonie von Lummenalken aber besitzt **Santa Barbara**; außerdem kommen hier Westmöwen, Ohrenscharben, Schwarze Austernfischer und Braunpelikane vor.
Ein Besuch der Channel Islands muß von langer Hand vorbreitet werden, da der Andrang groß ist. Die meisten der angebotenen Bootstouren beginnen im Hafen von Oxnard (Reservierungen bei: Island Packers, 1867 Spinnaker Drive, Ventura, CA 93001, Tel. (805) 642-1393). Wer auf den Inseln zelten will, sollte an das oft neblig-kühle und immer windige Wetter denken. Nicht aber zuletzt wegen der Wale, die im Santa-Barbara-Kanal wieder häufiger zu sehen sind, lohnt der Besuch.
➪ 1901 Spinnaker Drive, Ventura, CA 93001, Tel. (805) 658-5700.

N 20 Pinnacles National Monument (Kalifornien)

Von ihrer Entstehung her sind die Pinnacles äußerst interessant, denn hier kann

Blick auf die Providence Mountains der kalifornischen Mojave National Preserve; im Vordergrund eine Mojave-Yucca.

man die Bewegung der Erdkrustenplatten anschaulich verfolgen, die in Kalifornien immer wieder für Unruhe sorgen. 250 km südlich San Francisco ziemlich abrupt aus dem Hügelland aufsteigend, sind die markanten Felszacken Teil eines noch vor 23 Mio. Jahren aktiven, stark erodierten Vulkans – der allerdings nicht an dieser Stelle entstand ! Sein »Geburtsort« liegt vielmehr 315 km weiter im Südosten und damit nördlich des Ballungszentrums Los Angeles (an der CA-138 zwischen den Städten Lancaster und Gorman).
Ihre derzeitige Position verdanken die Pinnacles der Wanderung der Pazifischen Platte entlang des bekannten San Andeas Grabens, der die Grenze zwischen der Nordamerikanischen und der Pazifischen Platte bildet (s.S.12). Diese riesige tektonische Bruchlinie verlief einst genau unter dem ehemaligen Vulkan und trennte ihn gewissermaßen in 2 Hälften. Während nun die östliche Hälfte auf der Nordamerikanischen Platte verblieb, wurde der westliche Teil des Vulkans von der Pazifischen Platte im Zuge ihrer Wanderung abgerissen und nach Nordwesten verschleppt. Heute bildet er die bis 180 m hohen Pinnacles.
Das Monument kann von Westen über die US-101 und von Osten über die CA-25 erreicht werden; die beiden Zufahrtsstraßen haben keine Verbindung. Das Besucherzentrum liegt an der östlichen Zufahrt, je 1 Campingplatz in beiden Teilen. Im Schutzgebiet ist der Chaparral (s.S.14), die typische Vegetation der zentralen kalifornischen Coast Ranges, noch erhalten und bietet ein wichtiges Rückzugsgebiet für die entsprechenden Tiergemeinschaften (s.S.16).

➪ Paicines, CA 95042,
Tel. (408) 389-4485.

N 21 Monterey Bay (Kalifornien)

Die 32 km durchmessende Monterey Bay südlich von San Fransisco beherbergt das vielleicht artenreichste marine Ökosystem der gesamten Westküste der »Lower Forty-eights«. Zu verdanken ist dies dem bis

East Anacapa ist die festlandnächste Insel des Channel-Islands-Nationalparks; auf ihr nisten viele Westmöwen (N 19).

Küstensequoien Muir Woods National Monument (N 22).

Wüstenagaven im Anza Borrego Desert State Park (N 18).

Nördliche See-Elefanten besuchen die Año Nuevo State Reserve bei Monterey vor allem in den Wintermonaten.

3500 m tiefen Monterey Canyon, der hier das kalte, nährstoffreiche Wasser des Kalifornienstroms bis in Küstennähe leitet. Von seinem Fischreichtum lebten einst die Sardinenfabriken der Cannery Row Montereys, die durch John Steinbeck's Roman »Straße der Ölsardinen« bekannt wurde. Als diese Fabriken Anfang der 1950er Jahre wegen Überfischung schließen mußten, wurde eine von ihnen in das **Monterey Bay Aquarium** umgewandelt. In den naturnah gestalteten, teilweise mehrstöckigen Tanks und Becken tummeln sich mehr als 6000 verschiedene Vertreter der hiesigen Unterwasserwelt. Dazu kommen lebensgroße Modelle von Walen, eine Vogelvoliere und vieles mehr. Das 1984 eröffnete Aquarium zählt heute zu den besten seiner Art. Vom Tierreichtum der üppigen Kelpwälder profitieren auch die Seeotter, die zusammen mit Seehunden und Kalifornischen Seelöwen sogar das Hafengebiet von Monterey besiedeln. Aber auch verschiedene Arten von Walen und Delphinen zieht es hier bis in Küstennähe. Entsprechende Bootstouren werden angeboten. Südlich von Monterey verspricht außerdem die **Point Lobos State Reserve** gute Beobachtungen von marinen Säugern und Vögeln, und nördlich von Santa Cruz am anderen Ende der Monterey Bay wartet die **Año Nuevo State Reserve** mit einer Kolonie Nördlicher See-Elefanten auf.

- ➪ Monterey Bay Aquarium, 886 Cannery Row, CA 93940-1085, Tel. (408) 648-4800;
- ➪ Point Lobos State Reserve, Route 1, Box 62, Carmel, CA 93923, Tel. (408) 624-4909;
- ➪ Año Nuevo State Reserve, New Years Creek Road, Pescadero, CA 94060, Tel. (415) 879-2025.

N 22 Muir Woods National Monument (Kalifornien)

Die kühle Enklave bewahrt einen der südlichsten Bestände der berühmten Küstensequoien (s.S.159). Während die meisten anderen »Redwoods« dieser Region der Säge zum Opfer fielen, überlebten die Riesenbäume des Redwood Canyon dank des entschiedenen Einschreitens von Congressman William Kent. 1905 kaufte er kurzerhand das schwer zugängliche Gebiet und schenkte es dem Staat. Schon drei Jahre später wurde es zum National Monument erklärt und nach dem Naturphilosophen John Muir benannt.
Gut ausgebaute Rundwege machen die schönsten »Redwood«-Haine zugänglich. Andere Pfade verlassen den Canyon und stellen eine Verbindung mit dem Wegenetz des angrenzenden **Mt. Tamalpais State Park** her. Sonoma-Chipmunks und Diademhäher (S.86) begleiten den Wanderer, und in den frühen Morgenstunden zeigen sich Maultierhirsche (S.102).
Das kleine Schutzgebiet gehört zu den beliebtesten Ausflugszielen im Großraum San Francisco, was sich vor allem an Wochenden und Feiertagen deutlich bemerkbar macht. Es empfiehlt sich deshalb, außerhalb dieser Stoßzeiten anzureisen: Anfahrt über die US-101 und CA-1; Fahrzeuge über 10,5 m Gesamtlänge sind auf der kurvenreichen Zubringerstraße allerdings nicht erlaubt.

- ➪ Mill Valley, CA 94941, Tel. (415) 388-2595.

Reiseplanung

Vor der Reise

Informationen

Informationen über Reisemöglichkeiten in die USA geben die Reisebüros und die größeren Automobilclubs.

Einreise (Visum, Zoll)

Für Urlaubsaufenthalte bis zu 90 Tagen brauchen Deutsche, Österreicher und Schweizer, die mit einer dem Pilotprogramm für Visabefreiung angeschlossenen Flug- oder Schiffsgesellschaft einreisen, nur ihren noch mindestens 3 Monate gültigen Reisepaß und ein Rück- oder Weiterflugticket. Die Visabefreiungsanträge werden von den Gesellschaften ausgegeben und sind vor der Einreise auszufüllen. Bei einer Einreise über Land liegen sie an den Grenzen bereit. Manchmal wird hier auch noch der Nachweis ausreichender Geldmittel oder eines festen Wohnsitzes im Heimatland verlangt.

Bei jeder anderen Form der Einreise, bei Aufenthalten über 90 Tagen Länge oder anderen Besonderheiten wie z.B. Arbeitsaufnahme ist derzeit noch ein Visum nötig. Auskünfte über die aktuellen Bestimmungen erteilt der Visa-Informationsservice der US-Amerikanischen Botschaft, Tel. 0190-270-789, rund um die Uhr. Im Notfall helfen auch die Botschaften selbst:

- In Deutschland: Deichmanns Aue 29, 53179 Bonn, Tel. 0228/3391.
- In Österreich: Boltzmannsgasse 16, 1019 Wien IX, Tel. 0222/315511.
- In der Schweiz: Jubiläumsstraße 93, 3005 Bern, Tel. 031/437011.

Die Einfuhr von zollfreien Waren wie Alkohol und Tabak unterliegt den international üblichen Beschränkungen. Mitgeführte Devisen, die eine Gesamtsumme von 10000 US$ nicht überschreiten, sowie Gegenstände des persönlichen Gebrauchs müssen nicht deklariert werden. Strikt untersagt ist die Einfuhr von Lebensmitteln, insbesondere von Fleisch, frischem Brot und Obst.

Geld

Geldwechsel in den USA ist zeitraubend und mühsam, deshalb läßt man heimische Währungen am besten zu Hause. Neben der Kreditkarte, dem bequemsten Zahlungsmittel, empfiehlt sich immer die Mitnahme von Dollar-Reiseschecks, die fast überall wie Bargeld behandelt werden.

Gesundheit

Auch in den USA wird Kranksein immer teurer. Da vor Ort alle Leistungen der Ärzte oder Krankenhäuser sofort bezahlt werden müssen, ist der Abschluß einer Kranken- und Unfallversicherung dringend anzuraten, bei der man diese Rechnungen nach der Rückkehr einreichen kann. Vorsorgeimpfungen sind nicht nötig, die übliche Reiseapotheke sollte aber nicht fehlen. Außerdem nicht vergessen: Sonnenbrille, Sonnenhut und Sonnencreme mit hohem Lichtschutzfaktor sowie Insektenschutzmittel (im Frühjahr auch in den Trockengebieten!).

Reisezeit

Kalte und in den höheren Regionen schneereiche Winter wechseln mit den extrem heißen Sommern der tiefer gelegenen Gebiete im Landesinneren. Die beste Reisezeit ist generell das Frühjahr (Blüte!) oder der Herbst (Laubfärbung!), d.h. die Monate April bis Juni und September/Oktober. Verlegt man seinen Urlaub im Südwesten in diese Zeit, vermeidet man gleichzeitig den sommerlichen Besucheransturm, der oft zu unliebsamen Staus und Unterkunftsengpässen führt. Allerdings können die höchsten Straßen der Sierra

Nevada und des Colorado-Plateaus auch noch bis in den Juni oder schon wieder im Oktober vom Schnee blockiert sein.

Kleidung

Das bewährte »Zwiebelschalen-Prinzip« eignet sich bestens für Gebiete unterschiedlicher Höhenstufen. Damit gemeint sind Lagen leichter Kleidung, die, übereinandergetragen, schnell wieder abgelegt werden können. Dazu eine Regenjacke und feste Schuhe und man ist für alle klimatischen Eventualitäten gerüstet. Kleiderzwänge gibt es in den USA – außer in sehr feinen Restaurants – nicht.

Flüge

Die große Vielfalt der Angebote von Sondertarifen, »fly & drive«-Kombinationen, angekoppelten Inlandflug-Vergünstigungen und Ähnlichem ist kaum überschaubar. Es lohnt eine sorgfältige Auswahl mit Hilfe eines zuverlässigen Reisebüros und auch eine rechtzeitige Reservierung, vor allem in den Sommermonaten.

Reisen im Land

Mit dem Auto

Für eine gründliche Erkundung des Südwestens, die oft auch abgelegene, nicht an das öffentliche Verkehrsnetz angeschlossene Regionen einschließt, ist sicher das eigene Fahrzeug – meist in Form eines Mietwagens – das beste Fortbewegungsmittel. Dabei reicht die Palette der Angebote vom Motorrad bis zum Wohnmobil, dem »Motorhome« oder »RV« (von »recreational vehicle«). Am sichersten und kostengünstigsten ist die frühzeitige Buchung des gewünschten Fahrzeugs bereits im Heimatland. Dabei ist darauf zu achten, daß möglichst alle notwendigen Versicherungen schon im Mietvertrag eingeschlossen sind. Vor Ort verlangen praktisch alle Verleihfirmen als Sicherheit die Hinterlegung eines unterschriebenen Kreditkarten-Abzugs; Bargeld oder Reiseschecks werden hier nur selten akzeptiert.

Zum Fahren in den USA genügt ein nationaler Führerschein. Unterwegs können Mitglieder größerer europäischer Automobilclubs die Vergünstigungen der American Automobile Association (AAA) nutzen (nationale Mitgliedskarte mitnehmen!). Diese umfassen kostenlose, immer aktuelle Straßenkarten und »Tour Books«, Pannenhilfe und Preisnachlässe bei den empfohlenen Motels (»AAA approved«). Die Adressen der AAA-Vertretungen findet man in den Telefonbüchern.

Autofahren ist in den USA viel streßärmer als in Europa. Bei der Orientierung hilft die Kenntnis der verschiedenen Straßenkategorien: Interstates oder Freeways (z.B. I-40) und US-Highways (z.B. US-89) unterliegen der Bundeshoheit, sind einheitlich beschildert und entsprechen den europäischen Autobahnen bzw. Bundesstraßen. Die State Highways (z.B. UT-12 = Utah-12), die Country Roads und andere Nebenstraßen werden dagegen von den Staaten unterhalten. Darüberhinaus gelten in Indianerreservaten meist eigene Straßennummern- und schilder!

Einige allgemeine Verkehrshinweise

Abweichend von europäischen Verkehrsregeln gilt in den USA:

- Wenn nicht anders angegeben, liegen die Geschwindigkeitsbegrenzungen in Ortschaften bei 35 Miles/h (55 km/h), auf den Interstates bei 65 Miles/h (105 km/h), auf allen anderen Straßen bei 55 Miles/h (90 km/h). Dies gilt auch für die abgelegenen Strecken – deshalb Vorsicht: Polizeiwagen sind oft mit »Radarkanonen« ausgerüstet, mit denen sie entgegenkommende Fahrzeuge anpeilen. Auch die Verkehrsüberwachung mit Flugzeugen funktioniert ausgezeichnet.
- Für die auffällig gekennzeichneten Schulzonen gelten besondere Ge-

schwindigkeitsbegrenzungen (meist 15 Miles/h = 25 km/h). Die gelben Schulbusse dürfen bei ausgehängtem Stopschild und eingeschalteter Warnblinkanlage weder überholt noch von der Gegenseite passiert werden!

- Auf zwei- und mehrspurigen Straßen darf auch rechts überholt werden.
- Das Rechtsabbiegen ist in den meisten Staaten auch bei Rotlicht gestattet.
- An Kreuzungen ohne Ampelregelung mit 4 Stopschildern fährt derjenige zuerst, der als erster an die Kreuzung kommt. Im Zweifelsfall verständigt man sich durch Blickkontakt oder Handzeichen.

Unterwegs in den Schutzgebieten

Für die Schutzgebiete werden Eintrittsgebühren verlangt, die allgemein bei 5 Dollar liegen (Stand 1996). Besucht man mehrere Parks, lohnt sich der Erwerb eines »Golden Eagle Pass«. Er kostete 1996 25 Dollar, gewährt für 1 Jahr freien Eintritt zu allen bundesstaatlich verwalteten Schutzgebieten (Nationalparks, National Monuments usw.) und ist bei den Eingangsstationen erhältlich. Er gilt nicht für die State Parks oder State Reserves der jeweiligen Staaten; hier ist ein gesonderter Eintritt zu bezahlen.

Einmal angekommen, ist es ratsam, zunächst das Besucherzentrum anzufahren. Hier bekommt man aktuelle Informationen über Wetter-, Straßen- und Wegeverhältnisse sowie Karten, Literatur und Videos. Oft werden auch Dia- oder Filmvorführungen angeboten. Dazu kommen abendliche Vorträge, die »campfire talks«, und von Rangern geführte, informative Wanderungen. Die Öffnungszeiten der Besucherzentren liegen meist zwischen 8.00/ 9.00 Uhr und 17.00/18.00 Uhr. Bei kleineren, touristisch weniger erschlosse-

Unterwegs zum Confluence Overlook im Needles District des Canyonlands-Nationalparks.

Dieses Schild steht an einem Parkplatz beim Tioga Pass im Yosemite-Nationalpark; die Aufnahme entstand im Juli!

nen Schutzgebieten helfen die lokalen »Tourist Informations« oder die »Chambers of Commerce«.
In vielen Schutzgebieten erhält man zudem bereits an der Eingangsstation eine ausgezeichnete Übersichtskarte. Straßen, die mit großen Wohnmobilen nicht befahren werden dürfen oder Allradpisten sind darin vermerkt und auch entsprechend beschildert. In einigen Fällen kann es zu weiteren Fahreinschränkungen kommen. So z.B. im Yosemite-Tal, das in den Hauptferienzeiten oder an langen Wochenenden einfach »überläuft«. In der Regel übernehmen dann kostenlose Pendelbusse den Transport. Neben den Besucherzentren informieren hier auch die von einigen Nationalparks ausgestrahlten Radioprogramme, deren Wellenlängen im Empfangsbereich ausgeschildert sind.
Auf allen Parkstraßen haben Tiere Vorfahrt, deshalb gelten meist besondere Geschwindigkeitsbegrenzungen. Vorsicht ist geboten, wenn man früh im Jahr unterwegs ist. Manchmal hält sich die Schneedecke der Sierra Nevada bis in den Juli, und hochgelegene Parks sind dann noch nicht oder nicht überall zugänglich. Deshalb empfehlen sich immer frühzeitige Erkundigungen über die jeweiligen Straßenbedingungen. Dies gilt auch vor einer Fahrt auf den Pisten der Trockengebiete, die sich nach Regenfällen leicht in Rutschbahnen verwandeln.
Ein weiterer Punkt betrifft das Thema Parken. Einbruchdiebstähle sind auf den Parkplätzen der Wanderwege und Aussichtspunkte keine Seltenheit mehr. Deshalb sollte man keine Wertsachen im Auto lassen – aber auch keine Nahrungsmittel, jedenfalls nicht in den Gebieten, in denen es noch Bären gibt! Im Yosemite-Nationalpark beispielsweise lernten die dort häufigen Schwarzbären durch solche gedankenlos im Wagen zur Schau gestellten Lebensmittel schnell, ein geparktes Auto für eine potentielle Futterquelle zu halten und es aufzubrechen. Dieses Verhalten bringt eine Menge Ärger für den Autofahrer, für den Bären aber letztlich den Tod. ALSO: Hier bitte alles Eßbare außer Sicht- und Riechweite halten!

Nationalpark-Regeln

Viele der bekannteren Schutzgebiete des Südwestens stehen unter einem starken Besucherdruck. Um das enge Miteinander von Tier, Pflanze und Mensch für alle Beteiligten erträglich zu machen, ist deshalb die Einhaltung bestimmter Regeln unabdingbar. Viele von ihnen sollten eigentlich selbstverständlich sein, so z.B. die ordentliche Entsorgung von Müll oder der vorsichtige Umgang mit offenem Feuer. Darüber hinaus sind jedoch noch weitere Bestimmungen zu beachten; hier eine Auswahl:

- ❑ Fahren oder Wandern abseits der vorgeschriebenen Straßen und Wege ist genauso wenig erlaubt wie Zelten außerhalb der ausgewiesenen Campingplätze, es sei denn, man verfügt über ein entsprechendes »permit« der Parkbehörde. Pflanzen und Tiere brauchen auch ihren Raum und ihre Ruhe!
- ❑ Das Füttern von Hörnchen, Hähern und anderen Wildtieren ist absolut untersagt, da ihr Organismus eine ständige

Diät aus Erdnüssen, Süßigkeiten oder ähnlichem »Menschenfutter« auf die Dauer einfach nicht verkraften kann.

- ❑ Die Mitnahme von »Souvenirs« wie Pflanzen, Federn, Muscheln, Zapfen oder Ähnlichem ist ebenfalls strikt verboten. »Ein einziges Steinchen nur« bedeutet angesichts der Besuchermengen eben schon Millionen von Steinchen, und viele der schönsten Parks wären so schon bald komplett ausgeräumt.
- ❑ Die Beschädigung von Felsmalereien, Felsritzungen oder historischen Gebäudekomplexen der Indianer sowie die Entwendung von Zeugnissen ihrer Kultur aus diesen Ruinen wird besonders streng bestraft.

Wandern/Gesundheit
Vor allem in heißen Gegenden ist ein früher Start angebracht. Außerdem darf ein ausreichender Wasservorrat nicht fehlen, wobei bis zu 4 l pro Person und Tag (!) als notwendig erachtet werden. Und natürlich sollte man immer auf dem angegebenen Weg bleiben und so die Vegetation, vor allem aber die empfindliche Mikrobiotische Kruste (s.S.23) schonen. In den Trockengebieten gilt auch Vorsicht bei nahenden Gewittern; in diesem Fall sind sowohl exponierte Punkte zu meiden als auch tiefere Schluchten, in denen es leicht zu Flutwellen (»flash floods«) kommen kann. Im Gebirge sorgen plötzliche Wetterumstürze für Überraschungen.
Die Gefährlichkeit von Klapperschlangen und anderen giftigen Zeitgenossen wird meist übertrieben (s.S.71 und S.92), aber Vorsorge ist besser als ein Klinikaufenthalt. Man sollte deshalb festes Schuhwerk wählen und vorübergehend abgelegte Kleidungsstücke oder unbenutzte Schlafsäcke immer genau auf eventuell eingezogene Untermieter überprüfen. Dazu kommt die strikte Beachtung der alten Regel, niemals blind irgendwohin zu greifen oder zu treten. Viel konkreter ist die Gefahr, sich Giardiasis zuzuziehen, eine Krankheit, die sich in Bauchkrämpfen und Durchfällen äußert. Verursacher ist der Einzeller *Giardia lamblia*, der viele auch sauber erscheinende Wasserläufe verseucht. Wasser aus Flüssen und Bächen sollte deshalb vor dem Trinken mindestens 1 Minute lang abgekocht werden.

Sonstiges

Fotografieren
Wohl in kaum einem Gebiet der USA werden mehr Filme verschossen – die großartigen Landschaften des Südwestens verführen einfach immer wieder zum Druck auf den Auslöser! Dies darf aber nicht auf Kosten der Motive gehen, zu deren Ablichtung man so weit angereist ist. Die stellenweise schwer zertrampelte Pflanzendecke vieler Schutzgebiete zeigt, daß es bei Millionen von Besuchern eben doch etwas ausmacht, wenn jeder »nur mal schnell« vom Weg abgeht, um vielleicht einen noch besseren Standort zu finden. Von Rangern werden Fotografen deshalb als die schlimmste Bedrohung für die Parks angesehen. Hier einige Tips:

- ❑ Oft sind es die zu kurzen Brennweiten, die den Fotomotivjäger immer noch ein paar Schritte näher zum Tier locken, bis es schließlich flüchtet. Tierfotografie ist ohne ein starkes Teleobjektiv von mindestens 300 mm nicht sinnvoll.
- ❑ Auf der anderen Seite ist Landschaftsfotografie ohne Weitwinkelobjektiv nicht denkbar; zur Standardausrüstung gehören außerdem ein UV- oder Skylightfilter und/oder ein Polfilter.
- ❑ Die besten Fotozeiten sind der frühe Morgen und der späte Nachmittag. Dies gilt vor allem in Halbwüsten, wo man am Tag mit allzu grellem Licht, blassen Farben und scharfen Kontrasten zu kämpfen hat. Wer hier zum Frühaufsteher wird, erhöht gleichzeitig seine Chancen für Tierbeobachtungen.

- Auch bei bedecktem Himmel ist nicht nur Untätigkeit angesagt, denn z.B. Aufnahmen in Wäldern oder Nahaufnahmen von Blumen gelingen am besten ohne direkte Sonneneinstrahlung, da störende Licht-/Schattenflecken vermieden werden. Hilfreich ist hier ein Blitzgerät und/oder ein Stativ.

Maße und Temperatur

1 foot	= 0,3 m	1 mile	= 1,6 km
1 inch	= 2,5 cm	1 acre	= 0,4 ha
1 gallon	= 3,8 l	1 pound	= 450 gr

Bei der Umrechnung der Temperatur von Fahrenheit (°F) in Celsius (°C) wird es etwas komplizierter: °F - 32 x 5 : 9 = °C

Öffnungszeiten

In den USA gibt es kein Ladenschlußgesetz, daher sind die großen Einkaufszentren (»Malls«) während der Woche in der Regel von 9.00/10.00 Uhr bis 21.00/22.00 Uhr geöffnet und an Sonntagen meist von Mittag bis gegen 18.00 Uhr. Zumindest in den größeren Städten sind außerdem viele Supermärkte und Tankstellen 7 Tage die Woche durchgehend dienstbereit. Die Öffnungszeiten von Behörden, Banken und Postämtern bewegen sich – wie international üblich – von Montag bis Freitag zwischen 8.00 Uhr und 17.00 Uhr; Postämter haben zudem an Samstagen von 8.00/9.00 Uhr bis 12.00 Uhr geöffnet.

Telefon

Bei der Benutzung von öffentlichen Telefonen sind die in vielen Supermarktketten und Hotels erhältlichen Telefonkarten (»prepaid phonecards«) sehr hilfreich und ersparen das Münzensammeln. Kreditkartentelefone stehen ebenfalls zur Verfügung. Innerhalb der USA sind alle Nummern mit der Vorwahl 800 oder 1-800 gebührenfrei. Im Notfall hilft immer der Operator. Unter der Nummer 1-800-292-0049 ist ein deutschsprachiger Operator in Frankfurt zu erreichen, der die internationale Verbindung weiterleitet; dies gilt aber nur für R-Gespräche! Die Vorwahl für Deutschland ist 01149, für Österreich 01143 und für die Schweiz 01141.

Trinkgelder

Da in den USA das Bedienungsgeld (»service charge«) nicht automatisch im Rechnungspreis enthalten ist und die Kellner allgemein schlecht bezahlt werden, gibt man üblicherweise 15 % des Rechnungsbetrages; bei Kofferträgern oder Zimmermädchen sind mindestens 1-2 Dollar angebracht.

Unterkünfte

Ob Motel, Hotel, Lodge, Jugendherberge oder Campingplatz, Unterkünfte sind – mit Ausnahme einiger weniger Brennpunkte wie Grand Canyon North Rim, Yosemite- oder Bryce-Canyon-Nationalpark (s. dort) – reichlich vorhanden. Allerdings ist in der sommerlichen Hauptsaison, vor allem an Wochenenden und hier speziell am Memorial Day Weekend (letztes Mai-Wochenende) und am Labor Day Weekend (erstes September-Wochenende), alles sehr schnell ausgebucht. Auch die Campingplätze der Schutzgebiete füllen sich dann schon am frühen Vormittag. Hier heißt es also schnell sein oder – wo möglich – rechtzeitig vorbuchen. Bei einigen Campingplätzen geht das über MISTIX: Tel. (619) 452-8787 von Europa aus, und Tel. 1-800-365-2267 innerhalb der USA.

Zeit

Drei Zeitzonen gibt es im Südwesten:

- Die **Pacific Time** = MEZ - 9 Std. (Kalifornien, Nevada),
- die **Mountain Standard Time** = MEZ - 8 Std. (Utah, Arizona, Colorado, New Mexico)
- und die **Central Time** = MEZ - 7 Std. (Texas).

Dazu kommt, daß einige Staaten (z.B. Utah) und Indianerreservate (z.B. das Navajo-Reservat) die Sommerzeit eingeführt haben, andere nicht (z.B. Arizona).

Anhang

Literatur

Audobon Society Fieldguides, Alfred A. Knopf Inc., New York:

- North American Birds (Western Region),
- North American Insects and Spiders,
- North American Mammals,
- North American Reptiles and Amphibians,
- North American Trees (Western Region),
- North American Wildflowers (Western Region).

Audobon Society Nature Guides, Alfred A. Knopf Inc., New York:

- Deserts,
- Western Forests.

Bittmann, W. / Fugger, B.: Reiseführer Natur USA, BLV Verlagsgesellschaft, München 1996.

Bittmann, W. / Fugger, B./ Heeb, C.: Nationalparks in Kalifornien, Bucher Verlag, München 1996.

Harris, A.G. / Tuttle, E.: Geology of National Parks, Kendall/Hunt Publishing Company, University of Iowa, Fourth Edition 1990.

Kramm, H.J., Brunner, H.: Geographie der USA, VEB Hermann Haack, Gotha 1990.

National Geographic Society, Washington DC: verschiedene Hefte.

Publikationen der einzelnen Nationalparks, National Monuments und sonstigen Schutzgebiete inkl. Pflanzen- und Tierlisten (vor Ort erhältlich).

The Complete Guide to America´s National Parks, National Park Foundation, Washington DC, 1994/1995 Edition.

The Story behind the Scenery, KC Publications, Las Vegas: verschiedene Nationalparks und National Monuments.

Bildnachweis

W. Bittmann: 1, 10, 15o, 15ul, 16, 17m, 17u, 18, 21, 22, 24ul, 24ur, 25u, 27u, 32, 36ur, 37o, 37u, 39ul, 39ur, 40o, 40u, 44 (alle), 45, 48or, 48u, 49o, 50o, 50u, 52, 54ol, 54ul, 54/55u, 55ur, 56u, 57, 58 (alle), 59o, 59u, 62, 63, 64, 65o, 68, 69ul, 69ur, 70, 72/73, 73ul, 73ur, 75u, 80 (alle), 81ur, 82o, 82u, 83, 87o, 87ul, 90, 91o, 92, 95m, 95u, 96, 97, 98u, 100m, 101, 104o, 104u, 105o, 105m, 106, 109 (alle), 110, 111, 112o, 112m, 115o, 115u, 118o, 119, 120o, 120u, 122o, 123o (großes Bild), 126m, 127, 130 (alle), 131 (alle), 133, 134, 135, 138o, 138u, 139 (alle), 140o, 141, 142 (alle), 143 (alle), 145o, 147, 148, 149, 150o, 152ul, 152ur, 153u, 156, 157u, 158o, 160, 161ul, 163o, 163u, 165u, 168or, 168u, 169, 170, 172, 173 (alle), 174, 176, 177, 180, 181ul, 181ur, 185
G. Fugger: 2/3, 13o, 17o, 24o, 36o, 38, 41, 51, 55or , 65u, 69o, 73or, 81or, 84, 86o, 87ur, 88, 91u, 94, 100o, 105u, 108u, 126o, 146, 153o, 157o, 161o, 161ur, 165o, 168ol, 181o, 186
T. Grüner: 25o, 29o, 36ul, 48ol, 54/55o, 56o, 67, 75o, 82m, 89o, 117o, 118m, 122ur, 129o, 129u, 155
D. Hopf: 86ul
J. Janßen: 76, 86ur, 123ur
A. Jordans: 95o
F. Kögel: 15ur, 23, 27o, 33, 77u, 108o, 112u, 114o, 122ul, 123 (Einklinker), 164
R. König: 117u, 125
F. Lukasseck: 34, 152o, 158u
E. Pott: 49u, 61, 71u, 77o, 78, 89u, 102, 113, 114u, 126u, 136, 140u
H. Reinhard: 29u, 43o, 43u, 46, 53, 71o, 72u, 98o, 100u, 118u, 123ul, 145u, 150u, 182
U. Schimmelpfennig: 31

Grafik S. 52: Barbara v. Damnitz

Karte S. 11 aus: B. Edmaier, A. Jung-Hüttl: Vulkane, BLV Verlagsgesellschaft, München 1994 (verändert)

Umschlagfotos:
Wolfgang Bittmann (großes Foto: Castle Valley bei Moab; hinten: Goldmantelziesel, Angelhakenkaktus)
Brigitte Fugger (vorn: Delicate Arch im Arches-Nationalpark)
Foto S. 1: Red Rock Canyon State Park, Utah.
Foto S. 2/3: Felsformation Mexican Hat bei der gleichnamigen Stadt.

Wörterbuch
Deutsch / Englisch / Wissenschaftlich

Pflanzen

Amerikanische Zitterpappel / Quaking Aspen / Populus tremuloides
Angelhakenkaktus / Fishhook Cactus/ Sclerocactus whipplei
Arizona-Walnuß / Arizona Walnut / Juglans mayor

Bärentraube / Manzanita / Arctostaphylos spp.
Bartfaden / Penstemon / Penstemon spp.
Bergmahagoni / Mountain Mahogany / Cercocarpus montanus
Blaueiche / Blue Oak / Quercus douglasii
Blaufichte (Stechfichte) / Blue Spruce / Picea pungens
Bocksbart / Yellow Salsify / Tragopogon dubius
Borstenkiefer (Grannenkiefer) / Bristlecone Pine / Pinus aristata

Douglasie / Douglas Fir / Pseudotsuga menziesii
Drehkiefer / Lodgepole Pine / Pinus contorta

Eisenkräuter / Vervains / Verbena spp.
Engelmannsfichte / Engelmann Spruce / Picea engelmannii

Faßkaktus / Barrel Cactus / Ferocactus spp.
Felsengebirgstanne / Subalpine Fir / Abies lasiocarpa
Fiederspiere / Mountain Misery / Chamaebatia foliolosa
Fremont-Pappel / Fremont Cottonwood / Populus fremontii
Fuchsschwanzkiefer / Foxtail Pine / Pinus balfouriana

Gambel-Eiche / Gambel Oak / Quercus gambelli
Gauklerblume / Monkeyflower / Mimulus spp.
Gelbe Gauklerblume / Common Monkey Flower / Mimulus guttatus
Gelbe Schönnessel / Yellow Rocknettle / Eucnide bartonioides
Gelbblühender Trompetenbaum / Yellow Trumpet Flower / Tecoma stans
Gelbkiefer (Goldkiefer) / Ponderosa Pine / Pinus ponderosa
Gebirgs-Hemlocktanne / Mountain Hemlock / Tsuga mertensiana
Götterblume / Shooting Star / Dodecatheon spp.
Grautanne / White Fir / Abies concolor
Great-Basin-Borstenkiefer / Great Basin Bristlecone Pine / Pinus aristata longaeva
Großblättriger Ahorn / Bigleaf Maple / Acer macrophyllum

Igelsäulenkaktus / Hedgehog Cactus / Echinocereus spp.

Jeffrey-Kiefer / Jeffrey Pine / Pinus jeffreyi
Josuabaum / Joshua Tree / Yucca brevifolia

Kalifornische Balsampappel / Black Cottonwood / Populus trichocarpa
Kalifornische Fächerpalme / California Fan Palm / Washingtonia filifera
Kalifornischer Goldmohn / California Poppy / Eschscholtzia californica
Kalifornische Roßkastanie / California Buckeye / Aesculus californica
Kalifornische Schwarzeiche / California Black Oak / Quercus kelloggii
Kreosotbusch / Creosote Bush / Larrea tridentata (divaricata)
Küstensequoie / Redwood / Sequoia sempervirens
Kugelmalve / Globe Mallow / Sphaeralcea spp.

Mammutbaum / Sequoia / Sequoiadendron giganteum
Mesquite-Strauch / Mesquite / Prosopis juliflora
Mexikanischer Goldmohn / Mexican Gold Poppy / Eschscholtzia californica mexicana
Mexikanische Nußkiefer / Mexican Pinyon / Pinus cembroides
Mojave-Aster / Mohave Aster / Machaeranthera (Xylorhiza) tortifolia
Mojave-Yucca / Mohave Yucca / Yucca schidigera
Mormonentulpe / Sego Lily / Calochortus nuttalli

Nachtkerze / Evening Primrose / Oenothera spp.
Nevada-Zirbelkiefer / Limber Pine / Pinus flexilis
Nußkiefer / Pinyon Pine (Two-needle Pinyon) / Pinus edulis

Ocotillo (Kerzenstrauch) / Ocotillo / Fouquieria splendens
Ölweide / Russian Olive / Elaeagnus angustifolia
Opuntie (Feigenkaktus) / Cholla (Pricklypear) / Opuntia spp.
Orgelpfeifenkaktus / Organ Pipe Cactus / Cereus thurberi

Prachttanne / Red Fir / Abies magnifica

Rauchzeder / Incense Cedar / Libocedrus decurrens
Rittersporn / Larkspur / Delphinium spp.
Rundblättrige Büffelbeere / Roundleaf Buffaloberry / Shepherdia rotundifolia

Saguaro / Saguaro / Cereus (Carnegiea) gigantea
Salzkraut /Russian Thistle /Salsola kali
Samtesche / Velvet Ash / Fraxinus velutina
Sandverbene / Sand Verbena / Abronia villosa
Santa-Cruz-Eiche / Santa Cruz Island Oak / Quercus parvula
Schachtelhalmstrauch / Mormon Tea / Ephedra viridis
Schweiffrucht / Curlleaf Mahogany / Cercocarpus ledifolius
Stachelmohn / Prickly Poppy / Argemone polyanthemos
Stechapfel / Sacred Datura (Jimsonweed) / Datura meteloides

Tamariske / Tamarisk (Saltcedar) / Tamarix spp.
Teufelszwirn / Dodder / Cuscuta denticulata
Texanische Felsenbirne / Fendlerbush / Fendlera rupicola
Texas-Walnuß / Little Walnut / Juglans microcarpa

Utah-Agave / Utah Century Plant / Agave utahensis
Utah-Wacholder / Utah-Juniper / Juniperus osteosperma

Wacholder / Juniper / Juniperus spp.
Weißstämmige Zirbelkiefer / Whitebark Pine / Pinus albicaulis
Wermutstrauch (Beifuß) / Sagebrush / Artemisia spp.
Wüstenagave / Desert Agave / Agave desertii
Wüstenweide / Desert Willow / Chilopsis linearis

Zuckerkiefer / Sugar Pine / Pinus lambertiana

Wirbellose

Gnitzen / Black Gnats / Leptoconops spp.
Gottesanbeterin / Praying Mantis / Mantis religiosa

Monarchfalter / Monarch / Danaus plexippus

Salzfliege / Brine Fly / Ephydra hyans
Sandwespen / Sphecid Wasps / Fam. Sphecidae
Schwarze Witwe / Black Widow / Latrodectus mactans
Spinnenameisen / Velvet Ants / Fam. Mutillidae

Tarantel / Tarantula / Dugesiella echina
Tarantel / Desert Tarantula / Aphonopelma chalcodes

Wegwespen / Tarantula Hawks / Fam. Pompilidae

Yucca-Motte / Yucca Moth / Pronuba synthetica

Fische / Amphibien / Reptilien

Arizona-Korallenschlange / Arizona Coral Snake / Micruroides euryxanthus

Bachforelle / Brown Trout / Salmo trutta
Barsch / Bass / Fam. Percopsidae
Big-Bend-Mosquitofisch / Big Bend Mosquitofish / Gambusia gaigei

Chuckwalla / Chuckwalla / Sauromalus obesus
Colorado-Kröte / Sonoran Desert Toad / Bufo alvarius

Dornwels / Catfish / Fam. Doradidae
Dreistreifen-Rosenboa / Rosy Boa / Lichanura trivirgata

Eierlegende Zahnkärpflinge / Pupfishes / Cyprinodon spp.

Fransenzehenleguane / Fringe-toed Lizards / Uma spp.

Gehörnte Klapperschlange / Sidewinder / Crotalus cerastes
Gila-Krustenechse / Gila Monster / Heloderma suspectum
Großer Taubleguan / Greater Earless Lizard / Cophosaurus texanus

Halsbandleguan / Collared Lizard / Crotaphytus collaris

Kalifornischer Molch / California Newt / Taricha torosa
Kettennatter / Common Kingsnake / Lampropeltis getulus
Klapperschlangen / Rattlesnakes / Crotalus spp.
Koboldkärpfling / Mosquitofish / Gambusia affinis
Krallengeckos / Banded Geckos / Coleonyx spp.
Krötenechsen / Horned Lizards / Phrynosoma spp.
Kupferkopf / Copperhead / Agkistrodon contortix
Kurzhorn-Krötenechse / Short-horned Lizard / Phrynosoma douglassi

Leopardleguan / Long-nosed Leopard Lizard / Gambelia wislizenii

Mexikanische Schlankblindschlange / Western Blind Snake / Leptotyphlos humilis
Mexikanischer Stachelleguan / Crevice Spiny Lizard / Sceloporus poinsettii

Nebel-Tigerquerzahnmolch / Arizona Tiger Salamander / Ambystoma tigrinum nebulosum
Nördlicher Leopardfrosch / Northern Leopard Frog / Rana pipiens
Nordkröte / Boreal (Western) Toad / Bufo boreas

Pazifik-Laubfrosch / Pacific Tree Frog / Hyla regilla
Prärieklapperschlange / Western (Prairie) Rattlesnake / Crotalus viridis
Präriekröte / Great Plains Toad / Bufo cognatus

Regenbogenforelle / Rainbow Trout / Salmo gairdneri
Rennechsen / Whiptails / Cnemidophorus spp.

Schaufelfußkröten / Spadefoot Toads / Fam. Pelobatidae
Schmuck-Dosenschildkröte / Desert Box Turtle / Terrapene ornata luteola
Seitenfleckenleguan / Side-blotched Lizard / Uta stansburiana
Stachelleguane / Spiny Lizards /Sceloporus spp.
Strumpfbandnattern / Garter Snakes / Thamnophis spp.

Texas-Klapperschlange / Western Diamondback Rattlesnake / Crotalus atrox

Wüsten-Krötenechse / Desert Horned Lizard / Phrynosoma platyrhinchos
Wüstenleguan / Desert Iguana / Dipsosaurus dorsalis
Wüsten-Stachelleguan / Desert Spiny Lizard / Sceloporus magister
Wüstenschildkröte / Desert Tortoise / Gopherus agassizii

Yucca-Nachtechse / Desert Night Lizard / Xantusia vigilis

Zaunleguan / Western Fence Lizard / Sceloporus occidentalis

Vögel

Aleutenalk / Cassin's Auklet / Ptychoramphus aleuticus
Allenkolibri / Broad-tailed (Allen's) Hummingbird / Selasphorus sasin
Annakolibri / Anna's Hummingbird / Calypte anna
Arkansastyrann / Western Kingbird / Tyrannus verticalis
Azurbischof / Blue Grosbeak / Guiraca caerulea

Baltimoretrupial / Northern Oriole / Icterus galbula
Bartkauz / Great Grey Owl / Strix nebulosa
Beifußhuhn / Sage Grouse / Centrocercus urophasianus
Bergspottdrossel / Sage Thrasher / Oreoscoptes montanus
Blaukehl-Hüttensänger / Western Bluebird / Siala mexicana
Braunkopf-Kuhstärling / Brown-headed Cowbird / Molothrus ater
Braunpelikan / Brown Pelican / Pelecanus occidentalis
Buntfalke / American Kestrel / Falco sparverius
Buschhäher / Scrub Jay / Aphelocoma coerulescens

Carolinataube / Mourning Dove / Zenaidura macroura
Cassingimpel / Cassin's Finch / Carpodacus cassinii
Costakolibri / Costa´s Hummingbird / Calypte costae

Diademhäher / Stellers Jay / Cyanocitta stelleri
Dachsammer / White-crowned Sparrow / Zonotrichia leucophrys
Dunenspecht / Downy Woodpecker / Picoides pubescens

Eichelspecht / Acorn Woodpecker / Melanerpes formicivorus
Einfarb-Wellenläufer / Ashy Storm Petrel / Oceanodroma homochroa
Einsiedlerdrossel / Hermit Thrush / Catharus guttatus
Elfenkauz / Elf Owl / Micrathene (Glaucidium) whitneyi
Elster / Black-billed Magpie / Pica pica

Fahlstirnschwalbe / Cliff Swallow / Petrochelidon (Hirundo) pyrrhonota
Felsenzaunkönig / Rockwren / Salpinctes obsoletus
Fichtenzeisig / Pine Siskin / Carduelis (Spinus) pinus

Gambelmeise / Mountain Chickadee / Parus (Poecile) gambeli
Gilaspecht / Gila Woodpecker / Melanerpes uropygialis
Goldspecht / Common Flicker / Colaptes auratus
Goldwaldsänger / Yellow Warbler / Dendroica petechia
Graubrusthäher / Mexican (Gray-Breasted) Jay / Aphelocoma ultramarina
Grauwasseramsel / American Dipper / Cinclus mexicanus
Gürtelfischer / Belted Kingfischer / Ceryle alcyon

Halsbanddrossel / Varied Thrush / Ixoreus naevius
Haussperling / House Sparrow / Passer domesticus
Haustaube / Rock Dove / Columba livia
Heermann-Möwe / Heermann´s Gull / Larus hermanni
Helmwachtel / Gambel's Quail / Callipepla gambelii
Höhlenschwalbe / Cave Swallow / Petrochelidon fulva

Kaktuszaunkönig / Cactus Wren / Campylorhynchus brunneicephalus
Kaliforniermöwe / California Gull / Larus californicus
Kanadakleiber / Red-breasted Nuthatch / Sitta canadensis
Kanadareiher / Great Blue Heron / Ardea herodias
Kiefernhäher / Clark's Nutcracker / Nucifraga columbiana
Kieferntangare / Western Tanager / Piranga ludoviciana
Kolkrabe / Common Raven / Corvus corax
Kreischeule / Screech Owl / Otus (Megascops) asio
Krummschnabel-Spottdrossel / Curve-billed Thrasher / Toxostoma curvirostre
Kupfertrogon / Coppery-tailed (Elegant) Trogon / Trogon elegans

Lerchenstärling / Eastern Meadowlark / Sturnella magna
Louisianawürger / Loggerhead Shrike / Lanius ludovicianus
Lummenalk / Xantus' Murrelet / Synthliboramphus hypoleucus
Luziferkolibri / Lucifer Hummingbird / Calothorax lucifer

Maskentrupial / Hooded Oriole / Icterus cucullatus
Meerscharbe / Pelagic Cormorant / Phalacrocorax pelagicus

Nacktschnabelhäher / Pinyon Jay / Gymnorhinus cyanocephalus
Nonnenspecht / White-headed Woodpecker / Picoides albolarvatus

Odinshühnchen / Red-necked Phalarope / Phalaropus (Lobipes) lobatus
Ohrenscharbe / Double-crested Cormorant / Phalacrocorax auritus

Pinselscharbe / Brandt's Cormorant / Phalacrocorax olivaceaus
Präriefalke / Prairie Falcon / Falco mexicanus
Purpurschwalbe / Purple Martin / Progne subis
Purpurtyrann / Vermillion Flycatcher / Pyrocephalus rubinus

Rabengeier / Black Vulture / Coragyps atratus
Rennkuckuck / Roadrunner / Geococcyx californianus
Rotkardinal / Cardinal / Cardinalis cardinalis
Rotschulterbussard / Red-shouldered Hawk / Buteo lineatus
Rotschwanzbussard / Red-tailed Hawk / Buteo jamaicensis
Rundschwanzsperber / Cooper's Hawk / Accipiter cooperi

Satrap / Golden-crowned Kinglet / Regulus satrapa
Schlichtmeise / Plain Titmouse / Parus inornatus
Schluchtenzaunkönig / Canyon Wren / Catherpes mexicanus
Schmalschnabelkardinal / Pyrrhuloxia / Cardinalis sinuatus
Schopfwachtel / California Quail / Callipepla californica
Schwarzhalstaucher / Eared Grebe / Podiceps nigricollis
Schwarzkinnkolibri / Black-chinned Hummingbird / Archilochus alexandri
Schwarzer Austernfischer / Black Oystercatcher / Haematopus bachmani
Scott-Trupial / Scott's Oriole / Icterus parisorum
Spottdrossel / Mockingbird / Mimus polyglottos
Star / Starling / Sturnus vulgaris
Steinadler / Golden Eagle / Aquila chrysaetos

Taubenteist / Pigeon Guillemot / Cepphus columba
Trauer-Seidenschnäpper / Phainopepla / Phainopepla nitens
Truthahngeier / Turkey Vulture / Cathartes aura
Truthuhn / Wild (Common) Turkey / Meleagris gallopavo

Veilchenschwalbe / Violet-green Swallow / Tachycineta thalassina,
Virginia-Uhu (Amerikanischer Uhu) / Great Horned Owl / Bubo virginianus

Wanderdrossel / American Robin / Turdus migratoria
Wanderfalke / Peregrine Falcon / Falco peregrinus
Westmöwe / Western Gull / Larus occidentalis
Weißbrustsegler / White-throated Swift / Aeronautes saxatalis
Weißflügeltaube / White-winged Dove / Zenaida (Melopelia) asiatica
Wilsonhühnchen / Wilson's Phalarope / Phalaropus (Steganopus) tricolor
Wüstenbussard / Harris' Hawk / Parabuteo unicinctus

Säugetiere

Antilopenhase / Antelope Jack Rabbit / Lepus alleni
Audubonkaninchen / Desert Cottontail / Sylvilagus audubonii

Blauwal / Blue Whale / Balaenoptera musculus
Buckelwal / Humpback Whale / Megaptera novaeangliae
Buschratte / Bushy-tailed Woodrat / Neotoma cinerea

Chickaree-Hörnchen / Chickaree / Tamiasciurus douglasii
Colorado-Chipmunk / Colorado Chipmunk / Eutamias quadrivittatus

Dickhornschaf / Bighorn Sheep / Ovis canadensis

Felsenziesel / Rock Squirrel / Spermophilus variegatus
Finnwal / Fin Whale / Balaenoptera physalus

Gabelbock / Pronghorn / Antilocapra americana
Gelbbäuchiges Murmeltier / Yellow-bellied Marmot / Marmota flaviventris
Goldmantelziesel / Golden-mantled Ground Squirrel / Spermophilus lateralis
Grauhörnchen / Gray Squirrel / Sciurus carolinensis
Graufuchs / Grey Fox / Urocyon cinereoargenteus
Grauwal / Grey Whale / Eschrichtius gibbosus
Guadalupe-Seebär / Guadalupe Fur Seal / Arctocephalus townsendi
Guano-Fledermaus / Mexican Free-tailed Bat / Tadarida brasiliensis mexicana

Halsbandpekari / Collared Peccary / Dicotyles tajacu

Inselfuchs / Island Fox / Urocyon littoralis

Jaguar / Jaguar / Felis onca

Känguruhratten / Kangaroo Rats / Dipodomys spp.
Kaibab-Pinselohrhörnchen / Kaibab Squirrel / Sciurus aberti kaibabensis
Kalifornischer Eselhase / Blacktailed Jack Rabbit / Lepus californicus
Kalifornischer Seelöwe / California Sealion / Zalophus californianus
Kanadabiber / Beaver / Castor canadensis
Kaktusmaus / Cactus Mouse / Peromyscus eremicus
Kitfuchs / Kit Fox / Vulpes macrotus
Kojote / Coyote / Canis latrans

Langschwanzskunk / Hooded Skunk / Mephitis macroura

Maultierhirsch / Mule Deer / Odocoileus hemionus
Mojave-Ziesel / Mohave Ground Squirrel / Spermophilus mohavensis

Nordamerikanischer Baumstachler / Porcupine / Erithizon dorsatum
Nordamerikanisches Katzenfrett / Ringtail / Bassariscus astutus
Nordamerikanischer Waschbär / Raccoon / Procyon lotor
Nördlicher See-Elefant / Northern Elephant Seal / Mirounga angustirostris
Nutall's Baumwollschwanzkaninchen / Nutall's Cottontail / Sylvilagus nuttallii

Ozelot / Ocelot / Leopardus pardalis

Pfeifhase (Pika) / Pika / Ochotona princeps
Pinselohrhörnchen / Abert's Squirrel / Sciurus aberti
Puma / Mountain Lion / Felis concolor

Rothörnchen / Red Squirrel / Tamiasciurus hudsonicus
Rotluchs / Bobcat / Lynx (Felis) rufus
Rundschwanzziesel / Round-tailed Ground Squirrel / Spermophilus tereticaudus

Schwarzbär / Black Bear / Ursus americanus
Seehund / Harbour Seal / Phoca vitulina
Seeotter / Sea Otter / Enhydra lutris
Silberdachs / Badger / Taxidea taxus
Stellers Seelöwe / Stellers Sea Lion / Eumetopias jubatus
Strauchkaninchen / Brush Rabbit / Sylvilagus bachmani
Streifenskunk / Striped Skunk / Mephitis mephitis
Südamerikanischer Nasenbär / Coati / Nasua nasua

Taschenmäuse / Pocket Mice / Perognathus spp.
Taschenratten / Pocket Gophers / Thomomys spp.
Townsend-Ziesel / Townsend's Ground Squirrel / Spermophilus townsendii

Utah-Präriehund / Utah Prairie Dog / Cynomys parvidens

Weißfußmaus / White-footed Mouse / Peromyscus leucopus
Weißschwanz-Antilopenziesel / White-tailed Antelope Squirrel / Ammospermo philus leucurus
Weißschwanz-Präriehund / White-tailed Prairie Dog / Cynomys leucurus
Weißwedelhirsch / White-tailed Deer / Odocoileus virginianus
Wieselkatze / Jaguarundi / Felis yagouaroundi

Zwergkaninchen / Pygmy Rabbit / Sylvilagus idahoensis

Englisch / Deutsch

Arten, die keinen deutschen Namen haben, sind hier mit ihrem wissenschaftlichen Artnamen verzeichnet

Pflanzen

Alligator Juniper / Juniperus deppeana
Alpine Laurel / Kalmia microphylla
Alpine Phlox / Phlox diffusa
Apache Plume / Fallugia paradoxa
Arizona Walnut / Arizona-Walnuß

Baby Blue Eyes / Nemophila menziesii
Barrel Cactus / Faßkaktus
Beavertail Cactus / Opuntia basilaris
Bigelow´s Monkey Flower / Mimulus bigelowii
Bigelow´s Sneezeweed / Helenium bigelowii
Bigleaf Maple / Großblättriger Ahorn
Big Sagebrush / Artemisia tridentata
Bitterbrush / Purshia tridentata
Blackbrush / Coleogyne ramosissima
Black Cottonwood / Kalifornische Balsampappel
Blazing Star / Mentzelia spp.
Blue Gramma / Bouteloua gracilis
Blue Oak / Quercus douglasii
Blue Spruce / Blaufichte, Stechfichte
Bristlecone Pine / Borstenkiefer
Brittlebush / Encelia farinosa
Broom Groundsel / Senecio ridellii
Buckbrush / Ceanothus spp.
Buckhorn Cholla / Opuntia acanthocarpa
Burrobrush / Franseria dumosa
Bush Monkeyflower / Mimulus longiflorus

California Black Oak / Kalifornische Schwarzeiche
California Buckeye / Kalifornische Roßkastanie
California Fan Palm / Kalifornische Fächerpalme
California Poppy / Kalifornischer Goldmohn
Cane Cholla / Opuntia imbricata
Cardinal Flower / Lobelia cardinalis
Catclaw Acacia / Acacia greggii
Century Plant / Agave havardiana
Chainfruit Cholla / Opuntia fulgida
Chisos Bluebonnet / Lupinus harvardii
Cholla / Opuntie (Feigenkaktus)
Christmas Cactus / Opuntia leptocaulis
Claret Cup Cactus / Echinocereus triglochidiatus
Cliffrose / Cowania mexicana
Common Madia / Madia elegans
Common Monkey Flower / Gelbe Gauklerblume
Creosote Bush / Kreosotbusch
Curlleaf Mahogany / Schweiffrucht

Dawn Redwood / Metasequoia glyptostroboides
Desert Agave / Wüstenagave
Desert Chicory / Rafinesquia neomexicana
Desert Goldpoppy / Eschscholtzia glyptosperma
Desert Holly Saltbush / Atriplex hymenelytra
Desert Indian Paintbrush / Castilleja chromosa
Desert Ironwood / Olneya tesota
Desert Lily / Hesperocallis undulata
Desert Mariposa / Calochortus kennedyi
Desert Peach / Prunus andersonii
Desert Rocknettle / Eucnide urens
Desert Senna / Senna armata und covesii
Desert Trumpet / Eriogonum inflatum
Desert Verbena / Glandularia gooddingii
Desert Willow / Wüstenweide
Digger Pine / Pinus sabiniana
Dodder / Teufelszwirn
Douglas Fir / Douglasie

Eaton´s Penstemon / Penstemon eatonii
Elephant Heads / Pedicularis groenlandica
Elkweed / Swertia radiata
Engelmann's Hedgehog / Echinocereus engelmannii
Engelmann's Pricklypear / Opuntia engelmannii (phaeacantha)
Engelmann Spruce / Engelmannsfichte
Evening Primrose / Nachtkerze

Faxon Yucca / Yucca faxoniana
Fendlerbush / Texanische Felsenbirne
Fishhook Cactus / Angelhakenkaktus
Fleabanes / Erigeron spp.
Four-wing Saltbush / Atriplex canescens
Foxtail Pine / Fuchsschwanzkiefer
Fremont Barberry / Berberis fremontii
Fremont Cottonwood / Fremont-Pappel

Galleta / Hilaria jamesii
Gambel Oak / Gambel-Eiche
Giant Coreopsis / Coreopsis gigantea
Giant Dagger Yucca / Yucca carnerosana
Gilbert Yucca / Yucca gilbertiana
Globe Mallow / Kugelmalve
Golden Bush / Ericameria spp.
Golden Columbine / Aquilegia chrysantha
Golden Evening Primrose / Chamissonia brevipes
Golden Sego Lily / Calochortus nuttallii aureus
Greasewood / Sarcobatus vermiculatus
Great Basin Bristlecone Pine / Great-Basin-Borstenkiefer
Great Rusty Milkvetch / Astragulus lonchocarpus
Greenleaf Manzanita / Arctostaphylos patula

Harlequin Lupine / Lupinus stiversii
Harriman s. Gilbert Yucca
Hedgehog Cactus / Igelsäulenkaktus

Incense Cedar / Rauchzeder
Indian Paintbrush / Castilleja spp.
Indian Ricegrass / Stipa hymenoides
Interior Life Oak / Quercus wislizenii
Ithuriels Spear / Brodiaea laxa

Jeffrey Pine / Jeffrey-Kiefer
Jeffrey Shooting Star / Dodecatheon jeffreyi
Joshua Tree / Josuabaum

Lechuguilla / Agave lecheguilla
Lewis Monkeyflower / Mimulus lewisii
Limber Pine / Nevada-Zirbelkiefer
Little Walnut / Texas-Walnuß
Locoweed/ Astragalus spp.
Lodgepole Pine / Drehkiefer
Longspine Horsebrush / Tetradymia axillaris
Long-spined Pricklypear / Opuntia violacea

Manzanita / Bärentraube
Mariposa Lily / Calochortus venustus
Mesquite / Mesquite-Strauch
Mexican Gold Poppy / Mexikanischer Goldmohn
Mexican Pinyon / Mexikanische Nußkiefer
Milkvetch / Astragalus spp.
Mohave Aster / Mojave-Aster
Mohave Yucca / Mojave-Yucca
Monkeyflower / Gauklerblume
Mormon Tea (Green Ephedra) / Schachtelhalmstrauch
Mountain Hemlock / Gebirgs-Hemlocktanne
Mountain Mahogany / Bergmahagoni
Mountain Misery / Fiederspiere
Mule Ears / Wyethia mollis

Narrow-leafed Yucca / Yucca angustissima

Ocotillo / Ocotillo (Kerzenstrauch)
One-seed Juniper / Juniperus monosperma
Oregon Grape (Creeping Barberry) / Berberis (Mahonia) repens
Organ Pipe Cactus / Orgelpfeifenkaktus
Our Lord's Candle / Yucca whipplei
Owl´s Clover / Orthocarpus purpurescens

Pacific Dogwood / Cornus nuttallii
Paloverde / Cercidium spp.
Penstemon / Bartfaden
Parry Nolina / Nolina parryi
Parry´s Penstemon / Penstemon parryi
Perky Sue / Hymenoxys acaulis
Pink Penstemon / Penstemon clutei
Pinyon Pine / Nußkiefer
Plains Pricklypear / Opuntia polyacantha
Ponderosa Pine / Gelbkiefer (Goldkiefer)
Prairie Sunflower / Helianthus petiolaris
Pricklypear / Opuntie (Feigenkaktus)
Prickly Poppy / Stachelmohn
Prince's Plume / Stanleya pinnata
Purple Mat / Nama demissum

Quaking Aspen / Amerikanische Zitterpappel

Rainbow Cactus / Echinocereus pectinatus
Rabbitbrush / Chrysothamnus spp.
Red Fir / Prachttanne
Redwood / Küstensequoie
Rocky Mountain Bee Plant / Cleome serrulata
Rose Penstemon / Penstemon floridus
Rough Mule Ears / Wyethia scabra
Roundleaf Buffaloberry / Rundblättrige Büffelbeere
Russian Olive / Ölweide
Russian Thistle / Salzkraut

Sacred Datura / Stechapfel
Sagebrush / Wermutstrauch (Beifuß)
Saguaro / Saguaro
Sand-loving Lupine / Lupinus ammophilus
Sand Sage / Artemisia spinescens
Sand Verbena / Sandverbene
Santa Cruz Island Oak / Santa-Cruz-Eiche
Scarlet Gilia / Gilia (Ipomopsis) aggregata
Screwbean Mezquite / Prosopis pubescens
Scrub Oak / Quercus dumosa
Sego Lily / Mormonentulpe
Senita Cactus / Cereus (Lophocereus) schottii
Sequoia / Mammutbaum
Serviceberry / Amelanchier spp.
Shadscale / Atriplex confertifolia
Shooting Star / Götterblume

Sierra Columbine / Aquilegia pubescens
Sierra Primrose / Primula suffrutescens
Silvery Lupine / Lupinus argenteus
Singleleaf Ash / Fraxinus anomala
Singleleaf Pinyon / Pinus monophylla
Skyrocket s. Scarlet Gilia
Snakeweed / Gutierrezia sarothrae
Snow Plant / Sarcodes sanguinea
Soaptree Yucca / Yucca elata
Sotol / Dasylirion leiophyllum
Stream Orchid / Epipactis gigantea
Strawberry Cactus / Echinocereus stramineus
Subalpine Fir / Felsengebirgstanne
Sugar Pine / Zuckerkiefer

Tall Desert Larkspur / Delphinium scaposum
Tamarisk (Saltcedar) / Tamariske
Tarbush / Flourensia cernua
Teddybear Cholla / Opuntia bigelowii
Texas Madrone / Arbutus texana
Torrey Yucca / Yucca torreyi
Tree Cholla / Opuntia imbricata
Tufted Evening Primrose / Oenothera caespitosa

Upright Prairie-Coneflower / Ratibida columnifera
Utah Century Plant / Utah-Agave
Utah Juniper / Utah-Wacholder
Utah Penstemon / Penstemon utahensis

Velvet Ash / Samtesche
Vervains / Eisenkräuter

Western Azalea / Rhododendron occidentale
Whitebark Pine / Weißstämmige Zirbelkiefer
White Fir / Grautanne

Yellow Cryptantha / Cryptantha flava
Yellow Linanthus / Linanthus aureus
Yellow Rocknettle / Gelbe Schönnessel
Yellow Trumpet Flower / Gelbblühender Trompetenbaum
Yellow Salsify / Bocksbart

Wirbellose

Black Gnats / Gnitzen
Black Widow / Schwarze Witwe
Brine Fly / Salzfliege
Brine Shrimp / Artemia monica

Giant Desert Hairy Scorpion / Hadrurus arizonensis
Great Sand Dunes Tiger Beetle / Cicindela theatina

Monarch / Monarchfalter

Pallid-winged Grasshopper / Trimerotropis pallidipennis
Praying Mantis / Gottesanbeterin

Sculptured Centruroides / Centruroides sculpturatus
Sphecid Wasps / Sandwespen

Tarantula / Tarantel
Tarantula Hawks / Wegwespen

Velvet Ants / Spinnenameisen
Western Tiger Swallowtail / Papilio rutulus

Yucca Moth / Yucca-Motte

Zion Snail / Physa zionis

Fische / Amphibien / Reptilien

Arizona Coral Snake / Arizona-Korallenschlange
Arizona Tiger Salamander / Nebel-Tigerquerzahnmolch

Banded Gecko / Krallengecko
Bass / Barsch
Big Bend Mosquitofish / Big-Bend-Mosquitofisch
Boreal (Western) Toad / Nordkröte
Brown Trout / Bachforelle

California Newt / Kalifornischer Molch
Canyon Tree Frog / Hyla arenicolor
Catfish / Dornwels
Chuckwalla / Chuckwalla
Coachwhip / Masticophis flagellum
Collared Lizard / Halsbandleguan
Common Kingsnake / Kettennatter
Copperhead / Kupferkopf
Crevice Spiny Lizard / Mexikanischer Stachelleguan

Desert Box Turtle / Schmuck-Dosenschildkröte
Desert Horned Lizard / Wüsten-Krötenechse
Desert Iguana / Wüstenleguan
Desert Night Lizard / Yucca-Nachtechse
Desert Pupfish / Cyprinodon macularius
Desert Spiny Lizard / Wüsten-Stachelleguan
Desert Tortoise / Wüstenschildkröte
Devils Hole Pupfish / Cyprinodon diabolis

Fringe-toed Lizards / Fransenzehenleguane

Garter Snakes / Strumpfbandnattern
Gila Monster / Gila-Krustenechse
Golden Shinner / Notemigonus crysoleucas
Gopher Snake / Pituophis melanoleucus
Great Plains Toad / Präriekröte
Greater Earless Lizard / Großer Taubleguan

Horned Lizards / Krötenechsen

Long-nosed Leopard Lizard / Leopardleguan
Long-nosed Snake / Rhinocheilus lecontei
Lyre Snake / Trimorphodon biscutatus

Mosquitofish / Koboldkärpfling
Mountain Yellow-legged Frog / Rana muscosa

Northern Leopard Frog / Nördlicher Leopardfrosch

Pacific Tree Frog / Pazifik-Laubfrosch
Plateau Striped Whiptail / Cnemidophorus velox
Pupfishes / Eierlegende Zahnkärpflinge

Rainbow Trout / Regenbogenforelle
Rattlesnakes / Klapperschlangen
Red-spotted Toad / Bufo punctatus
Rio Grande Leopard Frog / Rana berlandieri
Rosy Boa / Dreistreifen-Rosenboa

Sagebrush Lizard / Sceloporus graciosus
Short-horned Lizard / Kurzhorn-Krötenechse
Side-blotched Lizard / Seitenfleckenleguan
Sidewinder / Gehörnte Klapperschlange
Spiny Lizards / Stachelleguane
Sonoran Desert Toad / Colorado-Kröte
Spadefoot Toads / Schaufelfußkröten

Texas Horned Lizard / Phrynosoma cornutum

Western Blind Snake / Mexikanische Schlankblindschlange
Western Diamondback Rattlesnake / Texas-Klapperschlange
Western Fence Lizard / Zaunleguan
Western (Prairie) Rattlesnake / Prärieklapperschlange
Western Whiptail / Cnemidophorus tigris
Whiptails / Rennechsen

Vögel

Acorn Woodpecker / Eichelspecht
American Dipper / Grauwasseramsel
American Kestrel / Buntfalke
American Robin / Wanderdrossel
Anna's Hummingbird / Annakolibri
Ashy Storm Petrel / Einfarb-Wellenläufer

Belted Kingfischer / Gürtelfischer
Black Oystercatcher / Schwarzer Austernfischer
Black Vulture / Rabengeier
Black-billed Magpie / Elster
Black-chinned Hummingbird / Schwarzkinnkolibri
Blue Grosbeak / Azurbischof
Brandt's Cormorant / Pinselscharbe
Broad-tailed (Allen's) Hummingbird / Allenkolibri
Brown Pelican / Braunpelikan
Brown-headed Cowbird / Braunkopf-Kuhstärling

Cactus Wren / Kaktuszaunkönig
California Gull / Kaliforniermöwe
California Quail / Schopfwachtel
Canyon Wren / Schluchtenzaunkönig
Cassin's Auklet / Aleutenalk
Cassin's Finch / Cassingimpel
Cave Swallow / Höhlenschwalbe
Clark's Nutcracker / Kiefernhäher
Cliff Swallow / Fahlstirnschwalbe
Common Flicker / Goldspecht
Common Raven / Kolkrabe
Cooper's Hawk / Rundschwanzsperber
Coppery-tailed (Elegant) Trogon / Kupfertrogon
Costa´s Hummingbird / Costakolibri
Curve-billed Thrasher / Krummschnabel-Spottdrossel

Double-crested Cormorant / Ohrenscharbe
Downy Woodpecker / Dunenspecht

Eared Grebe / Schwarzhalstaucher
Eastern Meadowlark / Lerchenstärling
Elf Owl / Elfenkauz
European Starling / Star

Gambel's Quail / Helmwachtel
Gila Woodpecker / Gilaspecht
Golden-crowned Kinglet / Satrap
Golden Eagle / Steinadler
Great Blue Heron / Kanadareiher
Great Grey Owl / Bartkauz
Great Horned Owl / Virginia-Uhu (Amerikanischer Uhu)

Harris' Hawk / Wüstenbussard
Heermann's Gull / Heermann-Möwe
Hermit Thrush / Einsiedlerdrossel
Hooded Oriole / Maskentrupial
House Sparrow / Haussperling

Loggerhead Shrike / Louisianawürger
Lucifer Hummingbird / Luziferkolibri

Mexican (Gray-Breasted) Jay / Graubrusthäher
Mockingbird / Spottdrossel
Mountain Chickadee / Gambelmeise
Mourning Dove / Carolinataube

Northern Cardinal / Rotkardinal
Northern Oriole / Baltimoretrupial

Pelagic Cormorant / Meerscharbe
Peregrine Falcon / Wanderfalke
Phainopepla / Trauer-Seidenschnäpper
Pigeon Guillemot / Taubenteist
Pygmy Nuthatch / Zwergkleiber
Pine Siskin / Fichtenzeisig
Pinyon Jay / Nacktschnabelhäher
Plain Titmouse / Schlichtmeise
Prairie Falcon / Präriefalke
Purple Martin / Purpurschwalbe
Pyrrhuloxia / Schmalschnabelkardinal

Red-breasted Nuthatch / Kanadakleiber
Red-necked Phalarope / Odinshühnchen
Red-shouldered Hawk / Rotschulterbussard
Red-tailed Hawk / Rotschwanzbussard
Roadrunner / Rennkuckuck
Rock Dove / Haustaube
Rockwren / Felsenzaunkönig

Sage Grouse / Beifußhuhn
Sage Thrasher / Bergspottdrossel
Scott's Oriole / Scott-Trupial
Screech Owl / Kreischeule
Scrub Jay / Buschhäher
Starling / Star
Steller's Jay / Diademhäher

Turkey Vulture / Truthahngeier

Varied Thrush / Halsbanddrossel
Vermillion Flycatcher / Purpurtyrann
Violet-green Swallow / Veilchenschwalbe

Western Bluebird / Blaukehl-Hüttensänger
Western Gull / Westmöwe
Western Kingbird / Arkansastyrann
Western Tanager / Kieferntangare
White-crowned Sparrow / Dachsammer
White-headed Woodpecker / Nonnenspecht
White-throated Swift / Weißbrustsegler
White-winged Dove / Weißflügeltaube
Wild (Common) Turkey / Truthuhn
Wilson's Phalarope / Wilsonhühnchen

Yellow Warbler / Goldwaldsänger

Xantus' Murrelet / Lummenalk

Säugetiere

Abert's Squirrel / Pinselohrhörnchen
Antelope Jack Rabbit / Antilopenhase

Badger / Silberdachs
Beaver / Kanadabiber
Bighorn Sheep / Dickhornschaf
Black Bear / Schwarzbär
Blacktailed Jack Rabbit / Kalifornischer Eselhase
Blue Whale / Blauwal
Bobcat / Rotluchs
Bushy-tailed Woodrat / Buschratte
Brush Rabbit / Strauchkaninchen

Cactus Mouse / Kaktusmaus
California Sealion / Kalifornischer Seelöwe
Chickaree (Douglas Squirrel) / Chickaree-Hörnchen
Cliff Chipmunk / Eutamias dorsalis
Coati / Südamerikanischer Nasenbär
Collared Peccary / Halsbandpekari
Colorado Chipmunk / Colorado-Chipmunk
Coyote / Kojote

Desert Cottontail / Audubonkaninchen
Desert Woodrat / Neotoma lepida

Fin Whale / Finnwal

Golden-mantled Ground Squirrel / Goldmantelziesel
Gray Squirrel / Grauhörnchen
Grey Fox / Graufuchs
Grey Whale / Grauwal
Guadalupe Fur Seal / Guadalupe-Seebär

Harbour Seal / Seehund
Hooded Skunk / Langschwanzskunk

Hog-nosed Skunk/ Conepatus mesoleucus
Humpback Whale / Buckelwal

Island Fox / Inselfuchs

Jaguar/ Jaguar
Jaguarundi / Wieselkatze

Kaibab Squirrel / Kaibab-Pinselohrhörnchen
Kangaroo Rat / Känguruhratte
Kit Fox / Kitfuchs

Mexican Free-tailed Bat / Guano-Fledermaus
Mohave Ground Squirrel / Mojave-Ziesel
Mountain Lion / Puma
Mule Deer / Maultierhirsch

Nayarit Squirrel / Sciurus nayaritensis
Northern Elephant Seal / Nördlicher See-Elefant
Nutall's Cottontail / Nutall's Baumwollschwanzkaninchen

Ocelot / Ozelot

Pika / Pfeifhase
Pocket Gophers / Taschenratten
Pocket Mice / Taschenmäuse
Porcupine / Nordamerikanischer Baumstachler
Pronghorn / Gabelbock
Pygmy Rabbit / Zwergkaninchen

Raccoon / Nordamerikanischer Waschbär
Red Squirrel / Rothörnchen
Ringtail / Nordamerikanisches Katzenfrett
Rock Squirrel / Felsenziesel
Round-tailed Ground Squirrel / Rundschwanzziesel

Sea Otter / Seeotter
Sonoma-Chipmunk / Eutamias sonomae
Stellers Sea Lion / Stellers Seelöwe
Striped Skunk / Streifenskunk

Townsend's Ground Squirrel / Townsend-Ziesel

Uinta Chipmunk / Eutamius umbrinus
Utah Prairie Dog / Utah-Prairiehund

White-footed Mouse / Weißfußmaus
White-tailed Antelope Squirrel / Weißschwanz-Antilopenziesel
White-tailed Deer / Weißwedelhirsch
White-tailed Prairie Dog / Weißschwanz-Präriehund

Yellow-bellied Marmot / Gelbbäuchiges Murmeltier

Register

Fett gedruckte Seitenzahlen verweisen auf Fotos, schräg gedruckte auf Essays (im Text blau unterlegt). Seitenzahlen mit dem Zusatz »ff.« bezeichnen den Beginn eines Hauptreiseziels bzw. der Hauptbeschreibung.

Tier- und Pflanzennamen

Orte, Gebiete, Nationalparks u.a.

Die Natur als Reiseziel

Pressestimmen zur Reihe »Reiseführer Natur«:

»Besser, informativer und übersichtlicher kann man es eigentlich nicht machen...«
Die Zeit

»...ein Muß für jeden Naturliebhaber...«
Frankfurter Rundschau

»...attraktiv und übersichtlich gestaltet, zudem kenntnisreich, nie aber langweilend verfaßt...«
Frankfurter Allgemeine Zeitung

»...sehr ansprechend aufgemacht...«
Süddeutscher Rundfunk

»...eine ausgezeichnete Reihe...«
Bayerisches Fernsehen

»...schöne Reiseführer, die man nicht nur gern und mit Gewinn vor Ort in die Hand nimmt. Sie laden auch ein, in Gedanken zu reisen oder einfach darin zu schmökern...«
Das Tier

Bereits erschienen:
Afrika, Südliches • Alaska • Australien • Brasilien, Venezuela • Frankreich, Südliches • Galapagos • Griechenland – Festland und Küste • Indien • Island • Kanada • Kanarische Inseln • Malaysia • Mallorca, Menorca, Ibiza, Formentera • Nepal, Sikkim und Bhutan • Neuseeland • Ostafrika • Schottland mit England und Wales • Seychellen, Mauritius • Skandinavien, Nördliches, mit Finnland • Skandinavien, Südliches • Spanien • Türkei • USA

In Vorbereitung:
Costa Rica • Polen und Baltikum • Sardinien, Korsika

Im BLV Verlag finden Sie Bücher zu folgenden Themen: Garten und Zimmerpflanzen • Wohnen und Gestalten • Natur • Heimtiere • Jagd • Angeln • Pferde und Reiten • Sport und Fitneß • Tauchen • Reise • Wandern, Alpinismus, Abenteuer • Essen und Trinken • Gesundheit und Wohlbefinden

BLV

Wenn Sie ausführliche Informationen wünschen, schreiben Sie bitte an:
BLV Verlagsgesellschaft mbH • Postfach 40 03 20 • 80703 München
Telefon 089/12705-0 • Telefax 089/12705-543